市场营销学

徐军委　编著

企业管理出版社

图书在版编目（CIP）数据

市场营销学 / 徐军委编著. -- 北京：企业管理出版社，2019.5

ISBN 978-7-5164-1945-8

Ⅰ.①市… Ⅱ.①徐… Ⅲ.①市场营销学 Ⅳ.①F713.50

中国版本图书馆 CIP 数据核字（2019）第 076324 号

书　　名：市场营销学

作　　者：徐军委

责任编辑：张　平　田　天

书　　号：ISBN 978-7-5164-1945-8

出版发行：企业管理出版社

地　　址：北京市海淀区紫竹院南路 17 号　　邮编：100048

网　　址：http://www.emph.cn

电　　话：编辑部(010)68701638　　发行部(010)68701816

电子信箱：qyglcbs@emph.cn

印　　刷：北京虎彩文化传播有限公司

经　　销：新华书店

规　　格：170 毫米×240 毫米　16 开本　23.5 印张　327 千字

版　　次：2019 年 5 月第 1 版　2019 年 5 月第 1 次印刷

定　　价：88.00 元

目　　录

第一章　市场营销

市场营销是如此基本，以至于不能把它看成一个单独的功能。从它的最终结果来看，也就是从顾客的观点来看，市场营销是整个企业的活动。企业的成功并非取决于生产，而是取决于顾客。市场营销的目的在于使推销成为多余。

——彼得·德鲁克（Peter Drucker）

“法无定法，随顺众生”。迅速变化的市场形势常常使企业在昨天取胜的经营法宝成为明日黄花。综观中外企业兴衰成败的演变历程，一条重要的规律是：得顾客者兴，失顾客者崩。成功的企业无不重视市场营销，且能够严格地以市场为中心，精准捕捉顾客需求。通过为顾客创造价值来实现盈利是市场营销的基本概念，这一理念亦贯穿营销活动的始终。

第一节　市场与市场营销

市场营销的概念随着竞争环境的变化而不断演进。要全面系统的学习现代市场营销的理论和方法，首先应理解市场营销的内涵。

一、市场营销的含义

市场营销是个人和群体通过创造并同他人交换产品和价值以满足需求和欲望的社会过程和管理过程。

——菲利浦·科特勒

现代市场营销的生产什么、以什么方式生产、销售什么、以什么方式销售的决定权实质上已经由买方掌握了，即由消费者掌握了。这就要求企业不能关起门，在不了解市场、不了解消费者的基础上，擅自决定如何提高生产效率、如何开发新产品、如何进行产品促销。

当企业意识到应该采取由外向内的经营方针，即在了解市场的前提下，再思考经营与销售问题的时候，一种新的经营理念就诞生了，这就是现代市场营销。

1985 年的定义：市场营销是计划和执行关于产品、服务和创意的观念、定价、促销和分销的过程，目的是完成交换并实现个人及组织的目标。

2004 年的定义：市场营销既是一种组织职能，也是为了组织自身及利益相关者的利益而创造、传播、传递客户价值，管理客户关系的一系列过程。

小案例

知名企业的交换承诺

麦当劳为实现其口号——“我就是喜欢”所承诺的价值，努力使自己成为全球“顾客最喜欢的就餐场所和方式”。沃尔玛则通过履行其承诺“省钱，生活更美好”成为世界上最大的零售商。脸书（Facebook）吸引了10亿活跃的网络和移动用户，承诺帮助他们“在生活中与人们联系分享”。

请思考：

以上知名企业提出的交换承诺具有哪些共同的特点？

二、市场营销的相关概念

作为一种复杂、连续、综合的经营管理过程，市场营销是基于以下 6 个概念的运用之上的，只有准确把握市场营销的相关概念，才能深刻认识和理解市场营销的本质。市场营销的相关概念为需要、欲望和需求，产品，效用、费用和满足，交换、交易与关系，市场，市场营销系统。

（一）需要、欲望和需求

需要是人类自身本能感受到的匮乏状态，如人们对食品、衣服、住房、安全、归属、受人尊重等的需要。这些需要是人类与生俱来的，存在于自身生理和社会之中，市场营销人员可采取不同方式去满足他，但不能凭空创造。欲望是指想得到满足上述基本需要的具体物品的愿望，是个人受不同文化及社会环境的影响而产生的对基本主要的特定追求。例如，为满足充饥需要，美国人可能想要汉堡包，中国人可能想要米饭或面条。营销者无法创造需要，但可以影响欲望。需求是具有能力购买并意愿购买某具体产品的欲望。欲望是无限的，但由于资源是有限的，需求仅为需要集合中的部分，市场营销的目的就是发现需要中有支付能力的那部分，并使其真正变成现实需求。

（二）产品

产品是指向市场提供的，能够引起关注、获得、使用或消费，并满足各种需要和欲望的有形实体、无形服务及附加利益的总和。产品比有形实体包含更多内容。只重视有形实体而忽视无形服务或附加利益，是对产品概念片面的理解。例如，人们喝可口可乐，除了“有形实体”能满足解渴之外，其“无形部分”，如企业文化会给消费者带来一种信念、一种感觉、一种时尚等附加利益。作为营销者，如果只研究和介绍产品的“有形实体”，忽视“无形部分”，就会患上“市场营销近视症”，从而失去市场。

（三）效用、费用和满足

效用是顾客对产品满足其需要的整体能力评价。效用的评价既取决于产品的实际效用，也取决于消费者进行的效用比较。消费者通常根据对产品的主观评价和需要支付的费用来做出购买决定，即其购买决策的基本原则是选择用最少的货币支出换取最大效用的产品，从而达到生理或心理上的最大满足。

（四）交换、交易与关系

交换是向他人提供所需之物或价值，并获取相应价值的物或服务的行为，是社会大生产中重要的一环。由于社会分工不同，不同的生产者生产的产品不同，他们需要以价值为基础，通过以物换物或以货币换货物的形式各取所得。交易是指买卖双方价值的交换，是交换的基本组成单位。

关系是交换过程中形成的社会和经济联系，它包括营销者与顾客、分销商、零售商、供应商及竞争者之间的联系。现代市场竞争的加剧，使企业市场营销工作的重心正逐步从追求交易的成功转向关系的建立。在各方关系中，企业顾客的关系处于核心地位。为此，西方发达国家提出了客户关系管理（CRM），旨在改善企业与客户之间关系的新型管理机制。

（五）市场

传统的市场概念是指货物聚集的场所或领域。从现代营销的角度理解，市场是由具有一定购买力的人群组成的集合。市场的大小是由对某产品需求的人数多少、购买欲望强弱和购买力大小三个因素来确定，而不是由地域的大小来决定。

（六）市场营销系统

事实上，市场不是一个静态的集合，而是多变的、动态的集合。在现代市场经济条件下，企业所面临的这个动态“集合”越来越复杂。从总体上讲，企业首先需要对外部宏观环境（政治、法律、人口经济、技术、自然、社会文化）和微观环境（供应商、竞争者、营销中介和公众）因素做出比较透彻的分析和预测，通过发现顾客需求，结合自身资源将其转化为对产品和服务的需求，再通过有效的促销、分销渠道和价格策略才能最大限度地满足目标顾客需求，同时实现企业的目标。从这个意义上说，市场营销是一个由企业、顾客、相关环境因素组成的系统，体现了企业和顾客在一定市场条件下的相互协调关系。

三、市场营销的作用

市场营销在企业管理中居于十分显要的地位，它的作用表现在以下三个方面。

第一，市场营销是实现产品使用价值并最终实现企业价值的唯一途径。制造商把原材料加工制造成产品，批发商、零售商购进各种商品，这样就创造了“形式效用”，即由满足人们某种需要的适当形式的产品所创造的效用或使用价值。如果没有市场营销的一系列活动促使产品从企业向市场完成一次“惊险的跳跃”，使消费者能够在适当的时间、适当的地点和适当的价格购买到这些商品，那么消费者的需要还是得不到满足。

第二，市场营销是连接消费者需要与企业反应的中间环节，是企业将消费者需要、市场机会变成企业机会的一种行之有效的方法。市场中经常存在着许多未被满足的需要，这些需要构成市场机会。通过市场调研，营销人员就可以发现这些市场机会，并根据自身的条件，把其中某些市场机会变成企业机会。企业走向市场的实质就是通过抓住市场机会，开发出适销对路的产品投放到市场。

第三，市场营销是社会文明进步的重要推动力。市场营销工作在“创造并向社会传递生活标准”的同时，也推动了社会文明的进步。市场营销倡导“顾客至上”的经营理念，主张凡事多为顾客着想，凡事多从消费者利益考虑，在实践中坚持“依法经营”和“依德经营”相结合的原则，从而成为社会文明进步的重要动力。

第二节　市场营销学的发展史

一、以生产为主导的经营观念

以生产为主导的经营观念是指生产是企业经营的重心，所有经营活动都应该围绕提高生产效率、降低生产成本展开。

在以生产为主导的经营观念指导下，企业的经营与销售模式是生产导向型的。生产导向型的经营与销售模式的潜台词就是只要能够生产出来，销售是不成问题的；只要能够大规模、低成本地生产产品，利润就是丰厚的。

二、以产品为主导的经营观念

以产品为主导的经营观念是指经营与销售的重心是产品本身，企业应该通过研究开发，来提高产品质量、完善产品品种、增加产品功能。

在以产品为主导的经营观念指导下，企业的经营与销售模式是产品导向型的。产品导向型的经营与销售模式强调，企业应当注重产品的研究开发，通过产品差异化来应对日趋激烈的市场竞争，销售的难题也能得以解决。

三、以销售为主导的经营观念

以销售为主导的经营观念认为经营与销售的重心是“销售”本身，企业应该以销售为重点，唯有通过增加销售人员与销售渠道、加大促销力度，才能解决销售难题。

在以销售为主导的经营观念指导下，企业的经营与销售模式是销售导向的。销售导向的经营模式强调销售队伍与销售渠道建设，也要求采取更多的促销手段，给予消费者更大的折扣。

第三节　市场营销的发展趋势

企业所处的时代正在发生着前所未有的变化和革新。在这一部分，我们将分析市场营销领域，特别是给中国企业的市场营销带来深刻变革力量的机遇与挑战，即互联网时代的营销创新、社会营销的大趋势、经济新常态的挑战。其中，互联网时代的营销创新重点讲解数字化营销的驱动力和社交媒体营销。

一、互联网时代的营销创新

（一）数字化营销的驱动力

数字技术与互联网无所不在，正在彻底改变我们的生活方式。早上忘了带手机，是不是就像丢了魂？的确，智能手机、平板电脑等数字设备，在我们的学习、工作、购物和娱乐活动中连接着互联网、连接着“朋友圈”、连接着世界。据2016年11月召开的世界互联网大会发布的《乌镇报告》统计，2016年年末，全球互联网用户约35亿人，占总人口47%，中国互联网用户数约7.3亿人，占总人口56%。据国际数据公司（mc）统计，2016年年末，智能手机用户数量约22亿人，中国智能手机用户数量约6.2亿人。

全球互联网及通信技术的迅猛发展，一方面，提升了生活质量，推进了经济与社会的发达程度；另一方面，给企业经营管理及市场营销的理念、战略、策略与组织模式等带来强大的冲击与挑战。柯达、摩托罗拉、诺基亚等昔日辉煌的行业巨头在这场跨时代的冲击下营销惨遭滑铁卢，传统报纸和书店、音像店、百货店等经营惨淡或倒闭的例子比比皆是。近年来，国内对“互联网+”战略质疑的声音也不少，它们强调传统制造业的重要性，认为互联网就是工具、载体。“互联网”到底是噱头还是革命？于是有了王健林与马云、董明珠与雷军的“豪赌”。从营销的角度讲，互联网带来的冲击和挑战是革命性的，是由数字化营销驱动的。我们将数字化营销的驱动力归纳为以下4种根本性力量。

第一，连通性（Connection）。当代营销业务基本上是通过网络的数据信息传递来实现。局域网把一个组织的人群联系起来，互联网广域网把企业和供应商、分销商、顾客联系起来，把顾客连通到一个世界范围的大型“信息源”，这是一种超越空间和时间的连通。

第二，去中介化（Disintermediation）。许多以传统商店为基础的营销商的桥梁作用被新兴网络公司弱化，典型的如书店、音像店、旅行社、房屋中介和汽车销售商等。企业与顾客、顾客与顾客之间都可以直接进行营销。网络公司并没有发挥传统中介的作用，而是搭建平台，实施平台营销（Platform Marketing）。

第三，去中心化（Decentralization）。移动互联与社交网络通过以人的行为作为核心的信息组织方式，赋予顾客或用户前所未有的力量和权柄。这并不是说单个顾客是强大的，而是说顾客结成的网络是强大的。分散的顾客因快速、实时、紧密、无处不在的网络连接成为一个强大的整体，他们还能不断与供应商、经销商、其他社会组织结成网络，使原来居于中心地位的企业等组织不再成为中心，甚至成为相对弱势的一方。世界变平了，变成一个纵横交错的网络。基于互联网的“顾客网络”（Customer Network）不再是“乌合之众”，他们拥有的市场权利与权力日益增强。

第四，跨界融合（Cross - border Integration）。互联网具有改造乃至颠覆原有产业格局的力量。互联网不再仅仅是信息技术，它跨越了技术层面和信息行业，正在与传统产业融合，促使现有产业融合，行业间的界限变得越来越模糊。新的机遇存在于两个或更多行业的跨界、交叉、融合之中。例如，BAT 三巨头（百度、阿里巴巴、腾讯）、万达、小米、京东等中国企业无不是通过跨界融合成为营销骄子。

所谓数字化营销（Digital Marketing）是借助于互联网、通信技术和数字交互式媒体来实现营销目标的一种营销方式，网络营销、移动营销等都是数字化营销的表现形式。首先，企业选择网站、视频、电子书等网络媒体来做广告，企业广告策略选择变得多样化和数字化；其次，电子商务改变了传统的分销策略，虚拟网上直销取代了中间商，物流变得更迅速、更经济；最后，互联网将企业营销变为无国界的国际市场营销，国际市场营销更为便利。目前，基于智能手机的移动营销（Mobile Marketing）成为增长最快的数字化营销平台，智能手机被称为继电视、电影、电脑之后改变人类生活的“第四屏”，智能手机随身携带、始终在线、精准定位、高度个人化等特点，这使得它成为理想的数字营销工具。

互联网技术衍生出的虚拟市场营销彻底改变了传统营销模式，将处于发展中的中国市场营销带到一个崭新的历史转折时期。互联网时代，在数字化营销的驱动下，市场营销不断呈现出新的变化趋势（见表1－1）。这些创新与变化从营销导向、理念，到营销战略和产品、价格、渠道、促销策略，再到营销组织，是对传统营销的全面革新。

表1－1　互联网时代营销创新与新趋势

	传统营销	新营销
1	以企业、产品为中心的营销	真正以顾客为中心的营销
2	垂直整合	水平整合、虚拟整合，跨界、外包、众包
3	实体传统公司或纯网络公司	O2O 的复合型公司
4	顾客被动消费	"产消者"、顾客参与、顾客创新、价值共创
5	关注股东	关注利益相关者
6	营销部门人员做营销	全员营销、内部营销
7	生产—销售模式	感知—响应模式
8	拥有资产、品牌	拥有平台、顾客流量
9	追求市场占有率	追求消费者份额
10	交易营销，关注盈利性交易	关系营销，关注顾客关系、顾客终身价值
11	关注吸引、获取新顾客	关注挽留老客户
12	大众营销	定制化、个性化营销
13	实体产品主导	服务主导逻辑
14	溢价策略、传统折扣定价策略	基于网络的免费策略、团购价格、秒杀
15	与供应商和分销商竞争，孤立发展	与供应商和分销商合作，合作营销
16	中介营销	直复营销、电子商务
17	大众传播、传统媒体	整合营销传播、社交媒体/新媒体
18	以产品为组织单位	以顾客群为组织单位

续表

	传统营销	新营销
19	层级制的营销组织	扁平化、网络化的营销组织
20	单向的 B2C、B2B 营销	循环的 B2B2C 营销

（二）社交媒体营销的兴起

社交媒体营销（Social Media Marketing）是利用社交媒体与消费者交流，并使消费者参与其中的营销手段。社交媒体是当前发展最为迅猛的互联网元素。最早提出“社交媒体”一词的是美国学者安东尼·梅菲尔德。他认为，社交媒体是一种给予用户极大参与空间的新型在线媒体，具有参与、公开、交流、对话、社区化、连通性等特征，其最大的特点是赋予每个人创造并传播内容的能力。因而社交媒体也称为自媒体、新媒体。梅菲尔德将社交媒体的基本形态分为七大类，即社交网络、博客、维基、播客、论坛、内容社区和微博。2012 年 4 月 9 日，尼尔森在线研究（微博）发布了中国社会化媒体全景图，统计了 100 余家国内社会化媒体网站，并细分出 20 种类型。该研究认为，社会化媒体已不同于传统意义上的媒体，从以新浪微博为代表的微博类网站，到知乎等问答类网站，甚至如淘宝等电子商务网站，都可看作社会化媒体的一部分。社会化媒体的类型包括微博、问答网站、电子商务、社会化商务、即时通信、社交游戏、商务社交网站、音乐/图片分享、签到/位置服务、博客/博客聚合、社交网站、社会化书签、RSS 订阅、百科网站、消费点评、视频分享及论坛/论坛聚合。当今，我国主要社交媒体应用主要分为三大类：以微信为代表的即时通信、以新浪微博为代表的微博和以人人网为代表的社交网站。

在社交媒体营销的基础上，又衍生出微信营销、微博营销、病毒营销、场景营销、内容营销、视频营销等多种营销新策略。众多国内外企业利用社交媒体建立虚拟顾客社区与顾客互动、分享，从而达到发布产品信息、树立品牌形象、维护顾客关系、促进产品销售的多重目的。例如，《美人鱼》为何能超过《捉妖记》和《速度与激情7》，以34亿元收入创造当时的中国电影票房纪录？社交媒体营销及网络营销起到了重要作用。那些对周星驰的台词倒背如流的粉丝看完之后抒发情怀，在周星驰的个人品牌效应下形成讨论社区，甘愿在微博、微信上做“自来水”。影片也为各类自媒体提供了足够的谈资，从周氏风格的台词，到话题女星等，人气与口碑督促消费者走进电影院。影片还将移动网络售票端猫眼、格瓦拉作为制片单位，它们要参与分红，因此积极地在微博、贴吧、视频网站上开展直接推送影片优惠券的活动。

二、社会营销的大趋势

“社会营销”一词含义丰富，首先它是指非营利组织运用市场营销的理念和方法达到社会公益的目的。市场营销已经成为学校、医院、博物馆、社会团体、基金会等非营利组织的发展战略的重要组成部分，用于分析市场环境、传播与沟通信息、吸引消费者或公众、募集资金、树立良好形象。例如，世界卫生组织、世界银行等国际组织通过自身实践认识到这一理论的运用是推广具有重大意义的社会目标的最佳途径。我国的各类非营利组织还需要更加系统、深入地应用市场营销理念和方法，全方位地创造顾客价值、维护顾客关系，如医院可运用顾客导向和顾客关系营销来消除医患矛盾、改善医患关系。

在此基础上，营销学家进一步对社会营销的概念进行扩充，认为企业应负有一定的社会责任。社会营销就是社会营销理念下的营销实践，同义于“社会责任营销”“可持续营销”“人道营销”等相关概念。

在利益的驱动下，企业的营销与生产活动往往会给社会、资源、环境带来负面影响。在我国，企业发展对劳动力、矿产、环境等资源禀赋更加依赖，带来的负面效应更为严重。食品安全、雾霾问题等无不和无良企业的行为有关。一些企业不道德的营销活动不仅给消费者身体健康造成严重的危害，而且造成全社会的信任危机。因此企业的营销道德问题日益受到社会各界的广泛关注。人们在强烈谴责某些企业的不道德经营行为的同时，纷纷呼吁企业加强营销道德建设，承担企业应尽的社会责任。社会营销理念认为，企业提供产品，不仅要使企业盈利和满足顾客需求，而且要符合顾客和社会的长远利益，企业要关心并增进全社会的福利，承担社会责任。企业社会责任是由发达国家实践证明的解决企业与资源、环境和社会种种冲突，保持社会关系和谐和经济秩序稳定的有效手段。大量的研究表明，企业的社会责任同经济绩效之间存在一种正相关关系，履行社会责任能帮助企业获得一系列实际利益，包括销售额和市场份额的增加、品牌地位的稳定及营运成本的降低。履行社会责任不仅是成本，也是投资。企业的社会责任一般包括三个方面：保护消费者权益、保护社会的利益和发展、保护社会自然环境。

一批中国企业已经开始了有益的探索。2016 年，一汽大众公司组织了“迈向生态文明——向环保先锋致敬”项目，此后每年将资助 10 个环保公益项目，对于具有显著社会影响力、倡导性的环保项目，资助金额将达到 100 万元，年度资助总额为 500 万元；华能集团在水电开发过程中坚持系统论证，保护鱼类繁殖，促进企业与自然和谐发展；中国黄金集团通过矿山避险系统建设、尾矿复垦、关注社区发展等，践行环保节能、安全健康、和谐共赢等核心理念；国家电网构建了全面社会责任管理体系，注重与利益相关方的社会责任沟通。

小贴士

从营销 1.0 到营销 3.0

营销 1.0 是工业化时代以产品为中心的营销，营销 2.0 是以消费者为导向的营销。科特勒等在《营销革命 3.0：从产品到顾客，再到人文精神》一书中提出了营销 3.0。营销 3.0 超越了前两种营销模式，是一种以社会与人文精神为基础的营销，是社会营销的进一步阐释。首先，它以一种更为全面的眼光来看待顾客，把他们视为具有社会性、主动性、情感性的人群，甚至是企业潜在的合作者。当代顾客不仅追求产品的使用价值，更追求通过产品消费获得的情感价值。因而企业必须加强对顾客的人文关怀，借助社交媒体等手段，以文化营销和精神营销践行营销3.0。其次，营销3.0提倡将企业员工、供应商、销售商，乃至公司股东、社区都视为合作伙伴，企业营销要在与利益相关者共同编织的合作网络中开展，并实现保护自然环境和企业可持续发展。营销3.0就是合作性、文化性、精神性、持续性的营销。

三、经济新常态的挑战

从2010年开始，中国GDP（国内生产总值）的增长速度告别了两位数时代，2016年GDP增速下降到6.7%。我国政府用“新常态”一词深刻揭示中国当前经济发展阶段的新变化。根据我国政府的阐释，“新常态”有三个主要特点：一是从高速增长转为中高速增长；二是经济结构不断优化升级，第三产业、消费需求逐步成为主体，城乡区域差距逐步缩小，居民收入占比上升，发展成果惠及更广大民众；三是从要素驱动、投资驱动转向创新驱动。对企业营销来讲，“新常态”还意味着，在我国长期反腐倡廉、严格执行“八项规定”的形势下，公款消费大幅降低，对高端餐饮、奢侈品等行业产生了巨大的冲击。LV、Armani、Burberry等国外奢侈品品牌已关闭了部分专卖店，缩小中国市场与其他市场的价差；高档饭店要么倒闭，要么放下身价走亲民路线。

2010年之前，在市场需求旺盛的情况下，中国企业的营销和发展主要依赖生产要素和投资驱动。金融危机之后，国内外市场环境发生了根本变化，多种原因交织造成中国经济增速下滑，经营困难的企业增多，房地产等暴利行业不再存在，各行业普遍进入不景气状态。从营销的角度看，主要有以下4个原因。

第一，传统产业产能过剩、需求饱和。钢铁、电解铝、平板玻璃、水泥等的供给能力大幅超出需求，甚至光伏、风电等新兴产业也出现产能过剩，产能过剩已经成为困扰我国企业长期发展的主要障碍之一。

第二，具有独特市场价值的创新性产品和技术不足。长期以来，企业发展主要依靠旺盛的市场需求、劳动力等生产要素的低成本优势、模仿国外企业产品与技术，对关键基础材料、核心基础零部件的重视不够，企业研发投入强度普遍偏低，产业长期被锁定在国际产业价值链的中低端环节。例如，发展先进制造模式所需的数控系统、工业应用软件等基本被国外垄断，在智能制造、增材制造、云制造等新兴产业中与国际先进水平的差距明显。

第三，缺乏一批具有国际影响力的自主品牌。中国企业的品牌战略意识、品牌营销经验普遍存在不足，像华为这样的自主品牌太少，化妆品、汽车、服装、食品、饮料等行业基本被国外强势品牌占据，还没有出现真正的具有极高溢价能力的国际一线奢侈品品牌。

第四，国际竞争日益激烈。发达经济体加快战略调整，推动“再工业化”和制造业回流，对我国企业向价值链高端环节攀升形成巨大压力。其他新兴经济体和发展中国家，如越南、泰国等东南亚各国利用生产要素相对优势大力发展劳动密集型、资源密集型等产业，对我国企业保留并发展中低端产业形成挑战。以往在欧美市场的商品标签上看到的“中国制造”，现在逐步换成“越南制造”“印度尼西亚制造”等。

中国企业营销也随着中国经济进入“新常态”，市场竞争更加激烈，企业营销难度更大，并且这种情形将持续很长一段时间。为应对新常态，国家提出了“供给侧改革”“三个转变”等战略。“三个转变”与市场营销息息相关，即“中国制造向中国创造转变、中国速度向中国质量转变、中国产品向中国品牌转变”。随着国家供给侧改革和产业结构升级的推进，企业市场营销也需要积极应对“新常态”的挑战，进行营销升级、营销创新。对此，我们简要提出以下思路，更加具体的方法还需要营销学习者去思考和实践。

第一，创造新的市场增长空间。华为致力于成为5G标准的制定者，美的发布对世界机器人制造巨头德国库卡公司的收购，大商、苏宁等传统零售商建设自己的网络商城。“没有疲软的市场，只有疲软的产品”。市场需要塑造，市场机会需要创造。信息技术与工业技术的深度融合及基于“互联网＋”战略的商业模式创新是创造市场与价值的新途径。

第二，调整目标市场与定位。大众消费成为主体，亲民形象、高性价比、持续的良好口碑将是赢得市场的法宝。

第三，形成强势品牌与忠诚顾客群。品牌资产和顾客忠诚是降低营销费用、提高营销效率的必要手段。企业需要重视品牌营销和关系营销。

第四，升级营销理念与方法。吸收营销 3.0 的理念，进行营销理念升级，开展社会营销、合作营销，与顾客共创价值实施大数据营销、电子商务、社交媒体营销，加强渠道和物流的信息化建设，全面推进营销策略的升级；优化营销组织结构，提高团队建设水平和营销执行力，实现营销管理的升级。

第二章　营销环境分析

第一节　市场营销环境的概述

市场营销环境是指影响企业市场营销能力，决定其能否有效地维持和发展与目标顾客的交易及关系的所有力量集合。市场营销环境可区分为宏观环境和微观环境。宏观环境是指对营销活动造成市场机会和环境威胁的主要社会力量，如人口、经济、自然、科学技术、社会文化等；微观环境是指直接影响企业对顾客服务能力的各种参与者的相互关系，即企业、供应商、营销中介、顾客、竞争者、社会公众，以及他们之间的相互关系。微观环境的各种行为者都在宏观环境中运作并受其影响和制约。

第二节　宏观环境分析

宏观环境因素包括人口、经济、自然、政治法律、社会文化和科学技术等，每个因素又由若干要素构成，如表2－1所示。

表2－1　宏观环境因素的主要内容

要素	内容
人口	人口数量、人口分布、人口构成、人口受教育程度和人口流动性等
经济	社会购买力、经济周期、通货膨胀、利率、国内生产总值等
自然资源	无限资源、有限可再生资源、有限不可再生资源等
科学技术	产品创新、知识运用、研发重点等

续表

要素	内容
社会、文化	对工作生活质量的态度、对环境的关心、民俗、宗教信仰等
政治、法律	税法、反垄断法、劳动法、教育政策等

一、人口因素

市场营销的对象是人，是为了满足人们的需求，所以人口是影响市场营销的最基本因素，人口因素包括人口规模、人口构成、人口密度等。

（一）人口规模

人口规模是表明市场潜力的基本指标。一般来说，人口规模大，市场潜力也大，但并不等于现实市场也大。当大多数人尚处于温饱状态，采取自给自足的生产方式时，市场是非常小的。人口规模的现实意义在于它对基本生活资料的决定性作用，任何人对基本生活资料——衣食住行的需求必须得到满足，人口越多，这种需求越大。

（二）人口构成

与人口规模相比，人口构成对市场营销更具直接意义，正是由于人口不同的构成才形成各具特色的消费群体，这是市场细分和产品定位的最主要依据。人口构成包括自然构成（如性别、年龄结构等）和社会构成（如民族、职业结构、受教育程度等）。此外，家庭单位也是人口构成的要素。

小案例

二胎开放后，汹涌而来的商机有哪些

二胎开放，举国沸腾。从商业和移动互联网方面来看，或许能够释放出一些积极信号。据预测，全面开放二胎，每年将有可能新增新生儿

100万~200万人，预计2018年新生儿有望超过2000万人。其中，蕴含的消费红利大约每年1200亿~1600亿元，包括房地产、母婴医疗、食品、玩具、儿童服饰、家用汽车、教育培训等行业，上市公司的业绩将有望迎来爆发式增长。换句话说，放开二胎，一方面可以应对现阶段中国人老龄化，另一方面能够激活中国经济。

那么，二胎政策到底带来哪些商机?

（1）房地产行业。房地产大户型黄金时代或会到来。从“单独二孩”开始，对房地产便有了推动，全面开放，更是对行业的一大利好。开放二胎，对楼市的影响有两方面，一是包括户型大小、功能设计等方面的产品结构调整，二是教育配套需求将更为强烈。目前，我们常见的是“三口之家”为主的家庭结构，但随着二胎政策完全放开的落地，未来或将出现较大面积的“四口之家”“三代同堂”的局面。届时，原本的小户型已不能满足一大家子人的居住需求，三房以上的大户型将逐渐成为二胎家庭的重点考虑对象。同时，学区房依旧是热点，争夺学区房及入读名额也将愈发激烈。总之，对于一个人口大国，人们对房子属于刚需。二胎政策对于推动楼市发展是正面的，大户型的盛行将是一种必然。

（2）母婴行业。放开二胎，母婴行业也将迎来井喷式发展。一般来说，母婴用品分为四大类。一是母婴儿用品，如奶瓶、奶嘴；二是婴幼儿服装；三是儿童玩具类；四是婴儿食品类。此前，国内家庭购买孕婴童产品主要通过母婴店、大卖场，以及网络购物来进行解决，数据显示，其分别占43%、24%、15%，而随着海淘的发展，进口婴幼儿尿布、配方奶粉、辅食产品等，这些品类也成为目前母婴电商发力的重点。2013年，政策开放“单独二胎”，众多创业者将目光投向母婴电商市场。据中国电子商务研究中心的监测数据显示，2013年母婴电商为650亿元，2014年的母婴电商规模约在2000亿元左右。现今，母婴市场备受风投资本青睐，如“贝贝网”完成C轮1亿美元融资、母婴移动垂直社区“辣妈帮”C轮融资1亿美元、“宝宝树”完成2.5亿美元融资、“蜜芽”完成D轮1.5亿美元融资等。有调查显示，新生代母婴群体人均年消费为5000元~18000元。随着“85后”“90后”逐渐成为准父母，消费力强，更具有互联网基础，52%家庭月消费5000元以上，63.78%的家庭月均网购消费额在1000元以上，47.03%的家庭月均网购母婴产品消费额在1000元以上，因此业内对孕婴行业的市场前景持乐观态度。

（3）在线教育。随着儿童成长，资本的关注，在线教育也备受追捧。据《2018年度中国在线教育市场发展报告》显示，2018年中国在线教育市场规模约为3134亿元，同比2017年2161亿元增加了45.02%，预计2019年突破4000亿元。

（4）医疗健康。“妈妈帮”近日发布的《母婴移动健康医疗大数据与商业价值研究》中，对拥有1~7岁孩子的妈妈进行了调查。其中，93.6%的妈妈手机里下载了母婴类APP，95.4%的妈妈们使用母婴类APP是为获取孕期及育儿健康知识。当婴幼儿生病时，大多数妈妈会根据自己的经验判断或者求助他人。但是，最值得期待的是移动医疗健康服务类APP，包括在线医生咨询、疾病问题经验分享与交流，以及预约挂号。因此，当每年可能新增新生儿100万~200万人的时候，二胎政策的开放也可以带动母婴医疗器械和医疗服务的增长。此外，国内儿童用药紧缺的现状或许也可以因政策得到一定改善。据统计，目前我国3500多个药物制剂品种中，儿童药物剂型仅有60种（含中成药），90%的药品没有适合的儿童剂型。由于缺少专业的儿童药物，不少医生会直接根据儿童的身高、体重等状况，将成人药品酌情减量直接给儿童服用。得益于政策的发展，医药O2O或上门送药等服务、市场或许也可以得到一定的补充。

敏锐的企业家们从来不肯放过任何一个成长机会，这次开放二胎的政策，商场必定风起云涌。

请思考：

除文中述及行业外，还有哪些行业会受到二胎政策的影响？

（三）人口密度

人口密度对市场营销的影响主要体现为对分销渠道、分销服务和分销成本的影响。通常，如果人口密度低，则电力、交通等生产生活的基础设施差。由于缺乏物流规模，产品运输成本较高，导致分销成本较高，或由于缺乏销售规模，导致产品售后服务成本高且服务质量差。当然，销者不能仅考虑人口平均密度，还应考虑人口集中度。当人口在一定地区形成一定规模的集中，上述问题则可能在一定程度上得到缓解。

二、经济因素

经济环境是指企业参与竞争或可能参与竞争的经济特征和方向，如通货膨胀率、利率、贸易赤字或盈余、预算赤字或盈余、个人和企业储蓄率及国内生产总值等，集中表现为社会购买力和经济周期两个方面。

（一）社会购买力

社会购买力是指一定时期全社会购买产品或劳务的货币支付能力，是收入、价格、储蓄和通货膨胀的函数。

第一，个人收入。个人收入是指城乡居民从各种来源所取得的货币收入。各地区居民收入总额可用以衡量当地消费市场的容量，人均收入的高低反映社会购买力水平的高低，影响消费者支出行为模式。

第二，收入分布。在相同的人均收入下，收入分布不同也构成对购买力和购买行为模式的重要影响。当收入分布极不均匀，即贫富悬殊、收入差距过大时，市场畸形，总购买力不大，企业营销机会不多。尤其对发展中国家来说，在收入分布极不均匀的情况下，富裕者偏好于购买来自发达国家的产品，本土企业的营销机会较小。当大多数消费者为中等收入时，市场正常，购买力大，企业营销机会多，而且对产业的健康发展也较为有利。

第三，可任意支配收入。可任意支配收入是指个人可支配收入（个人可支配收入=个人的全部收入-个人应交的税费）减去维持生活所必需的支出（如食品、衣服、住房）和其他固定支出（如分期付款、学费等）后所剩余的那部分个人收入。这部分收入是消费者可以任意使用的收入，没有明确的指向，其使用方式和方向对每一个消费者来说可能是不同的，因而是影响消费者需求构成的最活跃的经济因素，也是市场营销所要争夺的主要对象。

第四，通货膨胀。通货膨胀兼有压抑和刺激消费的双重效应，即收入效应和替代效应，从而对社会购买力产生影响。收入效应包括两个方面：一是通货膨胀使居民实际收入下降，实际支出也下降；二是通货膨胀使居民未来收入不确定，故节省开支，增加储蓄，以免将来生活水平下降。替代效应是指通货膨胀促使消费者以现期消费代替储蓄这一未来消费，导致支出增加、储蓄减少。

小资料

恩格尔系数

恩格尔系数（Engel’s coefficient）指食品支出总额占个人消费支出总额的比重。19世纪德国统计学家恩格尔根据统计资料发现，消费者收入变化，消费者支出也会随之变化。一个家庭收入越少，家庭收入中（或总支出中）用来购买食物的支出所占比例就越大；而随着家庭收入的增加，家庭收入中（或总支出中）用来购买食物的支出比例就会下降。2003年，我国农村居民家庭恩格尔系数约为46%，城镇居民家庭约37%，加权平均约40%。根据2016年第二期《时代报告》杂志《6.9%的经济增速怎么看》提供的数据，我国2015年恩格尔系数约为30.6%，按照联合国划分标准，属于相对富裕水平。恩格尔系数的变化反映了消费者支出模式和消费者结构的变化，为企业营销决策提供科学依据。

（二）经济周期

市场经济的发展历程表明，经济发展具有周期性，完整的周期通常由危机、萧条、复苏和高涨四个阶段组成。危机阶段，市场情景恶化，产品销售困难，库存增加，价格下降，大量工商企业倒闭；萧条阶段，市场低迷，销售不旺，整个经济处于不景气状态，产品库存逐渐消散，价格相对稳定于低水平；复苏阶段，整个经济开始逐渐活跃，企业利用危机时期形成的低价格水平恢复生产，商业开始活跃，价格开始回升；高涨阶段，生产指数越过危机前的最高点后继续攀升，市场日渐兴旺，企业大量投资建设新厂，价格也同时攀升，经济又到了新的危急关头。企业必须审时度势，针对不同阶段制订相应的营销战略和计划。

三、自然环境

自然环境是指能够影响社会生产过程的自然因素，包括自然资源、企业所处地理位置、生态环境等。日益恶化的自然环境是21世纪企业及公众面临的主要问题之一，这种问题的存在既可能成为企业发展的机遇，也可能产生潜在的威胁。因此，营销人员必须正视以下三个问题。

第一，原材料短缺，能源成本提高。地球上的自然资源可分为三大类，即无限资源，如空气、水等；有限但可再生资源，如森林等；有限不可再生资源，如石油、煤等。空气与水，总体上是取之不尽，用之不竭的，但污染问题严重，部分地区淡水的供应也存在着短缺的现象。有限可再生的资源，如森林和草原，必须防止过量采伐和侵占。有限不可再生的资源如石油、煤和各种矿产品，问题最为严重。只有合理开发和利用矿产资源和生物资源，才能使企业在资源运用中进入良性循环；反之，如果掠夺性地开发资源，必将人为地对企业造成威胁。对于资源短缺产品的经营，如何寻找替代品、节约能源、降低消耗、综合利用各种资源是企业兴盛的关键。

第二，环境污染严重。现代工业的发展对自然环境造成了不可避免的破坏，如化肥农药、核废料、土壤及食品的化学污染、废弃包装材料的处理等，已成为现代社会的严重问题。污染问题已经引起政府和公众的重视，有关部门进行了大量工作，但仍有许多问题亟待解决。

第三，政府对环境保护干预加强。由于公众对自然环境的日益关心，促使许多国家的政府加强了环境保护工作，加强了对自然资源的管理。企业不仅是生产经营单位而且又是良好环境的制造者与受益者，因此营销人员必须注意有关法令的限制，严格守法，同时注意环境保护所提供的营销机会。例如，食品生产厂商开发“天然食品”“绿色食品”，汽车厂商开发耗能少、噪声低的新型汽车。公众对自然环境的重视及政府对环境保护干预加强，使生产经营者增强了生态意识，社会营销观念与绿色营销观念的增强必将促进企业与整个社会的全面进步。

四、科学技术

科学技术是推动社会经济发展的根本动力，也是使市场环境变化多端、呈周期性发展的根本原因。预测一项新技术的诞生并不困难，但这项新技术可能会带来的影响却很难断定。科学技术对营销的具体影响有以下四个方面。

一是新需求、新产品不断产生。人类总是在不断追求更高的生活质量，尝试新的东西，对新奇的事物总是赋予更多的关注并且愿意付出更大的代价。例如，过山车、滑道这些代价不菲的娱乐项目，提供的只是一种冒险的体验，人们却乐此不疲。一方面，消费者对新事物的敏感，给企业提供了最大的获利空间，使企业产生了不断创造新需求、开发新产品的动力；另一方面，科学技术的发展为企业提供了满足消费者对新产品需求的可能，两者互相推动，加速了新需求和新产品的产生，成为竞争制胜的法宝。

二是产品生命周期不断缩短。产品成熟期缩短，旧的规格型号迅速进入产品生命周期的衰退阶段，这是新产品开发速度越来越快的必然结果。因此，如何把握产品进入和退出市场的时机，对营销管理者来说显得更为重要。

三是营销手段不断丰富。新技术的发展也为营销提供越来越多的手段和工具，使企业能以更有感染力的方式，向消费者介绍企业和产品，更具针对性地与更多的顾客进行更有效的沟通，数据库管理使企业避免盲目地猜测目标顾客特征的问题；互联网向企业提供了一种可以与顾客进行及时的、互动的沟通方式。

四是信息不对称加剧。随着新技术不断被采用，产品将会更加丰富，导致信息不对称加剧。在浩如烟海的商品世界里，顾客面对的不再是自己熟悉的商品，往往不知其工作原理，不能判断产品的材料构成。如何从众多的产品中选择自己真正所需要的东西，是摆在消费者面前的一个难题，也是企业营销工作面临的难题，因此，消费者教育变得更加重要。

五、社会文化

社会文化是国家或地区的民族特征、价值观念、生活方式、风俗习惯、伦理道德、宗教信仰、教育水平、语言文字等构成的有机总和。社会文化涵盖诸多方面，因而对营销活动的影响是多层次、全方位、渗透性的。企业在进入目标市场时，首先，必须尽可能地分析和了解涉及社会文化的各个层面，以避免和减少营销过程中的盲目性，增强针对性、自觉性和主动性；其次，营销者在对产品和商标设计、广告和服务的形式等方面，要充分考虑当地的传统文化，充分了解和尊重传统，力求满足目标市场消费人群的爱好，避其所忌。例如，根据我国传统，结婚等喜庆日身着红色服装，以示吉祥；但根据西方传统，结婚时着白色礼服，表示纯洁。在进行营销创新的时候，也不要与目标市场的核心信念和价值观念相抵触。特别是到异地或国外开辟新的市场时，对当地民俗、宗教等文化环境必须认真调查研究，以免触犯禁忌。

六、政治和法律

市场经济是法制经济，包括营销活动在内的所有企业行为都必然受到政治与法律环境的约束。这种政治法律环境主要指国家政局、国家政治体制、经济管理体制，以及相关的法令、法规、方针政策等对企业的运作存在着或多或少关联的要素。

第二次世界大战之后，西方国家的政府对经济的干预日益加强，经济立法日益增多，政治法律环境正在越来越多地影响着企业的市场营销活动。西方国家的经济立法及对经济活动的宏观调控和管理方法，有许多是符合社会化大生产和市场经济发展客观要求的，值得我们在社会主义市场经济建设过程中借鉴。加入 WTO 之后，中国企业面临一种和以前全然不同的营销环境，面对着来自国际市场的激烈竞争，当地政府站在全社会的角度、长远的角度和消费者的角度对企业进行监督管理。

第三节　微观环境分析

分析宏观环境的主要目的是识别外部环境因素中预期发生的重要变化和趋势，注意力集中在未来。然而，影响企业在短期及中期有效运转的力量，主要来源于企业所处市场的微观环境。微观环境的各种相关力量，主要包括企业、供应商、营销中介、顾客、社会公众和竞争者。供应商—企业—营销中介—顾客，构成企业的基本营销系统。此外，营销目标的实现还会受到社会公众和竞争者的影响。

一、企业

微观环境中第一个因素是企业本身。企业的市场营销部门不是孤立的，它面对着企业的许多其他职能部门，如高层管理者（董事会、总裁等）、财务、研发、采购、制造和会计等部门。企业内部各个部门、各个管理层次之间的分工是否科学，协作是否和谐，营销部门与内部其他部门的配合是否默契，目标是否一致，都影响着企业营销活动的顺利进行。营销部门在制订和实施营销计划时，必须考虑其他部门的意见，处理好同其他部门的关系，如在营销计划的实施过程中资金的有效运用，资金在制造和营销之间的合理分配，可能实现的资金回收率，销售预测和营销计划的风险程度等，这些都与财务管理有关；新产品的设计和生产方法是研发部门需要集中考虑的问题；生产所需的原材料能否得到充分的供应，是由采购部门负责的；制造部门负责生产指标的完成；企业的高层管理者是最高领导核心，负责规定企业的任务、目标、战略和政策，营销管理者只有在高层管理者规定的范围内做出各项决策，并得到上级的批准后才能实施。可见企业内部职能部门构成状况对市场营销有着直接的影响。因此，企业应从多方面获得协同。

二、供应商

供应商与企业是协作关系。供应商对企业市场营销的影响主要是能否及时提供低成本的原材料。提高价格和降低原材料质量是供应商对企业施加影响力的潜在方式，如果企业不能通过其价格体系来弥补因供应成本增加而带来的损失，那么企业就将因为供应商的行动而使自己的利润降低。以下几个因素决定了供应商群体力量的强大；首先，它是由几家大企业支配并且比买方所在行业有更高的企业集中度；其次，买方买不到满意的替代产品；最后，供应商前向一体化进入买方行业并能对买方构成有力的威胁。

三、营销中介

营销中介是指各类市场服务机构，如运输、储存、咨询、市场调查、保险、广告、经销商、评估、会计、审计、律师和金融等。由于营销是一项复杂的市场活动，要求多方面的人才和技巧，这类机构的存在便于营销活动更有效地展开，提供专业化分工协作的营销服务。谁能够更有效地利用这些专业的营销中介服务，谁就能更好地和消费者进行沟通，了解他们的需求及其消费行为，更有效地建立和管理分销渠道。

四、顾客

顾客也称目标市场，是企业服务的对象，也是营销活动的出发点和归宿。企业的一切营销活动都应以满足顾客的需要为中心，因此，顾客是企业最重要的微观环境，顾客市场可以按照购买动机分为以下四种类型。消费者市场，指购买商品和服务供自己消费的个人和家庭；生产者市场，指购买商品和服务投入生产经营活动以赚取利润的组织；中间商市场，指为转售牟利而购买商品和服务的组织；非营利市场，指为提供公共服务或转赠需要者而购买商品和服务的政府机构和非营利组织。企业应根据顾客类别的特点，以不同的方式提供相应的产品和服务。

五、竞争者

竞争者是指那些生产经营与本企业提供的产品和服务相类似的，或可以互相替代的产品和服务，并且以同一类顾客为目标市场的其他企业。

从顾客做出购买决策的过程分析，企业在市场上所面对的竞争者大体可以分为以下四种类型。愿望竞争者，指提供不同产品以满足不同需求的竞争者；属类竞争者，指提供不同产品以满足同一种需求的竞争者；产品形式竞争者，指满足同一需求产品的各种形式之间的竞争者；品牌竞争者，指满足同一需求的同种形式产品不同品牌之间的竞争者。可见，竞争者可能来自不同行业，也可能来自同一行业。产品形式竞争者和品牌竞争者是同行业的竞争者。在同行业竞争中，卖方密度、产品差异和进入度这三个方面需要特别重视。卖方密度是指同一行业或同一类商品经营中生产与经营厂家的数目。在市场需求量相对稳定时、卖方数目的多少会直接影响竞争的激烈程度和市场份额的大小。产品差异是指同一行业不同企业同类产品生产的差异程度，差异使同类产品各有特色，相互区别、这实际就存在着一种竞争关系。进入难度是指某个企业在试图进入某行业时遇到的各种困难程度。不同行业，新企业进入的难易程度不同。一般而言，进入技术密集型行业较难，如航空业、电力行业，一般企业进入比较困难，因为需要巨额投资和较高的专业技术；而服装行业、塑料制品行业就相对容易进入，因为其投资不高、技术也不复杂，投产周期短。进入难度大的行业，竞争相对较弱，价格和利润往往较高，而进入难度小的行业，其结果恰恰相反。

六、社会公众

社会公众是指对企业的生存和发展具有实际的或潜在的利害关系或影响力的一切团体或个人。企业应采取有力措施来保持与主要社会公众之间的建设性关系，如时刻注意公众的态度、经常发布信息以建立信誉，当出现不利的宣传时，也应及时采取措施解决这些麻烦。企业与公众的关系主要由公共关系部负责，但并不是完全掌握在公共关系部手中。因为企业的所有员工都与公共关系密切相关，从制造头条新闻的最高主管到面对融资公众的财务副总经理、拜访顾客的地区销售代表，到电话接线员都在从事这项工作。

企业面临的重要公众可分为七大类。融资公众，指影响企业获取资金能力的财务机构，如银行、投资企业、股票经纪企业、保险企业等；媒体公众，包括报纸、杂志、电台、电视台等；政府公众，如政府部门、法院等，企业在制订营销计划时必须考虑政府政策的发展，营销人员要搞清有关产品安全、广告真实性等方面的法律规定；公民团体公众，企业的营销活动可能会被消费者组织、环境保护组织咨询；当地公众，指邻近居民和社团组织，企业应与当地公众接触，搞好关系；一般公众，指无组织状态的外部公众，虽然一般公众未以有组织形式对企业采取行动，但企业在公众的形象却影响其惠顾的可能程度和频率高低；企业内部公众，包括董事会、经理层、职工等。

小案例

索尼，屡失良机的受伤者

近年来，苹果、谷歌、亚马逊和三星等公司风头十足，然而人很难想起曾经占据市场领先地位的索尼。实际上，以前的索尼是一个酷感十足的高科技明星。它不仅是全球最大的消费者电子产品的生产商，而且还创新了众多产品，如特丽珑电视机、便携式音乐随身听、数码摄像机、游戏手柄，这些产品的出现都一度带来了整个行业的变革。索尼的创新创造引领了潮流文化，受到大众的追捧，也为公司带来了丰厚的财富。索尼品牌曾经代表着创新、时尚和优质。

但是，今天的索尼更像是一个过气的摇滚明星，隐匿在新贵们的阴影中。索尼的财务状况反映了其面临的境遇。近几年，三星和苹果的总收入分别超过了1700亿美元，是索尼销售收入的两倍以上。当索尼的亏损达到灾难性水平时，三星的盈利却连年激增。竞争对手的股价和品牌价值飞涨，索尼的市值却创下新低。穆迪公司（Moody）将索尼的信用评级调整为“垃圾级”，犹如在索尼的伤口上又撒上一把盐。

索尼为什么会如此快速地衰落呢？事实上，索尼从未丧失那些曾经使其辉煌的能力。但是由各种环境因素形成的急风暴雨将索尼紧紧地困住，抑制了它的增长和成功。对于环境变化的忽视，以至无法适应环境中正在发生的重大变化，使索尼失去了远见，对未来感到迷茫。

首先，索尼在技术上落后。索尼一度辉煌的帝国建立在独立的电子产品的创新和设计之上，如电视机、CD播放器、游戏手柄等。但随着网络和数字技术蓬勃发展，创造出一个更加紧密连接和移动的新世界，独立的硬件产品很快被新的连接技术、媒体、内容取代。消费者娱乐领域已经转变为通过个人电脑、iPod、智能手机、平板电脑、数字电视机等进行数字化下载和内容分享，索尼却行动迟缓，没有及时改变和适应。

早在2001年苹果发布第一代iPod之前，索尼可以下载和播放电子音乐文件的设备已经面市3年。索尼拥有可制造类似iPod和iTunes的一切资源和能力，包括自己的音乐公司。但它没有在意，而是更看重已成功的CD业务。“苹果的乔布斯想出来了，我们也想出来了，但我们没有实行。”索尼的前任CEO霍华德·斯金格承认，“我们认为音乐人不希望看到CD消失。”

类似地，作为世界最大的电视机制造商，索尼一直坚持它的特丽珑阴极射线管技术，不顾三星、LG和其他竞争对手争相发展液晶电视机。

尽管索尼最终也这样做了，但为时已晚。时至今日，三星和 LG 的电视机销售远超索尼。电视机业务曾是索尼的主要利润来源，却在过去的 10 年间亏损近 80 亿美元。近年来，为了重整旗鼓，索尼将电视机事业部分拆为一个独立的业务单位，但它不得不在与其全盛时期完全不同的竞争环境中打一场极其艰难的攻坚战。索尼腹背受敌，不仅市场份额一再被三星、LG 抢占，而且海尔、海信、TCL 等生产高端液晶电视机的企业也凭借成本优势不断冲击着索尼。

索尼的游戏机 Playstation 也有类似的经历。该产品曾经是无可争议的市场霸主，在索尼的利润来源中占 1/3 的比重。当任天堂推出先进的任天堂 Wii 传感游戏控制手柄时，索尼没有在意，认为那只是"小众游戏设备"，反而继续推出技术尖端的 PS3，却由于技术成本过高，每售出一台就亏损 300 美元。结果 Wii 大获成功，成为最畅销的游戏手柄；而 PS3 却给索尼带来上亿美元的损失。

尽管亏了钱，但索尼的 Playstation 系统具备完美的硬件和软件组合，这些元素足以让索尼成为电子娱乐分销和社交网络新世界的领头羊。索尼的管理者曾将 Playstation 视为有潜力创造"电脑与娱乐完美融合"的"集成典范"。换言之，索尼本可以有力地回击苹果公司的 iTunes，但是这一想法最终并没有付诸实施，索尼在建立人与电子娱乐世界联系这一迅速发展的业务领域中再次落后。

索尼没有重视市场变化趋势的例子还有很多，尽管它有可以这样做的产品，却一再贻误良机。再看看索尼的 MYLO（我的网上生活）吧，这是一个比第一代 iPhone 还要早一年发布的优秀产品，它拥有最终成就智能手机的一切元素触摸屏、键盘、内置摄像头，甚至应用程序。还有索尼阅读器的面市比亚马逊的 Kindle 阅读器占领市场的时间还早一年。

请思考

1. 索尼公司表现受到哪些宏观因素和微观因素的影响？

2. 根据案例资料，从产品和对手两个角度归纳总结索尼公司错失的市场机会。

3. 运用 SWOT 分析工具，为索尼公司未来发展提出若干建议。

第四节　营销环境分析的过程

一、市场营销环境特点

（一）客观性

市场营销环境作为一种客观存在，是不以企业的意志为转移的，有着自己的运行规律和发展趋势，对营销环境变化的主观臆断必然会导致营销决策的盲目与失误。营销管理者的任务在于适当安排营销组合，使之与客观存在的外部环境相适应。

（二）关联性

构成营销环境的各种因素和力量是相互联系、相互依赖的，如经济因素不能脱离政治因素而单独存在。同样，政治因素也要通过经济因素来体现，如良好的经济环境和完善的政治制度需要健全的法律来保证，而政治、法律、经济等因素都要受到社会文化背景的影响。社会文化的发展，又要受政治、法律、经济等各种因素的制约。正因为外界环境中的这些因素的联系是相通的，所以它们对营销活动的影响，也不是独立的，而是密切相关的多元因素的综合影响。

（三）层次性

从空间概念来看，营销环境因素是个多层次的集合。第一层次是企业所在的地区环境，如当地的市场条件和地理位置；第二层次是整个国家的政策法律、社会经济因素，包括国情特点、全国性市场条件等；第三层次是国际环境因素。这几个层次的外界环境因素与企业发生联系的紧密程度是不相同的。其中，政治、法律因素的影响较为广泛、普遍，经济因素的影响较为直接，其他因素往往是通过经济环境因素影响和制约企业营销活动。

（四）差异性

营销环境的差异主要因为企业所处的地理环境、生产经营性质、政府管理制度等方面存在差异，不仅表现在不同企业受不同环境的影响，而且同样一种环境对不同企业的影响也不尽相同。例如，处于沿海城市的企业和处于边远地区的企业、企业对国计民生关心程度、企业规模大小等，这些差别性以不同程度和方式影响、制约着企业的营销活动。

（五）动态性

外界环境随着时间推移经常处于变化之中。例如，外界环境利益主体的行为变化和人均收入的提高均会引起购买行为的变化，影响企业营销活动的内容。外部环境各种因素结合方式的不同也会影响和制约企业营销活动的内容和形式。顾客需求在变化，竞争对手的策略在改变，产业结构在调整。企业必须在变化的市场环境中寻找机遇，密切关注可能受到的威胁。

二、市场营销环境分析的目的

环境的发展变化给营销带来的影响大致可分为两大类，即环境机会和环境威胁。市场营销环境分析的目的就在于寻求环境机会，避免环境威胁。每个企业都会面临许多环境机会或环境威胁，这些机会或威胁不断地影响和制约着企业的营销活动。因此，营销者必须重视收集市场信息，分析市场营销环境，以便采取相应的营销策略。

环境机会是营销环境中对企业市场营销有利的各项因素的总和。及时、有效地捕捉和利用环境机会，是营销成功和发展的前提。经过环境分析和评估，结合企业自身的资源和能力，一旦确认市场对某种产品存在需求，企业也有营销能力时，就应积极适时地利用这一机会。机不可失，时不再来，若不及时发现并抓住机遇就有可能坐失良机，造成“机会损失”。

环境威胁是营销环境中对企业营销不利的各项因素的总和。面对环境威胁，如果不果断地采取营销措施，避免威胁，其不利的影响势必会伤害企业的市场地位，致使企业陷于困境。因此，营销者要善于分析环境发展趋势，识别环境威胁或潜在的环境威胁，正确认识和评估威胁的可能性和严重性，以采取相应的措施。

在现实中，机会和威胁往往是同时并存的。营销管理的任务在于通过市场营销环境的调研和分析，抓住经营决策、资源利用和市场开拓等宝贵机会，避开、减轻或主动对抗企业面临的威胁，积极采取对策迎接挑战。

三、市场营销环境分析方法

任何企业都面临着若干营销机会和环境威胁。然而，并非环境机会对所有的企业具有同等程度的吸引力，也并非所有的环境威胁对所有的企业造成同等程度的压力。企业必须进一步分析哪些环境机会最有吸引力，哪些环境威胁最具有破坏力，以便采用相应的营销战略。对此，企业可借助“环境机会矩阵图”和“环境威胁矩阵图”进行分析。

（一）环境机会分析

分析、评价环境机会主要有两个方面：一是考虑机会给企业带来的潜在利益的大小；二是考虑成功可能性的大小，如表 2 – 2 所示。

表 2 – 2　环境矩阵

成功的可能性大小		
潜在的吸引力大小	1	2
	3	4

在表 2 – 2 中的四个区域中，第 1 区域是企业必须重视的，因为它

的潜在利益和成功可能性都很大；第2和第3区域也是企业不容忽视的，因为第2区域虽然可能性不大，但其潜在市场吸引力较大，一旦出现会给企业带来丰厚收益，而第3区域虽然潜在吸引力较少，但出现可能性却很大，因此需要企业注意，制定相对对策；对第4区域，主要是观察其发展变化，并依据变化情况及时采取措施。

（二）环境威胁分析

营销者对环境威胁的分析主要从两方面考虑：一是分析环境威胁对企业的影响程度；二是分析环境威胁出现的可能性大小，并将这两个方面结合在一起，如表2－3所示。

表2－3　环境威胁矩阵

威胁的可能性大小		
潜在的严重性大小	1	2
	3	4

在表2－3的四个区域中，第1区域企业必须高度重视，因为它的危害程度高，出现可能性大，企业必须严密监视和预测其发展变化趋势，及早制定应变策略；第2和第3区域企业不能忽视，因为第2区域虽然可能性较低，但一旦出现，就会给企业带来巨大的危害，第3区域虽然对企业影响不大，但出现的可能性却很大，对此企业也应该予以注意，随时准备应对；对第4区域主要是观察其变化趋势，看是否有向其他区域发展的可能。

（三）综合环境分析

实际面临的客观环境中，单纯的威胁环境和单纯的机会环境是少有的。一般情况下，营销环境都是机会与威胁并存、利益与风险结合在一起的综合环境。根据综合环境中威胁水平和机会水平的不同，可分为四种情况，如表2－4所示。

表 2－4　机会—威胁矩阵

威胁水平高低		
机会水平大小	理想环境	冒险环境
	成熟环境	困难环境

第一，理想环境。理想环境是机会水平高，威胁水平低，利益大于风险。这是企业难得遇上的好环境，营销管理者必须抓住机遇，万万不可错失良机。

第二，冒险环境。冒险环境是机会和威胁同在、利益与风险并存。在获取较大利益的同时，存在很大的风险。面临这样的环境，企业必须加强调查研究，进行全面分析，审慎决策，以降低风险，争取利益。

第三，成熟环境。成熟环境中的机会和威胁水平都比较低，是一种比较平稳的环境。面对这样的环境，企业一方面要按常规经营，规范管理，以维持正常运转；另一方面要积蓄力量，为进入理想环境或冒险环境进行准备。

第四，困难环境。困难环境中风险大于机会，企业的处境十分困难。此时，企业必须想方设法扭转局面。如果大势已去，无法扭转，则必须果断决策，退出在此环境中的经营，另谋发展。

四、营销环境应对策略

市场营销环境的诸多特点体现出企业适应营销环境的必要性，但这种适应不是被动的，而应是主动地以变应变。所以，企业要对环境中存在的机会与威胁给予足够重视，积极制定有效的应对策略，以求在激烈竞争中获胜，并在竞争中求得发展。

（一）威胁的应对策略

1. 促变策略

促变策略即企业通过自身的努力，试图限制或扭转不利因素的发展。例如，日本的汽车、家用电器等工业品源源不断地流入美国市场，而美国的农产品却遭到日本贸易保护政策的威胁。美国政府为了对付这一严重的环境威胁，一方面，在媒体上发布美国的消费者愿意购买日本质优的汽车、电视等，为何不让日本消费者购买便宜的美国产品的舆论；另一方面，向有关国际组织提出起诉，要求仲裁，同时美国政府提出，如果日本政府不改变农产品贸易保护政策，美国对日本工业品的进口也要采取相应的措施。美国最终通过这些促变性策略扭转了不利的对日贸易处境。

2. 减轻策略

减轻策略即企业通过各种手段改变营销策略，以减轻环境威胁的程度，主动适应环境变化。例如，原材料价格上涨，企业可以主动寻找代用品，也可以采用改进设备和工艺等措施节约原材料，降低原材料单位消耗和费用成本，使企业利润保持稳定。这种减轻策略不仅有利于企业的生存，而且有可能在激烈的市场竞争中击败那些对原材料价格上涨消化能力较差的企业，从而在威胁中发展壮大。

3. 转移策略

转移策略即将产品或业务转移到其他盈利更高、市场环境更好的行业中去，以回避不利环境因素，寻求新的发展机会。例如，某公司多年来从事婴儿服装的生产，但随着当地人口出生率的下降，人口呈老龄化趋势，市场对婴儿服装需求的增长率下降，这给该公司的营销活动带来巨大威胁，公司及时采取了转移策略，一方面扩大婴儿服装的外销量，另一方面将目标市场转向老年人群体，从而保证了公司的兴旺发达。

（二）机会的应对策略

1. 抓住经营决策时机，选择投资方向

企业在进行战略性经营决策时，应充分把握市场环境机会，做出正确的决策，选准投资方向。20 世纪 60 年代，新加坡政府制订了扩大城市建设的“大新加坡计划”，当时还是玻璃业学徒的陈家和获悉后、预计这一计划必然导致对玻璃需求量的大大增加，便断然贷款投资玻璃制造业，后来一跃成为“玻璃大王”。

2. 抓住资源利用的时机，获取比较利益

企业在进行购买决策时，可以利用人们对资源价值的认识差异或资源分布的地区差异性，巧取资源，从而获取地区间的比较利益。这种机会更多地存在于新产品、新能源、新材料、新技术、新设备等新资源的利用之中。比如，美国人在成功研制晶体管以后，认为其价值不大而未予重视，而日本索尼公司则视之为一个资源机会，并花重金购买了此项专利，用于开发晶体管收音机，这种收音机的成功使索尼公司逐步成为经济巨人。

3. 抓住产品销售的时机，占领目标市场

企业可以利用有利的市场机会扩大其产品销售量，并在占领目标市场的同时进一步拓宽市场。比如，在举办奥运会期间，体育用品制造企业便可以抓住这种机会，通过各种促销手段极大地扩大销售量。

第三章　消费者市场及购买行为分析

购买者是市场营销的主要对象，研究购买行为是企业制订正确的营销战略和策略的基础。现代市场营销要求企业不仅要准确地认识和及时把握营销环境的特点及变化趋势，而且还要着重研究和分析购买者需求内容与特点。研究购买行为并把握其规律性，从购买者角度思考问题，有助于企业制定更有效的市场营销策略，针对性地开展相应的市场营销活动。

第一节　消费者市场的特点与行为模式

生活消费是产品和服务流通的终点，因而消费者市场也称为最终产品市场。企业为消费者市场服务并实现其营销目标过程，就是最终实现产品价值和使用价值的过程。对消费者市场的研究是对整个市场研究的基础。

一、消费者市场需求特征

消费者市场又称为最终消费者市场、消费品市场或生活资料市场，是指为了个人生活消费需要而购买或取得商品和劳务的全部个人和家庭。

消费者的需求是随着社会经济、政治和文化的发展而不断地产生和发展的，尽管受到各种因素的影响，但总是存在着一定的趋向性和规律性。企业要更好地满足消费者需求，开展市场营销活动，必须首先分析、认识消费者需求的特点。消费者市场需求特征主要表现在以下 6 个方面。

（一）多样性

这是消费者市场需求最基本的特征。消费者市场人数众多，个体差异性较大，由于年龄、职业、收入、教育程度、居住区域、民族和宗教等方面的不同，决定了消费者的需要、欲望、兴趣、爱好和习惯的多样化，以及对不同商品或同类商品的不同品种、规格、质量、式样、服务和价格等方面的需求。随着生产力的发展和消费水平的提高，消费者需求在总量、结构和层次上也在不断变化。因此，营销人员必须注意研究消费者市场需求，并预测其变化趋势，从而提高应变能力和竞争能力。

（二）多层次性

消费者对消费品的需求是有层次的，这主要由货币收入水平差异所引起。这种需求层次由低到高大体上可分为 3 个层次，即理性消费需求，以获得生活必需品为标准，如购买食物、衣服等，这里是最基本的需求；享受性消费需求，如购买冰箱、沙发和摩托车之类的享受用品；智能性消费需求，用于丰富生活、陶冶情操和学习知识方面的支出，如购买书报、旅游和音乐欣赏等。智能性消费需求属于满足精神生活和发展能力方面的需求，可以反映出一个社会物质生活水平和精神文明生活水平的程度。

小资料

马斯洛需求层次理论

马斯洛于 20 世纪 50 年代提出需求层次理论，该理论将人类需求由低到高划分为 5 个层次，即生理需求、安全需求、社会需求、尊重需求和自我实现需求。他认为，每个人同时都有许多需求，这些需求的重要性不同，可按上述阶梯排列，人总是先满足最基本的需求，当较低层次的需求得到满足时才会产生较高层次的需求。满足消费者需求是企业市场营销的中心任务，马斯洛需求层次理论为考察消费者市场需求特征提供一个理论窗口。

（三）可诱导性

消费者在购买商品的品种、品牌及时间、地点等方面有较大的选择性，容易受营销活动的刺激诱导，使购买力发生转移。在具有货币支付能力的情况下，可诱导的主要因素有所购买商品吸引力的大小和消费者购买商品欲望的强弱。因此，营销人员不仅要适应和满足消费者的需要，而且要通过各种促销手段增加商品的吸引力，同时正确影响和引导消费者的购买欲望。

（四）伸缩性

消费者需求易受本身需求欲望的特性工程度和货币支付能力及商品的供给、价格、广告宣传、销售服务和他人经验的影响，从而使需求具有较大的伸缩性。例如，日常生活必需品的消费需求伸缩性较小，人们对它的需求比较均衡而且有一定限度，其需求量不会因货币收入的增减而大幅度地波动。而非生活必需品，尤其是一些中高档消费品等，选择性强，消费需求的伸缩性就比较大。了解消费者市场需求的伸缩性，企业应注意研究影响需求变化的因素，并根据这些条件的变化决定企业的产品品种和产量。

（五）季节性

消费者的一些需求会随四季气候变化而呈现周期性变化。引起消费需求周期性变化的因素有因季节气候变化引起人们产生生理方面的需要，如冬天要穿棉衣，夏天要吃冷饮等；因季节变化引起集中需求，如春夏季是蔬菜集中生产的季节，也是蔬菜集中消费的季节，因风俗习惯引起的集中消费需求，如中秋节吃月饼、端午节吃粽子等。企业应根据季节性消费的特点，采用集中的或反季节的营销方式，及时把握阶段性的市场机会。

（六）可替代性和相关性

可替代性是指消费者某一方面的需求可由多种商品来满足，如馒头、饼干、面包都能满足充饥的需要。相关性是指消费者对某一商品的需求会引起对相关商品的需求，如消费者购买了皮鞋，就会附带购买鞋油、鞋刷等。企业在经营本企业产品的同时，必须研究其替代商品和相关商品，才能有效地规避市场风险，发掘市场潜力。消费者市场需求从不同角度考察呈现不同特征，研究这些特征对营销管理者是十分必要和有益的。企业的营销策划必须以市场为出发点，首先考虑消费者市场的结构和消费者行为的特点，而不是产品本身。

二、消费者购买行为研究

消费者购买行为是指消费者在寻求、购买、使用、评估和处理预期能满足其需要的产品和服务时所表现出来的行为。消费者购买行为研究就是研究消费者如何做出花费自己可支配的资源（时间、金钱、精力）与有关消费品上的决策。这种决策主要包括以下 6 个问题（又称为“5W + H”架构）。

（一）为何购买

为何购买（Why）是对消费者购买欲望和动机的原因分析，是指消费者购买商品的初始原因和原动力。消费者在实施购买行动前，总是先产生购买欲望，当欲望强烈到一定程度，就会产生购买动机。没有欲望和动机的购买行为几乎是不存在的，因此，分析“为何购买”的关键是对欲望和动机的分析。企业应通过对消费者欲望和动机的调查和预测，准确地把握和分析消费者“为何购买”的问题。

（二）购买何物

购买何物（What）是对消费者购买客体或购买对象的分析。营销者可以通过市场调查，研究了解消费者市场需要什么样的商品，尽量在品种、质量、性能、包装、价格等方面满足顾客需要。一般情况下，消费者总是喜欢物美价廉、样式新颖和富有个性的商品。

（三）何处购买

何处购买（Where）是对消费者购买地点的分析。主要分析两个方面：一是消费者在何处决定购买；二是消费者在何处实际购买。这两种情况可以在同一地方发生，也可以在不同地方发生。消费者对不同的商品选择的购买地点是不一样的。便利品，消费者往往在购买现场做出购买决定，而且选择就近购买。选购品和特殊品则可能由家庭成员商量决定后，到大商店或所信任和偏爱的商店去购买。企业应根据消费者购买特征，合理设置销售网点，方便消费者购买。

（四）何时购买

何时购买（When）是对消费者购买时间的分析。表面上看消费者购买商品的时间没有什么规律，但从宏观上看还是有一定规律可循的。一般情况下，日常生活用品在工作之余和休息日购买较多，季节性商品在季节前购买较多，大部分商品的购买高峰常常出现在重大节日期间。营销者要研究和掌握消费者购买商品的时间规律，在安排生产、组织货源、投放市场和营业时间等方面做到同步营销。

（五）由谁购买

由谁购买（Who）是分析购买主体，也就是商品由谁购买的问题。由于消费者的年龄、性别、收入、职业、教育和性格等方面的不同，因而在需求和爱好上存在很大差异。由谁购买商品从表面上看似乎是一个人的行为，但现实中往往有好几个人参与购买活动，按照参与购买决策过程中的作用可分为五类，如图 3－1 所示。

发起者，即首先提出或有意想购买某一产品或服务的人；影响者，即其看法或建议对最终购买商品有直接或间接影响的人；决策者，即对最终购买决策和何时购买等，有权做出最后决定的人；购买者，即实际执行购买决策的人；使用者，即实际消费或使用该产品或服务的人。营销人员必须有针对性地开展促销活动，才能取得最佳效果。

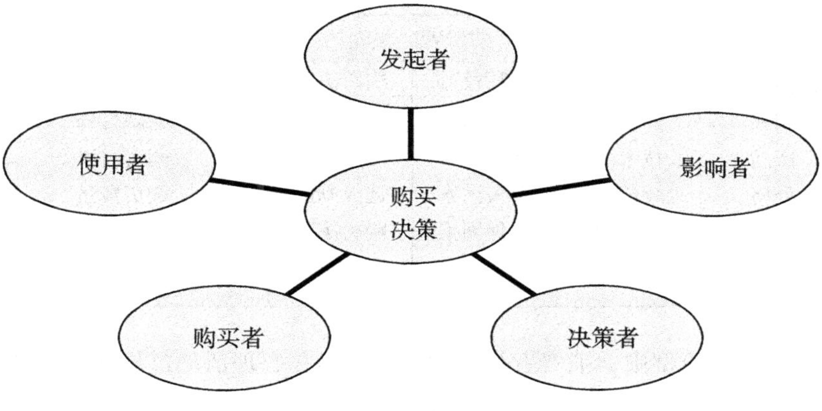

图 3-1 购买决策过程的参与者

（六）如何购买

如何购买（How）是对消费者购买方式和付款方式的分析，如是现场购买还是网购，是现金支付还是分期付款。消费者采取什么方式购买会影响到企业经营决策与经营计划的制订，企业应适应消费者购买方式，尽量为消费者提供方便。

三、消费者购买行为模式

对消费者购买行为的研究，有些问题比较直观，如消费者购买什么产品、在什么地方购买等；至于“人们为何购买”这样的问题则非常复杂，难以轻易得出答案，常常难以揣摩。为此，行为心理学家沃森建立了刺激—反应模式来说明外界刺激与消费者反应之间的关系，如表 3-1 所示。

表 3－1 消费者购买行为模式

外部刺激		消费者"黑箱"		消费者反应
营销因素	环境因素	消费者特征	购买决策	产品选择
"4PS"	经济的	经济因素	确认需求	品牌选择
产品	技术的	社会因素	搜集信息	购买时机
价格	政治的	个人因素	选择判断	购买数量
渠道	文化的	心理因素	购买决策	
促销			购后评价	

在这个模型中，消费者行为动机作为内在心理活动过程被视为"黑箱"，外部刺激经过黑箱反应。外部刺激分为营销因素和环境因素两种。营销因素，即企业可控因素的刺激，包括产品、价格、分销和促销等因素；环境因素，即企业不可控因素的刺激，包括经济、政治、文化、法律、科学技术竞争等因素。营销因素的刺激和环境因素的刺激一起构成了消费者的外在刺激。黑箱由两部分构成，一部分是消费者特征；另一部分是购买决策过程，它直接影响最终结果。反应是指消费者受到刺激后的最终反应，也就是做出的关于产品决策、品牌选择、卖主选择、购买时机和购买数量选择的决策。当然，消费者从受到刺激到做出反应，期间还要经历一个过程，这也就是具有一定特征的消费者个体的购买动机的形成，并开始购买的决策过程。

第二节 影响购买行为的因素分析

消费者购买行为建立在复杂多样的购买动机基础上，同时又受到其他因素的影响。分析研究消费者购买行为的影响因素，有利于企业掌握消费者购买行为的规律性，从而制订有效的营销战略。影响消费者购买行为的因素主要有文化因素、社会因素、个人因素和心理因素等，如图 3－2 所示。

文化因素	社会因素	个人因素	心理因素
文化 亚文化 社会阶层	先关群体 家庭 角色和地位	年龄和生命 家庭生命周期阶段 职业 经济状况 生活方式 个性和自我观念	动机 知觉 学习 信念和态度

图3－2 影响消费者购买行为的因素

一、文化因素

对于消费者购买行为而言，文化因素的影响力既广又深，尤其是以本身所处的文化、亚文化及社会阶层最为重要。

（一）文化

文化是人类从生活实践中建立起来的价值观念、道德、理想和其他有意义的象征的综合体，包括知识、信仰、艺术、道德、法律、风俗习惯及宗教等。文化是消费者欲望与行为的基本决定因素，对消费者购买行为有着强烈而广泛的影响。文化的差异引起消费行为的差异，表现在婚丧、服饰、饮食起居、节日、礼仪、建筑风格等各个方面。

文化不是凝固不变的，在各种复杂因素的影响下会发生变化，但可能要经过漫长的时间，任何力量想在短期内强行改变它几乎不可能。因此，营销者在选择目标市场和指定营销方案时必须了解不同的文化人群对其产品的看法和态度。例如，日本文化极讲究礼貌，在日本做电视广告必须采用客气及建议式口吻，若用威胁式或命令式语气则易引起消费者的反感。

（二）亚文化

亚文化是在每种基本的核心文化中所包含的由更小团体所形成的文

化。它们提供团体成员更特定的认同对象社会化作用，并对人们造成更直接的影响。例如，以地区来分，中国南方人和北方人属于两个不同的亚文化群，他们都有自己的爱好特征和消费习惯，然而这个不同的亚文化群体又都有整个中华民族文化的主导性——共同的信仰、价值观和习俗。从消费心理角度分析，亚文化相对文化更为重要。亚文化更能影响和决定消费者的行为。我国主要的亚文化群有民族亚文化群、宗教亚文化群、年龄亚文化群、地区亚文化群、性别亚文化群、职业亚文化群。我国人民的乡土观念比较重，因此地区亚文化影响尤为明显，各地的人都或多或少地保留着养育他们的本乡本土的消费习惯。在饮食方面，湖南、四川人爱吃辣，苏州、无锡人爱吃甜，川湘人不会因工作调动到了苏州就改变爱吃辣味的习惯，苏州人也不会因为迁到内地忘记炒菜放糖。因此，企业如能注意地区亚文化群的特点，针对这些特点扩大新产品，增设新服务，其发展潜力应当是很大的。

（三）社会阶层

社会阶层是具有相对的同质性和持久性的群体，依据其职业、收入、所受教育及居住区域按等级排列，同一阶层成员具有类似的价值观、兴趣爱好和行为方式。从社会阶层的角度掌握消费者心理，有三种心理值得注意。一是希望被同一阶层成员接受的“认同心理”，人们常会依循该阶层的消费模式行事，如自认为“上层阶层”的人士，不管是否真心喜欢，都倾向以打高尔夫球、钓鱼、打桥牌等作为主要的休闲活动，以体现上层身份；二是“别掉价”心理，人们大多抗拒较低层消费模式；三是“攀比心理”，人们往往喜欢做一些“越级”的消费行为，以满足“一刹那”的虚荣心。

不同社会阶层的人对产品和品牌有不同的需要和偏好，不同阶层还决定了不同的销售方式及宣传媒体的选择，因此，一个企业只能集中力量为某些阶层服务，而不可能同时满足所有阶层的需要。

二、社会因素

社会因素是指消费者周围的人对他所产生的影响，其中以相关群体、家庭及身份与地位对消费者行为影响最为重要

（一）相关群体

相关群体就是指能够影响消费者购买行为的个人或集体，它包括以血缘、社会、经济、职业和爱好等因素为纽带所构成的组织。相关群体分为两种，一是成员群体——自己身为成员之一的团体，如家庭、亲朋好友、同事或同学会等；二是理想群体——自己虽非成员但愿意归属的团体、如体育明星、影视明星等，这些群体的一举一动往往会成为人们模仿的样板。

相关群体促使人们在消费上做出相似的选择，对个人购买选择的影响较大。因此，必须关注相关群体对消费者产生的影响。首先，人们对群体的认同程度越高，越易受群体意见影响；其次，人们购买的商品与群体关系越密切，越易受群体意见的影响；最后，人们消费信心越低，越易受群体影响。但是，并非所有商品都受相关群体同等程度的影响。据研究，相关群体对汽车、服装、啤酒、食品和药品等产品的购买行为影响较大，对收音机、肥皂、洗衣粉等几乎没有影响。此外，在产品生命周期的不同阶段，相关群体的影响力也不同。因此，企业应设法影响相关群体中的意见领导者，再结合产品特点，用活、用好这股影响力。

（二）家庭

消费者以个人或家庭为单位购买产品，家庭成员在购买活动中往往起着不同作用并且相互影响，构成了消费者的“购买组织”。分析这个问题有助于营销者抓住关键人物开展营销活动，提高营销效率。

购买决策对家庭成员的影响层面与产品类别有关。在认知风险越高、金额越大、影响层面越广、产品使用期越长的购买决策中，家庭成

员参与意见的情况会越多，介入的程度也越大。反之，如果是例行性、低金额便利品的购买决策，可能只由家庭主妇一个人就可决定。当然商品价值的高低只是影响认知风险大小的因素之一，并非唯一的决定因素，如选购婴儿奶粉、纸尿裤等低价值产品，认知风险未必一定低于电视、冰箱等高价值产品。

（三）角色与地位

消费者会因处于不同的群体而充当不同的角色，如某人在女儿面前是父亲，在公司里是经理等。地位伴随着身份而来，每一种身份又都附有一种地位，反映社会的总评价。消费者做出购买选择时常常会考虑自己的身份与地位，从而会造成有形或无形的规范。

企业可以主动“召唤”消费者来承担某种身份，以刺激消费者的购买欲望。例如，“爱妻号”洗衣机广告会“召唤”男性消费者扮演“好丈夫”，让他们觉得“我爱妻子，我应该给妻子买台‘爱妻号’洗衣机”。

三、个人因素

消费者的购买行为还受个人因素的影响。所谓个人因素包括年龄及家庭生命周期阶段、职业、经济状况、生活方式、性格和自我观念等方面。个人因素对消费者购买行为的影响主要体现在以下 6 个方面。

（一）年龄和性别

消费者在一生中购买的商品和劳务是不断变化的，年龄小时吃婴儿食品，发育和成年时期需要各类食物，到晚年时就有了特殊的食谱。同样，消费者在服装、家具和娱乐等商品需求与性别明显相关。

（二）家庭生命周期阶段

随着所处年龄及家庭生命周期阶段的不同，消费行为也会有所改变。西方学者根据家庭婚姻状况将家庭的生命周期分为 9 个阶段，各阶段的购买行为存在明显的差别（见表3－2）。营销人员应明确自己的目标市场处于家庭生命周期的什么阶段，并据此发展适销的产品。

表3－2　家庭生命周期的购买行为

家庭生命周期阶段	购买行为模式
单身阶段：离开父母独居的青年	几乎没有经济负担，新观念的带头人，娱乐向导
新婚阶段：新婚年轻夫妇无子女	经济状况较好，购买能力强，耐用品购买力高
满巢阶段一：最幼的子女不到6岁	家庭用品采购的高峰期，流动资金少，不满足现有的经济状况，有部分储蓄，喜欢新产品，主要支出与育婴消费有关
满巢阶段二：子女在6～18岁之间	孩子的教育费用成为家庭消费的重要组成部分
满巢阶段三：结婚已久，子女已长大但仍需要抚养	经济状况仍然较好，一些子女也有工作，对广告不明感，耐用消费品购买能力强
空巢阶段一：年长的夫妇，无子女同住，夫妻仍有工作能力	经济富裕有储蓄，对旅游娱乐、自我教育尤感兴趣，愿意施舍和捐献，对新产品无兴趣
空巢阶段二：年长的夫妇，无子女同住，已退休	收入锐减，赋闲在家，购买有助于健康、睡眠和消化的实用护理保健品
鳏寡就业阶段：独居老人，尚有工作能力	收入仍较可观，但也许会出售房子
鳏寡退休阶段：独居老人，已退休养老	需要与其他退休群体相仿的医疗用品，收入锐减，特别需要得到关注、情感和安全保障

（三）职业

基于所从事的职业引起的需要，也会使消费者发生相应的购买行为。例如，教师需要购买专业参考书，运动员需要购买解除肌肉紧张和疲劳的药物，演员需要购买演出服和化妆品。因此，营销人员研究各行各业的特殊需要也是了解消费者行为的重要一环。

（四）经济状况

商品选购在很大程度上取决于个人的经济状况。经济状况主要包括收入、存款、资产和筹款能力的大小。经济状况直接影响消费者的购买力和兴趣爱好，因此营销人员在产品设计和市场定位时应充分考虑不同消费者群体的经济状况。

（五）生活方式

生活方式是指人们在生活中表现出来的活动、兴趣和看法的模式。生活方式能比社会阶层、个人性格更深刻也更全面地表示出一个人在态度、行为和心理需要方面的特点。因此，通过分析消费者的生活方式来了解其消费需要和购买行为，往往比用社会阶层和个性来分析更为有效。

小案例

杭州某包子店为何无人理

杭州某包子店是在杭州开设的分店，地处商业黄金阶段。其正宗的包子以薄皮、水馅、滋味鲜美等鲜明的特色而著名。但正当杭州某酒店创下日销包子万余只的记录时，杭州该包子店却将其楼下1/3的营业面积租让给服装企业，可依然“门前冷落车马稀”。

当该包子店一再强调其鲜明的产品特色时，却忽略了南方与北方消费者的生活方式存在差异，那么受挫于杭州也是在所难免了。首先，该包子馅比较油腻，不合喜爱清淡食物的杭州市民的口味。其次，该包子不符合杭州人的生活习惯。杭州市民将包子作为方便快餐，往往边走边吃。而该包子由于薄皮、水馅、容易流汁，不能拿在手里吃，只能坐下用筷子慢慢享用。再次，该包子馅多半都是蒜一类的辛辣食物，这与杭州这个南方城市的传统口味也相悖。

请思考：

该包子需要做出哪些调整或者改变才能受到南方消费者喜爱？

（六）性格和自我观念

性格常常可用外向或内向、乐观或悲观、柔弱或刚强、活泼或文静，以及自信心强或弱等来表示。如果性格特征和某种商品、品牌之间存在强烈的相互关系，则性格就可以成为了解消费行为的一个有用的依据。例如，假设某电脑公司发现其潜在顾客大多具有自信心、优越感及自主性较强的性格特征，则该公司如能在广告设计中显示出使用者的这些性格特点，则该个人电脑将对潜在顾客具有更大的吸引力。

自我观念也称自我形象，是指消费者心目中认为自己是什么样的人，或者认为自己在别人心目中是什么样的人。消费者往往倾向于选择能改善其自我形象的商品和服务，营销者必须了解如何设计品牌形象，才能符合目标消费者对理想的自我形象的要求。

四、心理因素

消费者购买行为还受到以下四个心理因素的影响。

（一）动机

任何人在任何时候都存在着一些需要，但是在某个时点上这些需要并不都强烈到促使人采取购买行动的程度。一个需要当其强烈到某种程度后才变成动机。所以，动机是一种被激励的需要，它足以使一个人采取行动来满足这种需要。

小案例

美瞳眼镜让眼睛更迷人

在新加坡、韩国等国家，从十几岁的女孩子到年轻女士，都努力使自己的眼睛看起来更大、更亮，纷纷戴上了彩色的美瞳眼镜。这些眼镜混合了各种色彩，有紫色也有粉色，使佩戴者展现出孩童般天真无邪的目光。它们不仅覆盖住虹膜，还盖到眼白的那一部分，因此使眼睛看起来更大一些。

请思考：

以人体眼、耳、口、鼻为例，消费者存在哪些美容动机？

（二）知觉

消费者产生了购买动机后，将会发生什么样的举动，还取决于对客观环境的知觉。知觉是将感觉到外界刺激变成有意义的个人经验的一种过程，简而言之，知觉就是理解了的感觉。消费者在购买商品之前要经历一个从感觉到知觉的认识过程，首先，通过五种感官形成对某一商品各项属性的反应，这就是感觉；其次，大脑将感觉得到的信息进行综合分析，以各人自己的方式做出解释，这就是知觉。两个具有相同的购买动机、处于完全相同的客观情境之下的消费者，可能由于各人对情境的知觉不同，而发生完全不同的购买行为。产生以上现象的根本原因在于知觉具有选择性，这种选择性包括选择性注意、选择性曲解、选择性记忆。

上述情况告诉营销者，如果广告宣传的表达方式不新颖、不生动，给出的刺激不强烈，则很难引起顾客的注意，形成正确的知觉使其产生深刻的印象。因此，营销者必须精心设计促销活动，才能突破消费者知觉选择性的壁垒，达到预期效果。

（三）学习

学习是指由经验而引起的个人行为的改变。内在需要引起购买某种商品的动机，这种动机可能在多次购买之后仍然重复产生，也可能在一次购买之后消失。为何会重复或消失，行为科学家认为是来自“后天经验”，即通过学习得来。学习是一个由驱使力、刺激物、提示物、反应及增强作用等诸多因素相互影响和交互作用的过程，可用“学习模式”图来描述，如图 3 -3 所示。

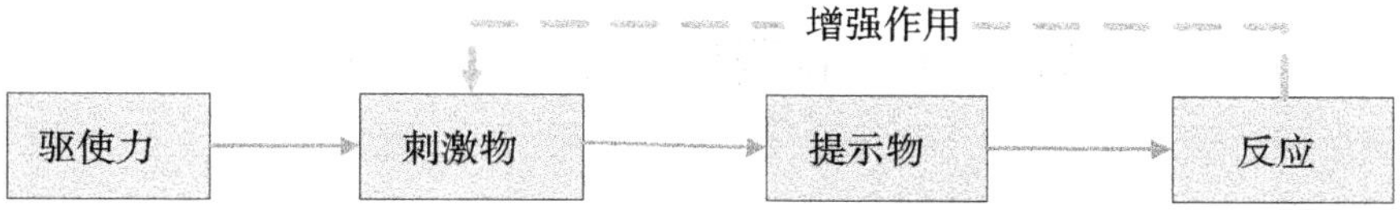

图3－3　学习模式图

根据经验决定行为的理论，营销者应将消费者的驱使力和产品（刺激物）联结起来，使产品在各方面符合消费者的需要，并且提供激励其行动的提示物（适当的广告宣传手段和其他促销措施），以增强刺激物的诱导作用，增加消费者对该产品的需求。

（四）信念和态度

消费者的信念和态度是影响其购买行为的心理因素之一。信念和态度总的来说产生于经验。所谓信念是指一个人对某些事物所持有的看法，人们对商品所具有的信念可能是基于实际认识，也可能基于个人见解和信任，有时还可能带有感情色彩。例如，有人认为国产手机照出的相片的色彩并不亚于进口手机，这种信念就会影响他的购买决策。态度是指一个人对某些事物或看法所持的评价、知觉和倾向。人们对每一事物都有其态度，如对宗教、政治、衣服、音乐、食物等。人们常常把对事物的种种态度归纳为心理上喜欢或不喜欢两大类。喜欢则采取追求的行动，不喜欢则采取避开的行动。可见，了解消费者对企业产品的信念和态度，对企业经营具有重要意义。企业可以据之设计新产品，或改进原有产品使之符合消费者的要求。一般情况下，企图改变消费者的信念和态度是相当困难的，付出的代价也是比较高昂的。所以，企业常常采用迎合消费者信念和态度的策略，而不是去试图改变。

第三节　消费者购买决策过程

一、消费者购买行为类型

消费者在购买商品时，会因商品价格、购买频率不同而致使投入的时间、精力不同，即介入程度不同。根据购买者在购买过程中介入程度和品牌间的差异程度，可将消费者的购买行为分为以下 4 种类型，如表 3－3 所示。

表 3－3　消费者购买行为类型

品牌差异＼介入程度	高度介入	低度介入
品牌差异大	复杂的购买行为	寻求多样化的购买行为
品牌差异小	化解不协调的购买行为	习惯性的购买行为

（一）复杂的购买行为

消费者初次购买品牌差异性很大的耐用消费品时所发生的购买行为，如购买大屏幕彩电、组合音响等品牌差别很大的商品，由于对这些产品的性能缺乏了解，为慎重起见，消费者的介入程度往往很高，要广泛收集有关信息，并经过认真学习，产生对这一产品的信念，形成对品牌的态度，并慎重地做出购买决策。

对此类型购买行为，营销者应设法帮助消费者了解与该产品有关的知识，并设法让他们知道和确信本产品在比较重要的性能方面的特征及优势，使其树立对本产品的信任感。这期间，企业要特别注意针对购买决定者做介绍本产品特性的多种形式的广告。

（二）化解不协调的购买行为

当消费者高度介入某种产品的购买，但又看不出各品牌的差异时，对所购产品往往产生失调感。因为消费者购买一些品牌差异不大的商品时，虽然对购买行为持谨慎态度，但他们的注意力更多地集中在品牌价格是否优惠、购买时间和地点是否便利等问题上，而不是花很多精力去收集不同品牌间的信息并进行比较，而且从产生购买动机到决定购买之间的时间较短。因而这种购买行为容易产生购买后的不协调感，即消费者购买某一产品后或因产品自身的某些方面不称心，或得到其他产品更好的信息，从而产生不该购买这一产品的后悔心理或心理不平衡。

为此，营销者应通过调整价格和售货网点的选择，并向消费者提供有利的信息帮助消费者消除不平衡心理，坚定其对所购产品的信心。

（三）寻求多样化的购买行为

这种购买行为又称广泛选择的购买行为。如果一个消费者购买的商品品牌差异大，但可供选择的品牌很多时，他们并不花太多的时间选择品牌，也并不专注于某一产品，而是经常变换品种。比如购买饼干，上次买的是巧克力夹心，这次则想购买奶油夹心。这种品种的更换并非意味着对上次购买的饼干不满意，只是想换换口味而已。

对于消费者寻求多样化的购买行为，当企业处于市场优势地位时，应注意以充足的货源占据货架的有利位置，并通过提醒性的广告促成消费者建立习惯性购买行为；而当处于非市场优势地位时，则应以降低产品价格、免费试用、介绍新产品独特优势等方式，鼓励消费者进行多种品种的选择和新产品的试用。

（四）习惯性的购买行为

消费者有时购买某一商品，并不是因为特别偏爱某一品牌，而是出于习惯。比如盐，这是一种价格低廉、品牌间差异不大的商品，消费者购买时，大多不会关心品牌，而是根据多次购买和多次使用而形成的习惯去选定某一品牌。

针对这种购买行为，企业要特别注意给消费者留下深刻印象，销售要强调本产品的独特点，要以鲜明的视觉标志、巧妙的形象构思赢得消费者对本企业产品的青睐。为此，营销广告要加强重复性、反复性，以加深消费者对产品的熟悉程度。

二、消费者购买决策过程

消费者从产生需求到实际购买，存在一个决策过程，这一过程因产品类型、购买者类型的不同而使购买决策过程有所区别。典型的购买决策过程一般包括 5 个阶段，即确认需求、收集信息、选择判断、购买决策和购后评价，如图 3－4 所示。

图 3－4　消费者购买决策

（一）确认需求

确认需求是消费者购买决策过程的起点。当消费者在现实生活中感觉到或意识到实际与期望之间有一定差距，并产生了要解决这一问题的要求时，购买的决策过程便开始了。购买需求的产生，既可以是人体内机能的感受所引发的，如因口渴而引发购买饮料的需求，也可以是由外部条件刺激所引发的，如看见电视中的西服广告为之心动而打算买一套。当然，消费者的购买需求也可能是内外因素同时作用的结果。

营销人员应注意识别引起消费者某种需要和兴趣的环境，并充分注意到两方面的问题：一是注意了解那些与本企业的产品有实际或潜在关联的驱使力；二是消费者对某种产品的需求强度，会随着时间的推移而变动，并且会被一些诱因所触发。在此基础上，营销人员要善于安排诱因，促使消费者对企业产品产生强烈的需求。

（二）收集信息

当唤起需要的动机很强烈，市场上又有可以满足的物品时，消费者就能很快实现购买。但多数情况下，被唤起的需要并不是由消费者马上采取购买行动去满足，而往往保留在消费者记忆之中，作为满足未来需要的必要项目。这时消费者就会产生一种强烈的注意力，对满足需要的事物极其敏感，于是会着手收集有关信息。信息来源一般有四个途径：一是从企业广告、推销员、营业员、经销商、商品展览、商品陈列、产品说明书等得到的商业信息；二是从亲朋好友、同事、邻居、社会团体等相关群体中获得的个人信息；三是从报纸、杂志、广播、电视等大众传播媒介的宣传报道和消费者组织的有关评论中得到的公共信息；四是消费者自身通过以前购买使用而得到的个人经验。

上述四种信息来源中，商业信息是消费者获得最多的信息来源，商业信息具有通知的作用，而且对企业来说是可以控制的。消费者可以通过商业信息的渠道了解企业的产品，进而购买企业的产品。

在收集信息阶段中，营销者既要千方百计地做好产品广告宣传，以吸引消费者的注意力，又要努力做好商品展览、陈列和产品说明等工作，使消费者迅速获得对企业有利的信息。

（三）选择判断

选择判断阶段是指消费者利用各种来源的信息，对商品进行分析、对比、评价。消费者主要是通过比较各类产品的不同属性及同类产品间的差异，从而在心里建立不同产品的等级；同时，根据产品的品牌，分析消费特定产品给自己带来的满足程度，在此基础上决定选择产品的态度。

营销人员可采取如下对策，以提高自己产品被选中的概率。

第一，企业要不断开发满足消费者不同需求的产品，并通过广告宣传等手段，设法使自己所生产和经营产品的性能、质量、品牌及特点给消费者留下深刻的印象，以引起消费者的注意。

第二，通过修正产品的某些属性及改变消费者心中的品牌信念，使之接近消费者“理想”的产品，便于消费者的比较和选择。

第三，改变消费者对竞争品牌的信念。当消费者对竞争品牌的信念超过实际时，可通过比较性广告，改变消费者对竞争品牌的信念，从而将竞争对手的客户吸引过来。

（四）购买决策

经过评价和选择后，消费者形成对某种品牌的偏好和购买的意向。但购买决策的最后确定，除了消费者自己的喜好外，还受其他因素的制约。一是他人的态度。如果亲朋好友反对，那么就很可能改变购买意向。二是一些不可预料的情况。消费者购买决策还受到家庭收入、产品价格、产品预期利益和市场行情新动向的影响。三是消费者的购买决策还受到非环境因素的影响。例如，推销态度、推销技巧等方面的影响，也会使消费者改变原来的决策。

购买决策是消费者购买行为过程中的关键阶段，在这个阶段，营销人员一方面要向消费者提供更多、更详细的商品信息，以便使消费者消除各种疑虑；另一方面要通过提供各种销售服务，方便消费者选购，促进消费者做出购买本企业产品的决策。

（五）购后评价

消费者购买一种商品以后，往往会通过自己的使用和他人的评判，对其购买选择进行检验，把他所体验到的产品实际性能与以前对产品的期望进行比较。通过比较，消费者会产生一定的购后感受，如满意、基本满意或不满意等。这些感受往往会通过各种各样的行为表现出来。如果感到满意，消费者就可能再次购买同一品牌的产品，并经常对他人称赞该产品。这种称赞往往比广告宣传更为有效。如果感到不满意，那么消费者除了可能要求退货外，还可能以后再也不会购买这种产品了。为此，企业要注意及时收集信息，加强顾客意见反馈的收集和售后服务工作，并采取相应措施，改善消费者的购后感受。可见，研究和了解消费者购买决策过程是市场营销成功的基础。市场营销人员通过了解购买者如何经历引起需要、寻找信息、评价行为、决定购买和购买行为的全过程，就可以获得许多有助于满足消费者需要的有用线索。通过了解购买过程的各种参与者及其对购买行为的影响就可以为目标市场设计有效的市场营销计划。

第四章　组织市场及行为分析

大部分企业并不能把产品直接卖给消费者，而是先卖给组织购买者，然后由他们提供给消费者市场。组织市场指工商企业为从事生产、销售等业务活动，以及政府部门和一些组织为履行职责而购买产品和服务所构成的市场。例如，当海尔公司将其产品销售给分销商时，其便作为组织营销者；但当海尔公司将产品销售给消费者时，其便作为消费营销者。组织市场在购买决策的参与者、影响购买行为的因素及购买过程等方面与最终消费者市场有一定的相似之处，也有很大的不同，因此，向组织市场出售产品或服务的企业面临着不同的挑战，所以供应商需要了解组织采购者复杂的购买过程，研究其购买行为的特点，以及影响其决策的因素，找到相应的营销战略和战术。

组织市场是巨大的，它涉及的价值与产品要比消费市场多得多。例如，在为生产和销售一副轮胎而涉及的大量商业交易中，各种企业向生产轮胎的公司销售其生产轮胎所需的橡胶、钢铁、设备及其他产品。然后公司再将轮胎卖给批发商，批发商再卖给零售商，零售商将轮胎卖给消费者。而且公司还将轮胎销售给制造商，制造商将其作为原材料安装在新车上，或销售给那些拥有自己车队的公司，作为备用轮胎。下面具体分析组织市场的类型、特点及购买行为。

第一节　组织市场的类型和特点

一、组织市场类型

组织市场包括4种类型，即生产者市场、中间商市场、非营利组织市场和政府市场。

（一）生产者市场

生产者市场又称为产业市场、工业品市场或生产资料市场，是指工业企业为了获取利润进行再生产而购买产品的市场。生产者市场是一个庞大的市场，其购买者分布在各个行业中，包括农业、林业、渔业、牧业、采矿业、制造业、建筑业、运输业、通信业、银行业、保险业及其他一些行业。生产者市场的交易内容主要为生产资料和各项生产要素（资金、劳动力、技术、信息、房地产等），它们构成生产者市场的两个细分市场。

（二）中间商市场

中间商市场又称转卖者市场，它是由以营利为目的、购进商品后再转卖或出租给他人的所有组织和个人所组成的市场。中间商不提供产品形式效用，只提供产品的时间、地点和占有方面的效用。中间商经营的产品种类繁多。事实上，除了少数几类产品如重型或复杂的机械、定制的产品及直接邮购或上门推销的产品由制造商直接卖给最终顾客外，绝大多数的产品都是通过销售中间商才被卖到最终购买者的手中的。供应商应把中间商看作是其顾客的采购代理商，而不是代表供方的销售代理商。中间商有两种基本类型批发商和零售商。在地理分布上，中间商市场与生产者市场相比较为分散，但与消费者市场相比较为集中。

（三）非营利组织市场

非营利组织（Non - Profit Organization，NPO），又称非营利部门，是指所有不以营利为目的而从事社会公益事业的机构、组织和团体，可以是现有的政府事业单位和教育机构、注册的民办科技机构等。非营利组织是组织市场内相当重要而不可忽视的一部分。世界任何一个国家的非营利组织都发挥着十分重要的作用。它们不仅构成一个重要的产业，而且还是活跃于现代生活的一支经济力量，是各国国民经济中一个重要组成部分。世界各国的非营利组织不仅成为最大的“雇主”，也是最大的买主，构成了一个潜力巨大的市场，对促进竞争、活跃市场、吸纳就业、扩大内需、稳定市场、促进经济增长，以及倡导文明、推动人类社会的进步发挥着至关重要的作用。著名管理学家彼得·德鲁克曾精辟地指出非营利组织不仅在功能上代替政府解决了许多社会问题，同时，因为非营利组织的效能是政府的两倍，也削减了政府的财政赤字。

（四）政府市场

政府市场是指为了执行政府职能而购买或租用产品的各级政府和下属各部门组成的采购市场。各国政府通过税收、财政预算掌握了相当部分的国民收入，形成了潜力极大的政府采购市场，成为非营利组织市场的主要组成部分。政府购买的基础是获取那些能实现公众目标所必需的产品和服务。政府采购的商品和服务的范围是惊人的，包括黑板、家具、卫生设施、灭火器、机动设备及燃料等，用于公共福利、医疗保健、基础设施建设和自然资源开发，以及公共服务、住房和城市改造。政府采购的目的不是为了赢利，而是为了执行政府职能，向社会提供公共产品，维护国家安全和社会公众利益。例如，政府参与市场调节，稳定物价和市场政府的扶贫及在国际上的人道主义援助等。

二、组织市场的特点

（一）组织市场的市场结构

（1）购买者少、购买规模大。在消费者市场上，购买者是消费者个人或家庭，购买者必然为数众多，购买规模很小。而在组织市场上，情形正好相反，如鞋厂的数量要比使用鞋子的消费者数量少。发电设备生产者的顾客是各地有限的发电厂，面向采煤设备生产者的顾客是少数大型煤矿，某轮胎厂的命运可能仅仅取决于能否得到某家汽车厂的订单。尽管组织市场的客户数量少，但客户的购买量很大。格罗斯等人估计组织市场大约是消费者市场的4倍。组织市场购买量大，主要表现在组织市场在总交易量、每笔交易的当事人数、客户经营活动的规模和多样性、生产阶段的数量和持续的时间等方面。组织市场还会按照一定的周期重复购买。例如，旅馆对香皂的需求量，远比一般家庭的香皂需求量大得多。有时一位买主就能买下一个企业较长时期内的全部产量，有时一张订单的金额就能达到数千万元甚至数亿元。

（2）组织市场的地理分布相对集中。例如，很多国家在石油、橡胶、钢铁、农业等行业显示出相当强的地理区域集中性。在我国，大多数组织购买者集中在北京、天津、上海、武汉、广州、成都、深圳等国内工业较为集中的城市。美国前10位的大城市也是组织购买者比较集中的地区，如纽约、芝加哥、巴尔的摩、洛杉矶、费城、波士顿、底特律、达拉斯、匹兹堡和休斯敦。这种地理分布上的集中有助于购买者辨认、比较和顺利开展其购买活动。对供应商来说，可以吸引更多的客户。例如，义乌小商品批发市场和临洮康家崖马铃薯批发市场都体现了这些特征。

因此，市场的容量大、客户数量少、购买规模大，以及购买者在地理区域上相对集中就构成了组织市场的市场结构特征。

（二）组织市场的需求特征

（1）组织市场的派生需求。没有消费者市场的相应需求，就没有组织市场的需求。组织市场的需求还随着消费者市场相应需求的变化而变化。组织市场的派生需求往往是多层次的，形成环环相扣的链条。消费者市场的相应需求是这一链条的起点，是组织市场需求的动力和源泉。例如，消费者市场对汽车的需求带来汽车制造商对轮胎、汽车制造设备等的需求，而这些需求又引发对橡胶业、钢铁业等相关行业产品的需求。

（2）需求缺乏弹性。相对于消费市场，生产者市场产品价格的上升或下降，对产品需求不会有太大的影响。组织市场的需求具有派生性。它对原料的需求主要来自顾客对产品的需求。当顾客的需求没有增加，即使原料价格下跌，组织市场的需求也不会出现。此外，组织市场本身的需求还受限于有效产能与仓库固定容量，因此原料价格下降还要由产能的消化能力与仓储的容量状况来决定其影响，所以需求弹性较小。另外，如果原材料或零部件占最终产品的比例很小，则其价格升降对成本的影响也很有限，也不会影响到产品的需求。例如，在酒类需求总量不变的情况下，粮食价格下降，酒厂未必就会大量购买，除非粮食是酒成本中的主要部分且酒厂有大量的存放场所。粮食价格上涨，酒厂未必会减少购买，除非酒厂找到了其他代用品或发现了节约原料的方法。

（3）组织市场的需求波动大。组织市场对工业性产品的需求，特别是新工厂对原材料和设备的需求，通常比消费产品的需求还不稳定。消费者需求只要有一点增加或减少，就会引起生产产品的工厂和设备需求的很大变动，经济学上将这种现象称为乘数效应，又称加速原理。例如，当消费者的需求增加时，零售商为了满足消费者增加的需求，就会增加其对产品的需求，从而批发商或经销商也增加对产品的需求，最后制造商也会受到影响而增加产品的需求。因此，消费者需求增加，可能会引发相当大幅度的组织需求增加；反之，消费者需求减少，也很可能会引发较大幅度的组织需求减少，所以组织购买者的需求波动要比消费者的需求波动大。

（三）组织市场购买者的成分特性

组织市场上的购买者成分复杂，并多为受过专门训练的采购人员。经过专业训练的采购人员，具有丰富的产品和购买知识。他们不仅要对购买的产品在性能、规格及技术细节上的要求较为熟悉，而且要在较为复杂的购买决策中灵活运用谈判技巧。可见，为了应对具有专门知识、经过专业训练的采购人员，供应商应十分重视对推销人员的挑选和培训，使之具有良好的专业知识和销售知识，具有较强的人际交往能力。

技术性较强的产品，其推销人员更应具有完备的技术知识。

（四）组织市场购买者的决策类型和过程

组织市场购买者的决策，通常比消费者的决策更为复杂，涉及更大数额款项、更为复杂的技术和经济问题，因此往往需要花费更多的时间进行反复论证。组织购买者的决策行为比消费者更为规范，对大额购买通常要求详细的产品规格、文字购买清单，以及对供应商的调查和真实的审批程序。

（五）组织市场买卖双方的关系

在组织市场上，买卖双方往往倾向于建立长期的客户关系，保持密切往来。在购买决策的各个阶段，从帮助客户确定需求，寻找能满足这些需求的产品和劳务，直至售后服务，卖方始终参与并同客户密切合作，甚至还要经常按客户要求的品种，规格定期提供产品和劳务。从长期看，组织市场上的营销者要通过为客户提供可靠的服务及预测他们眼前和未来的需要与客户建立持久的关系，从而保持自身的销售额。另外，买卖双方的关系有时体现在互惠购买上，即买卖双方经常互换角色，互为买方和卖方。例如，造纸公司从化学公司大量购买造纸用的化学物品，化学公司也从造纸公司那儿大量购买办公和绘图用的纸张。当然，互惠购买优势还可表现为三角形或多角形。假设有 A、B、C 三家公司，C 是 A 的顾客，A 是 B 的潜在顾客，B 是 C 的潜在顾客，A 就可能提出这种互惠条件：B 买 C 的产品，A 就买 B 的产品。

此外，组织市场往往通过租赁方式取得所需产品。许多企业无力购买或融资购买所需的昂贵产品如机器设备、车辆等，此时采用租赁的方式可以节约成本。

第二节　生产者市场和购买行为分析

生产者市场与消费者市场具有相似性，两者都会为满足某种需要而担当购买者角色、制定购买决策等。但是，生产者市场在市场结构与需求、购买规模和集中程度等方面都不同于消费者市场，从而使生产者市场购买行为与消费者市场相比有着显著不同的特征。

一、生产者市场的特征

生产者市场又称为产业市场或生产资料市场，是组织市场（包括生产者市场、中间商市场、机构和政府市场等）的重要组成部分，是指购买产品或服务用于制造和生产其他产品和服务，然后销售和租赁给他人以获取利润的组织和个人。

与消费者市场相比，生产者市场有一些显著不同的特点。

（一）衍生需求

生产者市场最重要的特点就是衍生需求。衍生需求是指对产品的需求是随着对消费品需求的变化而变化的。换句话说，衍生需求就是生产者不是因个人的需求和愿望而采购产品或接受服务，而是为了提供他们自己顾客所需的产品或服务项目的需求，即从他们的顾客对其产品的需求而引发的需求。

衍生需求往往是多层次的，形成一环扣一环的链条。例如，对棉花的需求依赖于纺织工业的需求，而纺织工业的需求又依赖于服装工业的需求，服装工业的需求则依赖于最终消费者对于服装，尤其是对于棉制品服装的需求。在这个链条中，消费者需求是起点，是原生需求，是生产者市场需求的动力和源泉。

（二）需求缺乏弹性

在生产者市场上，生产者对生产用品和劳务的需求受价格变动的影响较小。例如，汽车生产者不会因为汽车轮胎的涨价而少购进轮胎。造成这种现象的主要原因是生产者市场的需求取决于其生产工艺过程与生产特点，企业在短期内不可能很快变更其生产方式和产品种类。此外，如果原材料的价值很小，而且这种原材料成本在制成品的总成本中所占的比重很小，那么这种原材料的需求也缺乏弹性，如铁钉的价格上涨不会影响家具厂对铁钉的需求水平。

（三）需求具有波动性

生产者市场需求的波动幅度大于消费者市场需求的波动幅度，一些新企业和新设备尤其如此，这一特点主要源于衍生需求。如果消费者需求增加某一百分比，为使产出满足这一追加需求的产品，工厂设备和原材料会以更大的百分比增长，经济学家把这一现象称之为加速原理。有时消费者需求只增减10%，就会使下期生产购买者需求出现20%的增减。一般来说，衍生需求的层次越多，需求链条越长，其波动幅度也越大。生产企业可实行多角化经营，尽量增加产品品种，扩大企业经营范围，以减少风险。

（四）购买者所处的地理位置集中

相对于个人消费者而言，产业购买者所处的地理区域相对比较集中。例如，美国半数以上的生产者市场的购买者都集中在纽约、加利福尼亚、宾夕法尼亚、伊利诺伊、俄亥俄、新泽西和密歇根这七个州。在我国，工业客户主要集中在东北、华北、东南沿海一带。

（五）影响购买决策者众多

在购买决策方面，与消费者的购买决策相比，影响产业采购决策的人要多得多，因为产业采购决策一般都不是由个人做出，而由采购委员会做出并负责，采购委员会都是由技术专家组成，在购买主要产品时，高级管理人员也往往参与。因此，产业市场营销者必须组成一支训练有素的推销代表队伍，并对客户采购委员会各成员对产品的评判标准、一般经济观点甚至个人好恶都要进行较深入的了解。

（六）购买人员较为专业化

产业采购与消费者购买不同，一般消费者对所购消费品往往缺乏专业知识，产业采购则都是由那些经过专业训练的采购人员进行，他们对要购买的产品不仅在性能、质量、规格及技术细节上的要求都较为明确，而且他们运用的专业方法、谈判技巧也都较为熟练。这反过来要求产业市场营销者必须提供大量的技术资料和服务，如某些机械设备在成交之前要向客户提供试用机会。

不仅如此，产业市场在整个商品市场中也居于主导地位，在交易额上超出消费者市场许多倍，而且品种多、规格杂。因此，产业市场购买行为研究对企业来说具有重要意义。

小资料

采购经理人指数

PMI是衡量制造业在生产、新订单、商品价格、存货、雇员、订单交货、新出口订单和进口8个方面状况的指数，是快速及时反映市场动态的先行指标，是衡量一个国家制造业的“体检表”。PMI以百分比来表示，通常以50%作为经济强弱的分界点。当指数高于50%时，则被解释为经济扩张的讯号。当指数低于50%，尤其非常接近40%时，则有经济萧条的忧虑。一般在40%～50%时，说明制造业处于衰退期，但整体经济还在扩张。

中国采购经理人指数是由国家统计局和中国物流与采购联合会共同合作完成，它包括制造业和非制造业采购经理指数，与GDP一同构成我国宏观经济的指标体系。从2005年6月开始，制造业采购经理指数将按月发布，并按国际通行做法，制约业内权威人士结合PMI调查数据进行宏观分析。

二、生产者购买决策的参与者

企业除专职的采购人员外还有一些其他人员也参与购买过程。根据成员对购买过程执行职能的不同，可分为以下五种角色。

（一）影响者

影响者是指采购企业中直接或间接对采购决策有影响的人员。他们参加拟订采购计划，协助明确采购商品的规格，并从技术角度提供估量取舍的有关资料。采购企业的技术员、工程师常常是采购任务的主要影响人。

（二）决策者

决策者是指采购单位有权选定供应商和决定交易的人。在经常性的采购中，采购行往往就是决策者；在重大的复杂的采购中，特别是在新采购中，采购单位的高级负责人往往亲自决定取舍。

（三）执行者

执行者是指选择供应商和具体洽谈订货条款的负责人。执行者也可能帮助确定采购商品的规格，但他们的主要任务是选定供应商，并在采购权限内进行具体交易条款的磋商。在复杂重大的采购中，采购单位的高级人员往往亲自参加磋商交易。

（四）使用者

使用者是指采购企业中实际使用所购商品的人，如实验室的实验员是各种仪器的使用者，织布厂的挡车工则是纺织机的使用者。可是，同是使用者，他们在采购过程中的地位很不相同，实验室购进仪器设备通常总是根据实验员的意见办理，而挡车工对纺织机的挑选则一般较少有发言权。

（五）信息控制者

信息控制者是指采购单位有权阻止推销员或信息与采购部门成员接触的人，如门卫、接待员等。

小案例

企业采购飞机，买卖双方都下很高的赌注

大多数时候对于普通消费者而言，买一辆新车将会是复杂且耗时的过程。在决定购买之前，会花费许多的时间在互联网上搜集相关信息，关注汽车广告，与朋友们或者推销员交流以获得他们的建议，拜访汽车4S店以参观汽车外形并进行试驾体验。一辆新车的售价是昂贵的，购买新车的决定会酝酿许久，所以会希望在一开始就做出明智的判断。

现在假设你是一家航空公司飞机采购团队中的一员，你的团队负责为公司机群购买50架新飞机、总价超过50亿美元的订单做出推荐。比较起来，消费者购买新车的决策突然间变得简单很多。这种区别至少体现在，新飞机不会被陈列在经销商的展览室里，而你也无法到商店里检查轮胎，无法对新飞机进行试飞，并且要花费巨大的购买费用。50亿美元支出对于买方无疑是一项金额巨大的投资，订单涉及购买方几名甚至几十名不同层次的决策者，不同决策者对于购买行为都可能产生或多或少的影响。

对于制造厂家而言，想要卖出一架昂贵的飞机仅靠语言和温暖的笑容是不够的。他们需要挖掘航空公司的增长前景、更换飞机的时机及现时的财务状况，需要通过详尽的调查分析，模拟航空公司的航线、每个座位的成本及其他可以展现飞机更具效率和实力的因素。飞机销售进展异常缓慢，通常从第一次营销展示到最后的合约宣布需要花费两三年的时间。

请思考

比较将飞机销售给企业与将产品销售给个人存在哪些差别？

三、生产者购买决策类型

生产企业购买决策过程的复杂程度和决策项目的多少，取决于其决策类型。一般地，可将决策类型分为以下三种。

（一）直接重购型

直接重购型是指生产者用户的采购部门按照过去的订货目录、购买方式和条件，继续向原来的供应商购买产品的购买方式。这是一种常规的购买行为，针对这种购买类型，供应方的努力重点在于保持产品和服务的质量。直接重购型对竞争者来说机会很少，但也不能忽视潜在竞争者的存在，如他们可以通过开发新产品或增加服务项目等吸引顾客，或者利用顾客对现有供货来源的不满情绪，争取让其转换进货来源。

（二）修正重购型

修正重购型是指由于生产的需要或为了争取优惠的条件，生产企业变更产品的规格、数量、价格或其他条款，或重新选择供应商的购买方式、这类购买要复杂些，需要做一些新的调查和决策，通常也需要更多的人参与决策。这种类型对原供应商是个威胁，迫使其要全力以赴保住这个客户，而对于其他竞争者则是获取新订单的好机会。供应商应重视与生产者的关系，否则就会失去市场。

小案例

IBM 与六旗娱乐园通力合作

六旗娱乐园是世界大型主题公园连锁品牌，在美国、墨西哥和加拿大经营着 19 家区域性主题公园，以令人兴奋的游戏和水上乐园、刺激的过山车，以及特色秀和剧目为特色。为了给游客带来欢乐和安全体验，六旗娱乐园必须非常细致和高效管理其数以千计的公园资产，从游戏装备和设备到建筑和其他设施，急需一种工具来高效率和高效果的管理所有资产。所以它找到了 IBM，后者拥有著名的 Maximo 资产管理软件，正好能够高效率和高效果的处理这些问题。

IBM 不仅将该软件交给六旗娱乐园，Maximo 专业服务团队将软件与维持该软件运营所需的整套服务结合起立。IBM 与六旗娱乐园紧密合作，为其度身定制应用，并战略性地在六旗娱乐园分布在全球各地的设施中实施，再辅以现场浸入式培训和研讨。“我们目前已经在5个公园实施了该方案，执行团队逐个公园、逐个设施地完成每一项部署，”六旗娱乐园的项目负责人说道，“我们有一个专门的执行团队来确保各个公园的所有部署协同一致。”IBM并不仅仅出售软件，还与六旗娱乐园通力合作，针对其复杂的资产管理问题提供了一套完整的解决方案。

请思考：

IBM为六旗娱乐园提供软件的同时，还提供配套服务，其额外的成本和收益有哪些？目的是什么？

（三）新购型

新购型是指生产企业在市场上寻找供应商，购买从未购买过的设备、原料、服务等的购买方式。由于买方对新购买的产品心中无数，往往要求获得大量有关信息。购买成本和风险越大，需要收集的信息就越多，购买决策的参与者就越多，购买过程就越复杂。显然，这种购买为供应企业提供了最好的机会，同时也是最有力的挑战。供应企业要捕捉这种机会，运用整体营销组合策略，主动提供产品和市场信息，以及有选择余地的产品目录样本提供产品使用实例，增强信任感并提供技术指导，尽量帮助客户解决疑难问题等，以期把市场机会转化为营销机会。

四、影响生产者购买决策的因素

在正常情况下，影响生产者购买决策的主要因素可分为环境因素、组织因素、人际因素、个人因素四类，如图4-1所示。供应商应了解和运用这些因素，引导买方购买行为，促成交易。

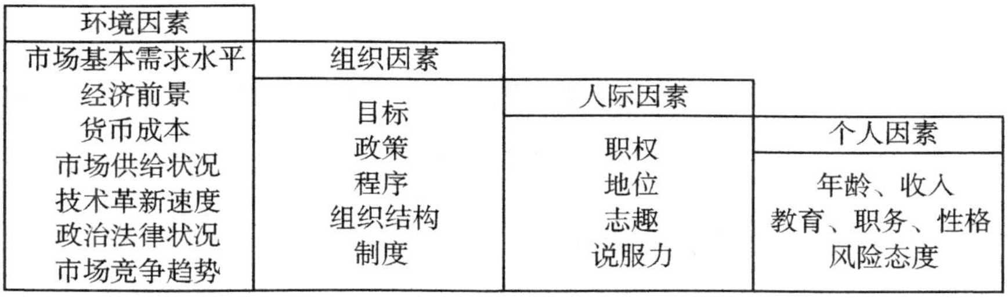

图 4-1 影响生产者购买行为的因素

（一）环境因素

企业外在的宏观环境包括一个国家的经济前景、市场需求、技术发展变化、市场竞争、政治法律情况等，这是生产者无法控制的。例如，市场需求和货币成本会影响生产企业的投资技术进步也会使生产企业增加投资，以新用品代替旧用品。另外，国家一定时期的政治变动、政策调整，以及各种法规的建立和增减都会影响有关生产者的购买行为。

（二）组织因素

组织因素指生产企业内部的运行机制，如企业的目标、政策程序、组织结构和制度等。显然，这些组织因素也会影响生产者的购买决策和购买行为。

（三）人际因素

参与和影响购买决策的使用者、影响者、决策者、执行者和信息控制者在生产企业中的地位、职权、说服力及他们之间的关系是各不相同的。这种人事关系状况必然影响生产者的购买行为。

（四）个人因素

个人因素包括各个参与者的年龄、受教育程度、个性等。这些因素的差异会导致各人对生产用品和各方供应者的感觉、看法和印象等方面的不一致，从而影响最终的购买决策、购买行为。尤其是在一些简单的按常规进行的购买行为中，具体的采购人员的主观情感因素作用尤为显著。

总之，影响生产者购买行为的因素复杂多样，营销人员必须了解自己的顾客，使自己的营销策略适用于购买情况。

五、生产者购买决策过程

生产资料的购买者和消费资料的购买者一样，也有决策过程，供应企业最高管理层和市场营销人员还要了解其顾客购买过程的各个阶段的情况，并采取适当措施，以适应顾客在各个阶段的需要。生产购买者购买过程一般要经过8个阶段。

（一）提出需求

提出需求是生产者购买决策过程的起点。需求的提出，既可以是内部刺激也可以是外部刺激引起的。内部刺激，如因企业决定生产新产品，需要新的设备和原材料或因存货水平开始下降，需要购进生产资料或因发现过去采购的原料质量不好，需更换供应者。外部刺激，如商品广告、营销人员上门推销等，使采购人员发现了质量更好、价格更低的产品，促使他们提出采购需求。因此，在这个阶段，营销人员应为加强推销，经常开展广告宣传，派人访问用户，增强外部刺激，发掘潜在需求。

（二）确认需求

生产者认识到某种需求之后，要进一步确定所需产品的品种数量等。复杂的采购任务，由采购人员同企业内部的有关人员共同确定，简单的采购任务则由采购人员直接决定。营销人员在此阶段要设法参与这一过程，并提供必要的帮助。

（三）说明需求

确认需求之后，就要对所需产品的规格型号等技术指标进行详细的说明，这要由专业人员运用价值分析法进行，即将产品及其配件的功能与各自的成本或费用相对比，得出它们的经济效益，确保产品的必要性。营销人员也要运用价值分析技术，向顾客说明其产品的良好功能。

（四）寻求供应商

采购人员通常搜集有关供应商的信息，将那些有良好信誉和合乎自身要求的供应商列为备选对象。越是新购任务，或准备购买的商品价值越高，查询工作就越复杂，需要花费较多的时间和成本。供应商应通过各种途径宣传介绍自己，扩大知名度，树立良好的信誉。

（五）征求建议

生产企业邀请供应商对采购决策提出建议，并对其建议进行分析和评价，目的是了解他们的供货能力和条件等，必要时还要求供应商就用户的购买要求提出详细的建议书。因此，供应商必须善于提出与众不同的建议书，已获得顾客的信任。

（六）选择供应商

生产企业在评价建议书的基础上，综合考虑供应商的交货能力、产品质量、品种、规格、产品价格、信誉、付款结算方式，维修服务能力及交易的态度等，初步选择比较合适的供应商，然后通过进一步洽谈，争取有利条件。在大多数情况下生产企业不应依靠单一的供应者，一方面以防陷入被动，另一方面则可以促使供应者之间展开竞争。

（七）正式订购

这是购买决策过程中的实际购买阶段，一般是生产企业将订货单给选定的供应商，在订单上列举技术说明、需要数量、期望交货时间及退货条款和保证条款等。目前，西方企业普遍采用一揽子合同，即采购企业与供应商建立长期供货关系，供应商通过一定方式的承诺，可根据采购企业的需要随时按照原定交换条件供货，这样可使采购企业少量多次购买，以便减少库存量，加速资本周转。

（八）购后评价

生产企业购进产品后，采购部门还要向使用者征求意见，了解他们对购进的产品是否满意，并考查各个供应者履约情况，然后根据这种检查和评估，决定对供应商的取舍。

以上8个阶段并非任何企业每次采购都要经历，由于生产者购买类型、购买方式的不同，其经历的购买过程也具有很大差别。从购买行为类型来看，购买行为越简单，经过的阶段也越少。供应企业应清楚地知道采购企业的每一笔需求属于哪种类型的购买行为，以便采取有效的措施，如表4-1所示。

表4-1　不同类型生产者购买行为所经历的购买阶段

购买阶段 购买类型	新购	修订重购	直接重购
提出需求	是	可能	否
确认需求	是	可能	否
说明需求	是	是	是
寻求供应商	是	可能	否
征求建议	是	可能	否
选择供应商	是	可能	否
正式订购	是	可能	否
购后评价	是	是	是

小资料

电子采购

近年来，信息科技的进步已经改变了B2B营销过程的面貌。电子采购（E-procurement，在线采购）发展非常迅速。企业可以通过很多方式进行电子采购，如建立公司采购网站。通用电气运行的一个公司交易网站，在网站上公司可以发布采购需求、邀请投标、协商条款及下订单，并且公司还能够创造与主要供应商的链接，如他们能够与类似于戴尔这样的供应商建立直接的采购账户，这样，公司的采购人员就可以通过采购账户采购设备、原材料和物资。营销人员可以通过制作设计美观、方便使用的网站来帮助希望在线采购的客户。

电子采购为生产者市场提供接近新供应商的渠道，降低了采购成本，加速了订单处理流程。但也应当看到，电子采购的快速发展带来的一些问题。

小案例

宝洁参悟我国纸尿裤市场

十多年前，当宝洁在我国市场推出纸尿裤产品的时候，所面临的挑战不是说服宝宝的家长其产品比竞争对手好，而是说服他们需要纸尿裤。当时在我国还是保留着给宝宝垫尿布的习惯。宝宝们经常穿着“开裆裤”。最开始，宝洁并没有刻意参悟我国市场。保洁错误地认为只要产品够便宜，中国的家长就会购买纸尿裤，于是宝洁向市场投放了成本低、质量较低的产品。这种纸尿裤质地较硬，不太柔软舒适。过了一段时间，宝洁才意识到，无论是新兴市场还是成熟市场，妈妈们对于舒适度的诉求是一致的。因此，宝洁迅速改进产品，降低纸尿裤的塑料质感，增加吸水性。

除了改进版本，宝洁是如何克服文化差异让中国家长接受为宝宝穿纸尿裤的呢？宝洁进行了两轮深入调查，对我国 8 个城市的超过 1000 名宝宝进行了 6800 次家访。研究结果让宝洁很开心，相比传统尿布，穿纸尿裤的宝宝更容易入睡，并且睡得更久。这次，宝洁摸透了我国家长的诉求点，宝洁通过强调产品的更长睡眠时间，将它的优势和家长的需求结合起来。

这一科学调查结果用来推动宝洁“黄金睡眠”的营销大战。它包括嘉年华和中国城市中的店内促销活动。宝洁还在中国主页上发起了病毒营销，家长们可以上传他们宝宝熟睡的照片来加强传递“高质量睡眠”的信息。活动结束时总共收到约20万张照片，宝洁利用这些照片在其上海的零售店创造出了一幅660平方米的照片墙。这次活动也突出了“宝宝睡眠被打扰的情况减少50%”和“宝宝入睡时间缩短30%”等科学发现。这些科学依据也有效地为消费者将帮宝适和竞争产品区分开来。

在长达10年的计划中，宝洁在研发、流水线和人力资源方面投入约10亿元。随着生活水平的提高，宝洁已经从主要的大城市拓展到二、三线城市，其产品品类也因迎合消费者多样化的需求而不断增加。

除了商业化方面的努力，宝洁也积极参与社会公益活动。宝洁发起赞助了“‘1帮1’贫困儿童疫苗关爱计划”。消费者每购买一份宝洁公司旗下的产品，宝洁会捐出1支疫苗。所得善款将用于支持联合国儿童基金会在我国贫困地区改善当地儿童免疫接种服务，其社会活动还包括指导父母如何照看婴儿。

请思考

1. 宝洁是如何改变中国家长对于一次性纸尿裤的预期、信念和态度的？

2. 分析我国家长们选购一次性纸尿裤的采购过程。

3. 宝洁旗下纸尿裤在我国一次性纸尿裤的市场发展中扮演了什么角色？

第三节　中间商市场和购买行为分析

中间商市场的购买行为与生产者市场的购买行为有相似的地方，也有一定的区别，相似的方面主要有：中间商采购组织也有多人参与决策；其购买过程与生产者市场的购买过程基本相同，环境、组织等因素同样影响其购买行为。二者的区别体现在中间商市场的购买行为在采购业务类型、采购决策及其参与者等方面。

一、中间商市场的购买决策内容

中间商采购商品的目的是为了将所购商品转卖给其顾客，为此，中间商必须按照顾客的要求来制订采购计划。在购买活动中，中间商要做的决策是经营范围及品种的决定、卖主选择、交易价格与条件的选择。其中，商品搭配是最主要的决策，它决定中间商的市场地位。批发商和零售商可从下面4种品种组合策略中做出选择。

（1）独家搭配，即只经销一家制造商的产品品种，以求得较好的供货条件。一般只是规模较小的少数企业采用这类策略。

（2）深度搭配，即经销一个产品族，产品来自许多制造商，这为顾客在购买某种商品时提供较大的选择余地，从而增强对顾客的吸引力。这种策略在目前较具竞争力。

（3）广泛搭配，即经营范围广泛，但商品品种尚未超出行业界限。这种策略使中间商具有一定的经营范围，也使顾客方便购得相关商品。

（4）混合搭配，即经销众多的彼此不相关的产品品种系列。这种策略能减少中间商因外界环境变化所带来的经营风险，但要求企业有雄厚的经营实力。

例如，一家照相机商店可能只经销某一品牌照相机（独家型品种组合），或经销许多品牌的相机（深度型品种组合），或经销照相机、盒式录音机、收音机和立体声设备（广泛型品种组合），或再加上电炉和冰箱（混合型品种组合）等。

二、中间商市场的购买类型

在采购业务中，中间商要根据不同的购买类型，做出相应的决策。中间商市场的购买类型有3种。

（1）新产品采购。中间商根据某种新产品销路的好坏决定是否进货，以及如何进货。

（2）最佳供应商选择。若中间商需要经营的产品已经确定，有可能经常要进行最佳供应商的重新选择。导致中间商做出此类购买决策的原因有两个。一是由于各种局限，中间商不能经营目前所有供应商的产品，只能从中选择一部分供应商的产品以供经营；二是中间商打算提供自有品牌商品，选择为自己制造品牌产品的最佳生产企业。例如，英国的马狮百货公司从严格选择的供应商那里购进商品，然后打上马狮的品牌印记，以“马狮”的品牌形象销售商品。

（3）寻求较好的供应条件。对于这类决策，中间商并不想更换供货商，只是试图从原有供应商那里获得更为有利条件的购买类型。当同类产品的供应商增多或其他供应商提出了更有吸引力的价格和供货条件时，中间商希望原有供货商改善供货条件，如更为合适的信贷条件、更为优惠的价格折扣等。

三、中间商市场的购买决策的参与者

中间商市场购买决策参与者的多少取决于中间商的经营规模和采购项目的规模与重要程度。对小批发商和零售组织而言，采购往往由一个或几个兼做其他工作的雇员担任，或者由业主亲自从事商品选择和采购业务。但较大规模的中间商通常有一个像生产商那样的采购中心。采购工作由专职的采购部门执行。不同类型的中间商有不同的购买决策及决策参与者。以连锁超市为例，中间商市场参与购买决策的人员或机构主要有下述 3 种。

（1）专职采购员。专职采购员（或称商店经理）负责决定商品搭配，接待推出新品牌的企业的推销人员，并有权决定是否接受新品牌产品。多数公司的做法是，授权专职采购员对那些明显不能接受或明显可以接受的项目做出决定，而一些重要项目则需要提交采购委员会审议，并由采购委员会做出决定。在国内连锁店和独立的超级市场上，仓库里有 2/3 的新商品是商品经理决策订购的，只有 1/3 不是商品经理决策的。

（2）采购委员会。采购委员会通常由公司总部的各部门经理和商品经理组成，主要负责审查商品经理提出的新产品采购建议，做出是否购买的决策。

（3）分店经理。分店经理是连锁超市下属各分店的负责人，通常负责分店一级的采购决策。美国连锁超级市场各个分店的货源有2/3是由分店经理自行决定采购的。

四、影响购买决策的主要因素和购买决策过程

（一）影响购买决策的主要因素

中间商市场同生产者市场一样，其购买行为同样受环境因素、组织因素、人际因素和个体因素的影响。卖方必须对这些影响因素给予足够的重视，并且推出那些能够帮助中间商赚钱或降低成本的战略。此外，中间商市场的购买行为还受到购买者的购买风格的影响。美国学者狄克森把购买者个人的购买风格分为7类。

（1）忠诚型购买者。这类购买者忠于同一供应商，不轻易更换供货来源。

（2）机会型购买者。这类购买者通常与几个符合其长期发展战略的供应商保持合作关系并随时选择对自己最有利的供应商，而不会固定于其中任何一个。

（3）最佳交易型购买者。这类购买者选择某一时点上可获得的最佳交易。

（4）创造型购买者。这类购买者会就他们所需的产品、价格和服务方面向卖方提出条件。

（5）广告型购买者。这类购买者在每一笔交易中都要求供应商补贴广告费。

（6）斤斤计较型购买者。这类购买者总想通过谈判取得供方在价

格上的特别让步。他们只接受最大价格折让的卖方，这种价格折让是他们感到别的卖方不大可能提供的。

（7）挑剔型购买者。这类购买者选择的货源都是物美价廉、最适销的商品。

（二）购买决策过程

对于新品种购买来说，中间商的购买过程与生产商的购买过程基本相同，需要经过8个阶段。对于选择最佳供应商和寻求最佳购买条件的购买决策可能跳过某些阶段。随着科技的发展，中间商的采购技能不断增强，如中间商大量应用电子通信技术和设备处理采购业务。采购者通过电脑系统向供货商发出要货通知，供货商根据要货通知随时供货。这样中间商不用自己建立仓库即可及时得到供货，加速资金周转，降低经营费用。

第四节　非营利组织市场及购买行为分析

政府市场和非营利组织市场为许多企业提供了大量的营销机会。有些企业只是偶尔向政府和非营利组织出售产品和服务，而另一些企业主要依靠政府和非营利组织生存，所以，企业有必要了解和研究政府市场和非营利组织市场的特点，了解影响政府和非营利组织决策的主要因素，以及其采购决策的过程等。

一、政府市场的购买行为

（一）政府采购的特点

与一般工商企业的采购不同，政府采购有其自身的特点，主要表现为以下5个方面。

（1）政府采购一般是按照年度预算进行的，年度预算具有法律效力，不会轻易变动。也就是说，政府在一个财政年度内的采购规模基本上是固定不变的，这是政府市场相对稳定的一个重要原因。政府的有关部门对于有意进入政府采购市场的供应商要求提供规定的资料，用以说明其能够提供的产品类别、规格及企业的实力、资信等情况。只有经审定被列入政府采购供应商名单中的企业，才有可能参加有关政府采购的竞标活动。

（2）政府采购往往通过竞争性的招标采购、有限竞争性采购和竞争性谈判等方式来选择合适的供应商。对于很多产品，政府有关部门会制定出详细的标准和细则，包括技术规范、运送货物的时间要求、包装要求、保证书要求及其他采购要求。

（3）已经被列入政府采购供应商名单的企业必须能够提供完全符合这些标准和细则的产品和服务才有资格进入竞标阶段。在竞标阶段，价格基本上是唯一的竞争因素，政府一般会选择竞标价最低的企业作为供应商，除非竞标价次低的企业能拿出有力的证据说明竞标价最低的企业所提供的产品和服务不符合要求。

（4）进入政府市场困难大，但回报丰厚。政府市场中非军需品的需求稳定，信誉好，同时还可提高供应商的声誉及社会地位。这也是政府市场的吸引力所在。

（5）政府采购出于保护本国产业的目的，更倾向于采购本国供应商而非外国供应商的产品。《中华人民共和国政府采购法》（以下简称《政府采购法》）被列入第九届全国人大常委会立法规划的第一类立法项目。《政府采购法》起草工作总体安排是1999年，在搜集资料、调查研究的基础上起草出《政府采购法》草案的基本框架和基本草案大纲。2000年，提出草案初稿并广泛征求意见。2001年，修改完善草案。2002年6月29日全国人大常委会审议通过了《政府采购法》，并于2003年1月1日起正式实施。政府采购制度自身的特点，使其在中国一经试行，就显示出极大的优越性。由于政府采购具有公平、公正、公开性，被人们称为“阳光工程”和“阳光下的交易”，规范政府采购的法律和法规被称为“阳光法案”。

（二）政府采购过程的参与者

各国的政府部门都设有采购组织来完成政府购买行为。一般来说，政府市场购买过程的参与者有两种类型：行政部门的购买组织和军事部门的购买组织。

（1）行政部门的购买组织。他们的采购经费主要由财政部门拨款，分级政府机构的采购办公室负责经办采购事务。

（2）军事部门的购买组织。军事部门采购的军需品包括军事装备（武器）和一般军需品（生活消费品）。各国军队都有国防部和国防后勤部（局）。国防部主要采购军事装备，国防后勤部（局）主要采购一般军需品。各大军区、各兵种也设立后勤部门负责自己所需军需品的采购。

（三）影响政府采购行为的因素

政府采购一般也受环境、组织、人际关系、个人特性等因素的影响，然而政府采购的独特之处在于它还受到社会公众的制约。在西方国家，监督者有国会和审计局，它们抨击政府的浪费行为或负责审查政府的开支。此外一些民间监督机构或媒体机构也往往监督政府机构，保护纳税人的利益。

在政府采购中，非经济原则起着日益重要的作用。有些要求政府采购时要照顾衰退的行业和不发达地区，照顾小企业和没有种族、年龄、性别歧视的企业。政府机构会倾向于本国的供应者，而不是外国的供应商。

（四）政府采购方式

我国《政府采购法》明确指出，政府采购主要通过公开招标、邀请招标、竞争性谈判、询价和单一来源采购等方式选择合适的供应商。政府采购法对每种方式的适用情况都做出了相应的规定。

（1）公开招标采购是政府采购的主要方式，具体含义是政府机构邀请那些有资格的供应商参加投标，然后按照物美价廉的原则与中标的供应商签约。政府用公开招标的方式购买产品，一方面是为了防止采购过程中可能出现的腐败行为，另一方面也是为了通过公开的招标，降低采购成本。在需要购买商品或服务时，事先通过发布公告，将需要采购的产品、数量、规格和其他条件分开招标，然后在公开透明的原则下对投标企业的标书评标，最后选定购买对象。

（2）邀请招标采购，也称选择性招标，是指采购人根据供应商或承包商的资信和业绩，选择若干合格供应商（不得少于 3 家）向其发出招标邀请书，由被邀请的供应商投标竞争，从中选定中标者的招标方式。

（3）竞争性谈判采购，是指谈判小组（由采购人的代表和有关专家共 3 人以上的单数组成，其中专家的人数不得少于成员总数的 2/3）从符合相应资格条件的供应商名单中确定不少于 3 家的供应商参加谈判的采购方式。

（4）询价采购是指询价小组（由采购人的代表和有关专家共 3 人以上的单数组成，其中专家的人数不得少于成员总数的 2/3）根据采购需求，从符合相应资格条件的供应商名单中确定不少于 3 家的供应商向其发出询价单让其报价（即由供应商一次报出不得更改的报价），然后询价小组在报价的基础上进行比较，并确定最优供应商的一种采购方式，也就是通常所说的货比三家。它是一种相对简单而又快速的采购方式。《政府采购法》规定实行询价采购方式的，应符合采购的货物规格、标准统一、现货货源充足且价格变化幅度小的政府采购项目。

（5）单一来源采购，也称直接采购，是指达到了限额标准和公开招标数额标准，但所购商品的来源渠道单一，或属专利、首次制造、合同追加、原有采购项目的后续扩充和发生了不可预见紧急情况不能从其他供应商处采购等情况。该采购方式的主要特点是没有竞争性。

就具体的实施状况来看，2011 年我国政府采购规模达到 11332. 5 亿元，其中，采用公开招标的采购规模为9147.3亿元，占采购总规模的80.7%。从中标企业规模划分及合同授予情况看，2011年全国政府采购合同授予中小企业的采购规模为9016.5亿元，占采购总规模的79.6%。

综上所述，供应商为了在政府采购这个巨大的市场上分一杯羹，需要密切关注政府采购的需求动向、发展趋势及相关的法律规定，答复政府提出的要求，而且还应主动提出适合政府需要的多项建议，并通过强大的信息网向政府显示公司实力，以争取更多的政府订货。例如，印度尼西亚政府准备在雅加达附近招标建一个水泥厂。一家美国公司上交一份建议书，其中包括选择厂址、设计工厂、招聘建筑工程队伍、调集的材料和设备，最后交给印度尼西亚政府一个建好的工厂。另一家日本公司，在拟定建议书时，除包括以上各条款之外，另外还雇用和培训工人，并通过其贸易公司替该厂将水泥向国外出口，而且用该工厂生产的水泥修建一条通往雅加达的公路，在雅加达建一些办公大楼。最后印度尼西亚政府选择了日本公司建水泥厂。

小案例

某区学校计算机集中招标采购

1. 项目背景

本项目为学校计算机采购项目，于2015年8月23日下达采购中心，被列入政府采购范围。这次联合集中采购计算机为3120台，涉及120所学校，分布在某区的各个地方；计算机的配置要求很高，尤其是120台教师用机的配置要求为当前最先进配置，且要求是具有极高性能价格比的高档机，学生用机也具有前所未有的规模。

2. 招标准备

由于本次采购计算机数量多，所以在确定招标方式上，既考虑120所学校需要计算机的时间上的急迫性，又考虑到采购程序的严密性及招标的最大范围的公开性，最终把招标方式确定为公开招标。2015年8

月 24 日以公开招标的方式在某区政府采购网站发布招标公告，8 月 25 日在当地主要报纸上发布招标公告。

招标文件编制的具体做法是将计算机分为 A、B、C 三个包，A 包为 2000 台学生机，B 包为 1000 台学生机，C 包为 120 台教师机。这主要考虑到两个因素，一是要求制造供应商供货时间短，3000 台计算机尽量由两家供应商提供，缩短制造周期；二是教师机要求配置高，性能稳定可靠，兼顾到中高档国内外品牌的投标、中标机会。

2015 年 8 月 27 日开始出售标书，共有 15 家公司购买了招标文件。

3. 招标过程

2015 年 9 月 6 日在某区政府采购中心开标，特别邀请某区公证处的两位公证员开标公证，邀请某区政府采购监督小组的两位监督员作为监标人，某区有线电视中心等新闻媒体进行了采访，评标专家由 × × 市政府采购中心提供，在评标当天通知某区采购中心，保证了评标专家的保密性和公正性。9 月 7 日评标，邀请 4 位 × × 市资深专家和 1 位使用单位人员组成评标小组，评标小组决定 3000 台学生计算机项目授予 L 公司，120 台教师电脑项目授予 T 公司。

4. 合同履行情况

2015 年 9 月 10 日与 L 公司签订合同，L 公司授权 B 公司，具体工作由 B 公司实施。

2015 年 9 月 14 日与 T 公司签订合同，T 公司授权 Q 公司，具体工作由 Q 公司实施，随后采购中心与使用单位、中标单位，被授权单位召开了协调会议，达成“工作安排备忘录”。

2015 年 9 月 17 ~ 21 日，B 公司进行用户情况调查，对 120 所学校逐一进行实地调查：邀请学校老师参加培训，调查学校计算机机房情况、电源情况等。

中标的教师用机虽然不多，仅 120 台，但这 120 台计算机必须送到遍布某区各个角落的 120 所小学，搬运到指定楼层的计算机教室，并安装调试。合同签订后，即开始按单生产（生产周期在 10 天左右）。由于2015年10月1~7日为国家法定节假日，某区很多路段封路，为了按时履约，要求T公司按紧急情况处理。从这批计算机到达某区的第二天开始，Q公司每天用5辆车，每车随行3人，以不同路线送到各个学校，3天内将120台计算机全部送达到位。随后，Q公司派出6名工程师，用5天时间，到各个学校进行安装调试，为学校安装必备软件，并请校方亲临验收与盖章确认。校方验收的满意率达100%，其中非常满意的用户达80%。在开机的过程中，Q公司为每所学校留下名片，并记录下学校总务老师和计算机老师的联系电话，以便今后的服务和联系。

2015年9月18~25日，B公司组织学校教师培训，安排120所小学的计算机老师进行学生机的培训（电脑基本知识、使用及维护），共有86所学校参加。在学校具备安装条件的情况下，截至10月13日总共完成98所学校的安装调试，因部分学校的客观因素，其余的22所学校无法及时完成验收，

5. 结果评价

定标与签订合同之后，采购中心的工作并未完成，监督履约和项目的验收及付款等是政府采购工作的重要环节，项目的执行责任人必须保持与供应商、买方、出资方的经常联系，了解履约中出现的问题，及时进行协调，这方面的工作今后有待加强。

本次招标项目节约了资金364.8万元，节约率达21.9%，效果较好。使用单位在提供教师机配置时，强调了计算机的主板要求，供应商在供货时间有限的情况下，针对用户提出的配置进行性能匹配测试，结果是主板、硬盘不匹配，最后经技监部门确认，使用了同档次的供应商成熟的机型。因此，使用单位要考虑计算机配置的合理性，避免浪费时间和资源。

为了确保大批量计算机的供货质量，采购中心在签订供货合同的时候，特意增加了一个条件，即在计算机送到学校后，抽查一定数量机器到技监部门做性能和防辐射检测，合格后使用。这样供应商在制造计算机时，势必加强对产品质量的控制，使用户对政府采购感到放心满意。

二、非营利组织市场的购买行为

（一）非营利组织市场的类型

非营利组织市场按照不同的划分标准，可分为不同的市场类型。这里主要介绍按照不同职能和不同经费来源划分的非营利组织市场类型。

（1）按照职能不同，非营利组织可以分为3类。

①履行国家职能的非营利组织。指服务于国家和社会以实现社会整体利益为目标的有关组织，主要有各级政府及下属部门、消防队、监狱等。

②促进群众交流的非营利组织。指一些群众性组织，主要是为了加强群体之间的思想和感情的交流，宣传某些知识和观念，或是为了维护群体利益。

③提供社会服务的非营利组织。指为某些公众的特定需要提供特殊服务的非营利组织，如医院、学校、红十字会、慈善机构和福利机构等。

（2）按照经费来源，非营利组织主要有3种类型。

①自给自足型。这些非营利组织在经费上完全是自负盈亏。例如，大多数医院，必须为所提供的服务设置一个合适的收费标准，以便得到适当的收益来补偿全部开支，维持正常的运营。

②部分收费型。这些非营利组织能得到政府财政拨款和有关方面的捐款。由此，所提供的服务或产品收费标准可以低于其平均成本。例如，我国高等教育所收取的学费仅占培养学生平均成本的很小部分，随着经济的发展，学费会逐步提高，但仍将低于其运行成本。

③无偿提供型。这些非营利组织完全依靠政府的财政拨款或捐助支持运行，无偿提供服务，最典型的是消防、天气预报、地震报警等。

（二）非营利组织市场的购买特点

（1）限定总额。非营利组织设立的目的不是为了创造利润，其正常运转的活动经费主要来自政府拨款或者社会捐助，因此经费的预算与支出都会受到严格的控制。因此，非营利组织的采购必须量入而出，不能随意突破。

（2）保证质量和价格低廉。由于受到经费预算的限制，大多数非营利组织在采购时往往更倾向于选择报价更低的供应商，但同时为了维持组织运行和履行组织职能的需要，又对产品或者服务的质量有很高的要求。

（3）受到控制。为了使有限的资金发挥更大的作用，非营利组织的采购人员受到较多的制约，只能按照规定的条件购买，缺乏自主性。

（4）团体采购将成为非营利组织市场采购的一个重要的发展趋势。所谓团体采购，就是指几家甚至几十家机构组成一个联合采购单位或委托专门的采购组织进行采购。通过团体采购，可以获得价低、质优的各类产品和服务的供给。同时，团体采购还具有削减各成员的管理费用、采购规范化及更富有竞争力等优点。面对团体采购，营销人员必须充分意识到其专业性、规范性、规模大的特点，只有提供富有竞争力的产品及富有效率的营销策略才可能在众多的供应商中脱颖而出。

非营利组织市场购买类型、购买方式、影响其购买的因素与政府市场相似，这里不再赘述。

第五章　市场调研与市场营销信息系统

信息对于市场机制运行、资源配置效率促进发挥着极其重要的作用。在当前这样一个信息技术高速发展、各种信息急剧膨胀的时代，从海量信息中搜集、整理和开发出有价值的信息，需要专设机构来完成。企业必须建立先进的营销系统，及时捕捉、调研和掌握企业内部和外部的重要信息，才可能对市场需求进行精准预测，制订企业科学的营销战略与策略。

第一节　市场营销调研过程

市场营销调研是针对组织特定的营销问题，采用科学的研究方法，系统地、客观地收集、整理、分析、解释和沟通有关市场营销各个方面的信息，为营销管理者制定、评估和改进营销决策提供依据的一项营销活动。

由此可见市场营销调研包括紧密联系的两个组成部分——市场营销调查与研究。通过市场调查，营销者可获得有关市场营销背景历史与现状的数据和资料；通过市场研究，营销者可获得有关营销背景中机会与威胁的信息。两者的有机结合，使市场营销调研成为一个完整的概念。

一、市场营销调研的类型

市场营销调研分类的方法有很多种。按照市场营销调研本身的性质来进行分类，可将它分为探测性调研、描述性调研、因果性调研和预测性调研四种类型。

（一）探测性调研

探测性调研用于帮助澄清或辨明一个问题，而不是寻求问题的解决办法。它往往是在大规模的正式调研前开展的小规模定性研究，其研究目的只是对营销问题的本质做出一个初步评估，以便为进一步的研究确定范围和方向。所以，探测性调研的研究方法比较灵活，事先不需要进行周密的策划，在研究过程中可根据情况随时调整。

（二）描述性调研

描述性调研是通过详细的调查和分析，对市场营销活动的某个特定方面进行客观的描述，以说明它的性质与特征。描述性调研是营销调研中使用最多的一种类型，与探测性调研相比，它研究的问题更加具体，数据收集的具体目标也已经明确，而且通常事先已形成了具体的研究假设，只需要通过描述性调研去验证这些假设，以对研究的问题给出明确的答复。所以，描述性调研一般会在事先拟定周密的调研方案，包括准备收集的资料、收集资料的方法和步骤，以及调研活动的程序、路线和进度安排。

（三）因果性调研

因果性调研的目的是为了证明一种变量的变化能够引起另一种变量发生变化，这种调研方法是以实验为基础的调研，因此又被称为实验调研。以实验为基础的调研与以询问或观察为基础的调研相比有着根本的区别。在询问和观察的情况下，调研人员是一个被动的数据收集者，他们只是询问人们一些问题或是观察他们在干什么。在实验调研中，研究人员成了研究过程中积极的参与者，他们会改变一些被称为自变量的因素，并且观察这些因素的变化对其他因素有什么影响。

（四）预测性调研

预测性调研是为了预测所需要的有关未来的信息而进行的调研活

动。它可能是为了预测市场的潜在需求及其变化以帮助企业做出相应的营销决策，也可能是预测特定营销活动的结果以使该营销活动的计划更加完善。

二、市场营销调研程序

市场调研是系统识别、收集、分析、分配和使用信息的过程，目的是发现营销问题并提出有效的对策。营销调研是一项复杂而细致的工作，如果失败，不仅会造成巨大的人力、物力和财力的浪费，还会造成信息滞后，延误营销时机。为了保证营销调研工作有序进行，提高研究工作的质量，营销调研必须按照一定的程序进行。一般而言，营销调研的过程包括5个步骤，如图5－1所示。

图5－1　营销调研过程

（一）明确问题和研究目标

确定所要研究及解决的问题是调研活动的首要步骤，也是调研过程中最重要的一个部分，它的正确界定可以为整个调研过程提供保证和方向。由于经济现象非常复杂，不易准确发现问题和提出问题，因此在这一阶段通常要先进行初步调查，然后确定调研的问题及其范围。对调研问题的表述应当清晰易懂，所给出的定义不能过于宽泛也不能过于狭窄否则会影响到调研成果的质量。

（二）制订研究计划

研究计划是营销调研中重要的指导性文件。在设计一个调研计划时，一般需要做出以下4个方面的决策。

1. 确定资料来源

根据获取方式或途径的不同可以把资料来源分为两类，即二手资料和一手资料。二手资料是指在某处已经存在并为其他目的已经收集好的资料；一手资料是指为当前某一特定的目的而收集的直接原始资料。由于二手资料能为调研工作提供一个成本低廉和工作迅速的起点，调研人员通常从二手资料开始他们的调查工作，并据此判断调研问题是否已局部或全部得到解决。除了内部的二手资料外，还可以通过付费的方式查阅有关资料或通过专业信息服务机构获得。只有当调研人员确认所需的资料不存在或资料过时、不完整、不可靠时，调研人员才考虑收集一手资料，通常的做法是对要调研的问题进行初步调查，并根据调查结果确定正式的调查方法，实施现场调查。

2. *选择收集资料的方法*

收集一手资料的方法通常有以下三种。

（1）观察法。观察法是调研人员通过观察或用仪器进行记录，而不是直接向调查对象提问的一种方法。这种方法要求调研人员观察特定的调查对象与环境因素，以及通过听觉等收集相关的资料，同时还包括通过拍照、摄像、录音等视觉和听觉的延长手段，获取周围的信息。

观察法是收集一手资料的基本方法之一。它的最大优点在于可以实地观察现象和行为的发生，收集到既原始又真实的资料，而且简便易行，灵活性较大，观察时间可长可短，观察者由于处于“局外旁观”的地位，不易被人注意。但观察法也有不足，即只能观察明显的行为，而不能看出行为的动机，此外，被观察对象的行为或环境也无法加以控制。因此，观察法最适合于探测性调研。

（2）调查法。调查法是一种以问卷方式为主，向调查对象提问以获得所需信息的方法。调查法最适合于描述性调研，具体包括人员访问、电话访问、邮寄问卷等形式。

人员访问是通过访问者和被访者之间进行面对面的交谈，以取得信息的方法。这种方式的好处是具有较高的灵活性，调研结果的质量较高，拒答率低。但人员访问也存在一些缺点，主要表现在调查费用较高、对调查员的调研技巧的要求也较高。

电话访问是通过电话与访问者和被访者之间进行面对面的交谈，已取得信息的方法。这种方法的好处是：具有较高的灵活性，调研结果的质量较高，拒答率低。但人员访问也存在一些缺点，主要表现在调查费用较高、对调查员的调研技巧要求也较高。

邮寄问卷是调研人员将事先设计好的问卷寄给受访者，请他们按照要求填写后再寄回给调研人员。这类方法的优点是成本低，调研范围广泛，受访者也有充分的时间来考虑如何回答问题。但是，邮寄问卷的问卷回收率一般较低，而且回收时间较长，使得一些信息缺乏时效性。

（3）实验法。实验法是指在一定的控制条件下，对所研究的课题的一个或多个因素进行操纵，以测定这些因素之间的因果关系的一种调研方法。实验法的重大作用是可以通过它来了解是何种变量引起事件的发生。因此，此方法较适合于因果性调研。

实验法可采用实验室实验与现场实验两种形式。前者的优点是可以很好地控制实验条件，以观察到因变量受自变量的真实影响，但是这种在实验环境下被测量到的因果关系在真实环境下可能缺乏有效性。多现场实验结果一般有较好的外在有效性，但是，它的问题是调查者不能控制可能影响因变量的所有因素，从而较难获得各因素之间真实的因果联系。

小资料

获取大数据的来源

大数据时代，大数据获取是企业精准地找到用户、理解用户、服务用户抢占商机的前提，通常有以下四大来源。

（1）人口统计。一般可以从用户注册行为或购买行为中收集到基本的数据信息，比如年龄、地址等。这部分数据不会经常改变，人们一般不会改变他们的名字或地址，这些基础的数据信息便于细分。

（2）偏好数据。偏好数据通常是通过相同类型的偏好中心收集的，可能包括关于用户的首选产品、服务、品牌、规模或邮件频率。

（3）交易数据。在你的电子商务平台中分析出有商业价值的交易数据，是你在电子邮件营销中可以做的最好的事情之一。将这个数据导入ESP（电子邮件服务提供商），可以大大提高数据细分的能力。

（4）行为数据。用户最近的行为数据是最可靠的指标，可以帮助了解用户感兴趣的产品或服务。这种类型的数据可以从电子邮件收集（打开/点击）或从网站（网页浏览）中收集。

3. 准备调研工具

收集第一手资料使用的工具包括仪器设备和调查问卷两种。仪器设备使用方便，人为因素影响较小，问卷是调研中使用最广泛的工具、其收集信息的质量和数量由人的因素决定。因此，问卷如何设计显得尤为重要。一份完整的调查问卷由三部分组成，即问卷说明、要提的问题和被调查对象的个人背景资料。其中，问题的设计是问卷设计核心、在设计问题时，一般应遵循5个原则。一是要使被调查对象容易并且能充分理解问句的含义；二是要使被调查对象能够并且愿意回答问题；三是要对问句确定界限，避免混淆；四是问句应尽量获得具体或事实的答案；五是问句要克服偏差，追求精确。

4. 抽样技术

抽样是指从调研对象总体中抽出一定数目个体作为研究样本的过程。样本必须对总体具有代表性，否则不但会造成巨大的浪费，而且也会造成研究结果的无效性，使调查研究失去意义。所以，必须对样本进行认真的设计，抽样设计涉及的问题包括抽样总体、样本数量和抽样方法三方面。抽样总体是指抽取样本的总体构成。总体的范围与所调研问题的特性和要求有关，一般可以用划定地理区域或划定被调查对象某种特性的类型来确定范围。但无论如何，在抽样前首先必须对总体明确界定。样本数量对随后的信息分析和结论的有效性均有重要影响，一般来说，样本数量越大，调研工作的费用越大、时间越长，但调研结果的误差越小，调研结果的准确性则越高。在样本数量决定后，就必须考虑样本的代表性，即抽样的方法，抽样的方法可以分为随机抽样和非随机抽样。

（三）收集信息

研究规划的执行过程即是调研信息的收集过程，这一过程也是最艰苦、最易出错、花费最多的一个环节。在调研中一般首先考虑取得二手资料的可能性。运用现成的二手资料，既节省时间又节省成本，对资料的历史背景也比较清楚。但在运用二手资料时，要充分考虑资料可能存在的不足。如果二手资料不合用，就要考虑收集原始资料。

（四）分析信息

搜集完资料之后，接下来是对资料进行整理和分析，常用的信息整理技术包括将资料分类编号，进行统计分析和编辑整理，对实地调查得来的资料要检查误差，发现记录不完整和数据前后矛盾的地方应审核情报资料的根据是否充分，推理是否严谨，简述是否全面，结论是否正确。

信息分析过程中要用到很多统计方法。比较简单的有一些描述性的统计方法，对一些较大的定量调研活动，还会用到相关分析、回归分析等更加复杂的统计方法。

（五）提交报告

调研报告是调研活动的最终成果，也是评价调研活动质量的重要文件。一般来说，调研报告从形式上可分为书面报告和口头报告。书面报告没有完全统一的格式，但一份翔实、完整的报告应该包含调研问题及目标，主要背景信息，调研方法的介绍及评价（以表格或形象化的方式来展示的调研结果），调研结果的文字摘要和调研结论及建议。

三、市场调研中的伦理问题

大多数市场调研对企业和消费者都是有利的。通过市场营销调研，公司更加了解消费者需求，从而提供更加令人满意的产品和服务，建立更强有力的顾客关系。但是，如果市场调研过程中忽视所涉及的伦理与道德问题，很可能会伤害和惹恼消费者，从而使市场调研工作达不到预期结果。企业在进行市场调研的各个环节应充分考虑可能涉及的伦理与道德方面的问题，尽可能避免侵犯消费者个人隐私，滥用调研结果等问题。

小案例

塔吉特的市场调研

塔吉特给每一位顾客一个会员身份号码，与他们的姓名、信用卡或电子邮件地址联系在一起，然后追踪并详细记录他们的购买活动，以及从其他来源获得相关的统计特征。通过研究以前注册过婴儿档案的女性的购买历史，塔吉特发现可以根据她们对25个产品类别的购买模式，为每位顾客进行“怀孕预测”。塔吉特根据这一预测，针对不同的孕期阶段，向准父母们发送含婴儿产品优惠券的个性化目录。

塔吉特这一营销手法“看上去很美”，即通过锁定准父母们，伴随家庭的发展周期将他们转化为公司忠诚的顾客。但是，当一位愤怒的男人出现在当地的塔吉特商店，抱怨他尚在高中读书的女儿居然收到了塔吉特关于婴儿床、学步器和孕妇装的优惠券，该商店遇到了麻烦。“你们想鼓励她怀孕吗?”。他质问道。该店经理赶紧道歉。几天后，当他再次打电话致歉时，却意外地得知，实际上塔吉特的市场营销人员比这位懊恼的父亲更早地得知他女儿怀孕的事实。许多顾客担心塔吉特公司还可能追踪和收集了其他隐私。

请思考

在收集顾客消费的相关信息时，应该注意哪些问题?

第二节 市场营销数据分析

一、大数据

大数据是继云计算、物联网之后IT产业又一次颠覆性的技术变革，将对社会管理、国家安全与国家战略决策、企业与组织的管理决策、企业的业务流程，以及个人生活方式产生巨大的影响。麦肯锡曾评估大数据能使欧洲发达国家政府节省至少1000亿欧元的运作成本，使美国医疗保健行业降低8%的成本，使大多数零售商的营业利润率提高60%以上。华尔街的德温特资本市场公司首席执行官保罗·霍廷每天的工作之一，就是利用电脑程序分析全球3.4亿个微博账户的留言，进而判断民众情绪，再以1~50进行打分。根据打分结果，他再决定如何处理手中数百万美元的股票。保罗·霍廷的判断原则很简单：如果所有人都高兴，那就买入；如果大家的焦虑情绪上升，那就抛售。这一方法收效显著——当年第一季度，公司获得了7%的收益率。这就是运用大数据的很好的例子。阿里巴巴集团创始人马云在演讲中提到，未来的时代将不是IT时代，而是DT的时代，DT就是Data Technology（数据科技），这说明大数据对于阿里巴巴集团来说举足轻重。

2015年9月，国务院印发《促进大数据发展行动纲要》（以下简称《纲要》），系统地部署了大数据发展工作。《纲要》提出，要推动大数据发展和应用，在未来5~10年打造精准治理、多方协作的社会治理新模式，建立运行平稳、安全高效的经济运行新机制，培育高端智能、新兴繁荣的产业发展新生态。这代表着从国家层面全面推动数据共享，规划大数据设施建设，形成大数据产品体系。美国管理学家爱德华·戴明曾说："21世纪除了上帝以外，任何人都要用数据来说话"。大数据作为互联网时代的产物，已经成为经济社会升级发展的必然趋势。

大数据（Big Data），指无法在一定时间范围内用常规软件工具进行捕捉、管理和处理的数据集合，是需要新处理模式才能具有更强决策力、洞察力和流程优化能力来适应海量、高增长率和多样化的信息资产。自2012年以来，"大数据"一词被越来越多地提及，人们用它来定义和描述信息爆炸时代产生的海量数据，并命名与之相关的技术发展与创新。大数据技术的战略意义不在于掌握庞大的数据信息，而在于对这些含有意义的数据进行专业化处理。换言之，如果把大数据比作一种产业，那么这种产业实现盈利的关键在于提高对数据的"加工能力"，通过"加工"实现数据的增值。

大数据大致分为三种类型：传统企业数据、机器和传感器数据、社交数据。大数据的特点被概括为5V，即IBM提出的Volume（大量）、Velocity（高速）、Variety（多样）、Value（价值）、Veracity（真实性）。大数据到底有多大？一组名为"互联网上一天"的数据显示，一天之中，互联网产生的全部内容可以刻满1.68亿张DVD；发出的邮件有2940亿封之多（相当于美国两年的纸质信件数量）；发出的社区帖子达200万个（相当于《时代》杂志770年的文字量）；卖出的手机为37.8万部，高于全球每天出生的婴儿数量37.1万人等。在各行各业均存在大数据，但众多的信息是纷繁复杂的，需要搜索、处理、分析、归纳，总结其深层次的规律。

小贴士

国内外知名企业大数据的实践

（1）淘宝——淘宝推出的数据魔方服务是淘宝平台上的大数据应用方案。通过这一服务，商家可以了解淘宝平台上的行业宏观情况、自己品牌的市场状况、消费者行为等，据此做出经营决策。淘宝根据匹配数据优化店铺排名和用户推荐，消费者可以更轻松地购买到心仪的产品。

（2）凡客诚品——近年来凡客诚品内部最大且最重要的调整就是实现互联网的系统化和数据化管理，为了让任何"数字"都变得可预测和可控，凡客诚品成立了大数据中心。数据中心会根据不同的问题，不断寻找数据与数据之间的关联，最终把各种关系搭建起来。

（3）耐克——耐克近两年十分火爆的 Nike ID 业务就是充分挖掘数据潜力的例子。Nike ID 业务允许消费者基于耐克的一些产品进行个性化改造，选择自己喜欢的颜色搭配、面料，甚至写上自己的名字缩写等。完成自己的设计后，耐克就能为消费者量身打造一款独一无二的运动鞋。通过 Nike ID 业务，耐克公司不仅能够了解用户的喜好，同时这些宝贵的数据对于耐克将来研发新品也是非常重要的参考依据。

（4）亚马逊——亚马逊一直通过大数据分析尝试定位客户和获取客户反馈，并发现数据越大，商业运营和决策支持效果越好。它根据每位顾客以往的购买和搜索记录，推荐其有可能感兴趣的相关产品，这一推荐系统对总销售的贡献超过 30%。亚马逊独有的亚马逊超级会员服务（Amazon Prime）提供的两天送货项目有利于其抢占客户资源。

二、大数据营销

1. 大数据营销的作用

利用大数据不但可以使大企业实现精准营销，使传统企业实现在互联网时代的转型，更可以让企业发现新市场与新趋势，进行市场预测与决策分析，实现创新发展。大数据营销（Big Data Marketing）是基于多平台的大量数据，依托大数据技术，应用于互联网广告行业的营销方式。大数据营销衍生于互联网行业，又作用于互联网行业。依托多平台的大数据采集，以及大数据技术的分析与预测能力，能够使广告更加精准有效，给品牌企业带来更高的投资回报率。大数据营销的核心在于让网络广告在合适的时间，通过合适的载体，以合适的方式投放给合适的人。例如，购物网站可通过分析客户以往购买的商品来判断个人所需产品、购买习惯等，有针对性地推送消息。百事可乐公司为了更加精准地投放广告，购买了社交信息优化推广公司 SocialFlow 的服务，对数据进行分析，从而知道何种营销活动的传播效果更好。

大数据营销在互联网时代发挥着越来越重要的作用，正确有效地运用大数据可以使企业获得以下三点竞争优势。

第一，有助于分析用户行为与特征，使产品及营销活动投其用户所好。只有通过收集大量用户数据，才能了解用户的喜好与习惯，以及他们对产品的期待，从而做到投其所好。大数据营销是建立一个数据模型让营销更加精准、有效，让企业做到比用户还要了解自己，以此留住用户。

第二，有利于品牌危机监测及管理支持。大数据可以让企业对自己品牌的所有问题提前有所洞悉，避免因为品牌效应给企业造成不必要的麻烦。大数据可以采集相关信息，及时启动危机跟踪和报警，分析人群的社会属性，聚类事件过程中的观点，识别关键人物及传播路径，进而保护企业、产品的声誉，抓住源头和关键节点，快速有效地处理危机。

第三，有助于提升用户体验和提供客户分级管理支持。用户的体验直接反映出对企业的好评程度。要改善用户体验，关键在于真正了解用户及他们使用产品的状况，给予适时的提醒。面对日新月异的新媒体，许多企业通过对粉丝的公开内容和互动记录的分析，将粉丝转化为潜在用户，激活社会化资产价值，并对潜在用户进行多个维度的描述。

小贴士

尿不湿与啤酒一起畅销

沃尔玛在其美国门店将尿不湿与啤酒摆放在一起，结果是尿不湿与啤酒的销售量双双增长。总部位于美国阿肯色州的世界零售巨头沃尔玛拥有世界上最大的数据仓库系统，为了能够准确了解顾客在其门店的购买习惯，沃尔玛对顾客的购物行为进行分析。沃尔玛数据仓库里集中了各门店的原始交易数据，在这些原始交易数据的基础上，沃尔玛利用NCR数据挖掘工具对这些数据进行分析和挖掘，可以很轻松地知道顾客经常一起购买的商品有哪些。一个意外的发现是跟尿不湿一起购买最多的商品竟是啤酒。产生这一现象的原因是：美国的太太们常叮嘱她们的丈夫下班后为小孩买尿不湿，而丈夫们在买尿不湿时又随手带回了他们喜欢的啤酒。

2. 大数据营销的特点

大数据营销有其独有的特点，企业在进行大数据营销时，应当关注这些特点，更好地利用海量数据进行营销。

（1）关联性。大众关注的广告与广告之间的关联性是大数据营销的一个重要特性。在大数据的采集过程中企业会快速了解到大众对产品的喜爱程度，以及地域之间的差异，哪些地域的大众喜欢哪种产品更多一点。这些有价值的信息能让广告的投放产生前所未有的关联性。

（2）时效性。大众往往会在某一段时间内特别喜欢某一种产品，大数据的出现给企业创造了机会。把握住大众的喜好才能获取更多的市场。时效性不仅体现在流行上，还表现为大众接受企业广告的重要时机。通过大数据，企业可以更好地选择合适的时间投放广告，满足各类人群的需求，这大大节省了企业不必要的广告投放成本。

（3）个性化。网络时代，企业的营销理念从“媒体导向”向“受众导向”转变。以往的营销活动以媒体为导向，企业通常选择知名度高、浏览量大的媒体投放广告。如今，企业完全以受众为导向进行广告营销，因为大数据技术可让它们知晓目标受众身处何方，关注什么位置的屏幕。大数据技术可以做到当不同用户关注同一媒体的相同界面时，广告内容有所不同，实现对用户的个性化营销。

（4）性价比高。大数据营销是依托海量数据的采集，以及大数据技术的分析与预测能力，实现广告的精准投放。相较于传统营销模式的“广而告之”，大数据营销可以大幅提高投入转化效果，降低单位成本，提高企业产品的性价比，并根据实时的效果反馈及时进行调整。

（5）非单一化的数据采集。大数据的采集是多样化的、多平台的，这样能更好地满足用户的真实需要。多平台包含互联网、移动互联网、广电网、智能电视，未来还有户外智能屏等。

小贴士

1 号店的大数据营销

大数据时代的崛起给企业带来无限商机。1 号店作为电商行业的后起之秀，得益于对大数据多领域、多方位的挖掘和应用，具体体现在以下 4 个方面。

（1）巩固目标市场。1 号店应用大数据开发了 PIS 项目，即智能价格系统，不仅可以监测供货商的供货价格是否最低，而且可以根据竞争对手的价格实时自动调节本企业的产品价格，还可以通过分析消费者的喜好确立物流服务和营销方式。

（2）精准营销。1 号店通过数据分析给每一位消费者画像，画像显示了每一位消费者的行为、心理和态度，有助于企业适时为顾客提供个性化推荐，实施个性化 EDM（电子邮件营销），为每一位用户打造其专属的 1 号店。

（3）优化供应链。1 号店发明了“订单池”的概念，即将具有相同属性的 15 ~20 个订单的商品分为一批放进一个订单池，之后拣货人员的数据采集器会为其制定一条最优路径，此举大大提高了拣货效率，降低了成本。

（4）开发新产品。1 号店的商业智能团队不仅为战略决策提供数据上的参考，还开发了一系列与大数据有关的产品，包括日晷、数据水晶、聚宝盆和 1 金融等。日晷和数据水晶以店铺为目标，监测店铺的顾客特征、订单数量、运转状况等，帮助店铺制订营销规划。聚宝盆的对象是 1 号店的战略合作伙伴，它实时监测，提供数据分析报告，给予品牌商在投放广告、商品销售等方面的建议。1 金融平台通过建立数据模型对商家的销售量、库存量、周转率实施监控，根据评估结果为商家提供贷款理财等业务。

第三节　市场营销信息系统及其构成

企业所处的市场总是动态的，而且随着技术进步步伐的加快、竞争压力的增大及消费者期望的不断提高，市场将趋于更加动态化。这就使得营销职能比其他任何职能更明显地需要详细、准确和及时的信息，而一个完善的营销信息系统的建立恰恰可以满足企业营销的这一要求。

一、市场信息

市场信息是指与企业所处市场的各种经济活动和环境有关的数据、资料、情报的统称，它反映了市场活动和环境的变化、特征和趋势等情况。市场信息包括的内容非常广泛复杂，归纳起来主要包括市场环境信息、产品信息、价格信息、销售渠道信息、促销信息和竞争信息等。

市场环境信息主要指与企业营销活动有关的经济、政治、法律、社会文化、人口、技术和自然等方面的信息。产品信息主要包括企业所处的国内外市场，特别是目标市场对企业所经营的相关产品的需求情况、产品的服务水平、性能质量、生命周期及替代品和互补品的情况。价格信息主要包括市场上同类产品的平均价格水平、产品的价格弹性、价格的未来变化趋势等。销售渠道信息主要包括市场上同类产品分销渠道的种类、不同渠道的特点及优劣、渠道的未来发展趋势等。促销信息则是指市场上有关人员推销、广告、营业推广和公共关系方面的情况。竞争信息包括企业所处市场的竞争特点、竞争对手的营销战略和策略、市场份额和地位、对企业营销活动的反应等。

小资料

“大数据”背景下的市场营销信息

大数据（Big Data）指由成熟的信息生成、收集、存储和分析技术产生的大量复杂数据。每天大约产生令人难以置信的 25×1018 字节新数据，每年大约产生1000万兆字节的信息。这些数据足以灌满2.47兆张旧式CD-ROM，堆积起来足以往返月球4次。

人类社会所产生的信息量正在呈几何级数增加，大数据给市场营销者带来机会的同时，也提出了严峻的挑战。有效利用“大数据”的公司能够获得丰富、及时的顾客洞察。但是，评价和挖掘如此多的数据几乎是无法完成的任务。例如，当诸如百事等公司考察通过关键词在推特、博客、小栏和其他来源搜索得到的关于其牌的网上讨论时，发现每天有超过600万次公开谈论，每年超过20亿次。这一信息量远远超出了任何管理者的消化能力。大数据背景下，营销工作者不是需要更多的信息，而是需要更好的信息，需要更好地利用已有的信息。

二、市场营销信息系统

在激烈的市场竞争中，信息资源已成为企业最重要的战略资源之一。为了增强对营销环境因素变化的适应性和反应性，并及时发现和捕捉市场机会，企业需要建立一个能够及时而系统地收集并加工处理信息的信息系统，这就是营销信息系统。

营销信息系统是指由人、计算机和程序构成的系统，其目的是为营销决策者收集、挑选、分析、评价和分配其所需要的、及时的和准确的信息。一般由内部报告系统、营销情报系统、营销调研系统、营销决策支持系统四个子系统组成，如图5-2所示。

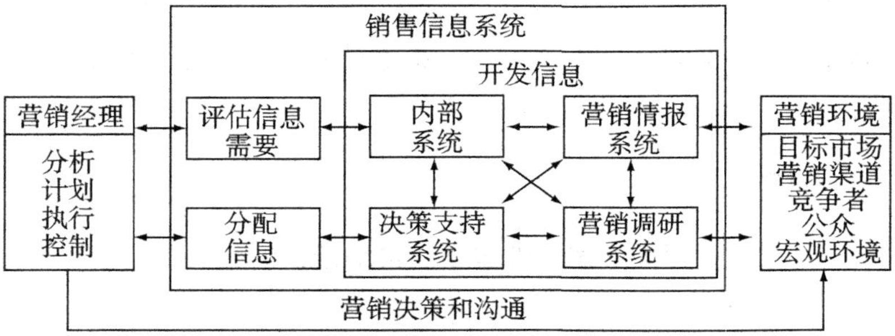

图5-2 市场营销信息系统

（一）内部报告系统

营销决策者使用的最基本的信息系统是内部报告系统。这是一个包括订单、销量、存货水平、应收账款、生产进度、现金流量等信息的系统。通过对这些信息的分析，营销决策者能够发现机会和问题。内部报告系统的核心是订单—发货—账单的循环，即销售人员将顾客、经销商、销售代表的订单送交企业，订单处理部门会通过计算机网络了解存货情况，并将数份订单副本迅速分送有关部门，使各部门协调运行，顾客收到货物和账单后付款，企业根据付款凭证确认货款到账。

（二）营销情报系统

营销情报系统是指使企业获取关于营销环境变化的恰当信息的一整套程序和来源。它与随后将介绍的营销调研系统一样，都是从组织外部获取信息，但是两者的区别是营销情报系统由于收集和传递的是日常的、变化的信息，所以进行的往往是系统的、连续的作业；营销调研系统则是对企业营销活动中出现的特定问题进行研究，侧重于营销活动中特定问题的解决，进行的是零碎的、间断的作业。

营销情报系统可以为企业提供的情报包括防御性情报、参考性情报、进攻性情报。

小案例

老干妈独特产品配方遭到泄露

据人民网报道，2016 年 5 月“老干妈”工作人员发现本地另一家食品加工企业生产的一款产品与老干妈品牌同款产品相似度极高。该事件引起了老干妈公司的警觉，公司相关人员认为此现象很可能存在重大商业机密的泄露。贵阳市公安局一举将涉嫌泄露商业机密的贾某抓捕归案，该案涉案金额高达千万元人民币。

对于食品行业来讲，配方可谓是核心的商业机密，也是市场竞争的撒手锏，每个食品企业都会严密守护配方，制定相关保密措施，防范内部人士泄露和竞争对手窃取。老干妈对产品配方保护的高度重视，亦是出于公司发展考虑，因此才会在发现有厂家产品与其相似时，立刻警觉到配方被泄密，进而在警方的调查下侦破案件，并将泄密者抓获归案，及时阻止损失进一步扩大。涉案人贾某在任职期间，与老干妈公司签订了“竞业限制与保密协议”，却违背协议泄露商业机密，被抓也是咎由自取。

请思考：

企业在构建营销情报系统时如何做到攻守兼备？

（三）营销调研系统

企业一旦捕捉到市场机会信息或是遇到某些特定的营销问题，需要进行深入研究以获取进一步的市场信息，这就要依靠企业的营销调研系统。大企业一般会设立专门的营销调研部门，对某一特定的营销问题系统地设计、收集、分析各种信息资料，并提出有效的对策。我们将在下一章详细介绍。

（四）营销决策支持系统

营销决策支持系统由科学的统计步骤和统计模型构成。该系统的作用是利用科学的技术、技巧来分析营销信息，从中得出更为精确的研究结果，以帮助决策者更好地进行营销决策。

营销决策支持系统由统计库和模型库两个部分组成。统计库是由系列统计分析方法组成的，目的在于求得现有数据间的关系和发展趋势，其主要的工具有多元回归分析、判别分析、因子分析、聚类分析、联合分析等。模型库是一组数学决策模型，在既定的条件约束下寻求最优决策，这种决策包括最优的静态决策和动态决策。其主要的工具有数学规划决策、博弈论等。

总之，市场营销信息系统就是将有关各种数据经过计算机处理，形成系统的营销信息，然后分门别类地输入给有关部门或存入数据库，系统的营销信息在各个部门与相应的模型和决策者的经验相结合，最终形成营销决策方案。

小资料

客户关系管理

CRM由甲骨文、微软及SAS等公司提供的复杂软件和分析工具组成，将不同来源的客户信息整合起来，不断加强与客户沟通，对客户需求进行深度分析，并将结果应用于建立更加牢固的客户关系。CRM整合公司销售、服务和市场营销团队所了解的有关各个顾客的所有信息，全方位审视客户关系。公司可运用数据挖掘技术从海量数据中提取出对创造顾客价值有重要意义的发现。

第六章 营销战略制订

第一节 营销战略的制订

小案例

唯品会：一家专门做特卖的网站

在2016年11月22日刚刚发布03财报的唯品会，其净营收突破120亿元，同比增长38.4%，16个季度连续盈利再刷电商行业纪录。其中，“90后”在新顾客中的占比持续上升，第三季度超过50%。众所周知，中国电商行业的竞争日益激烈，阿里巴巴、京东两大巨头遥遥领先，先行者要么成为先烈或者被收购，要么日益边缘化。唯品会不但活下来了，而且活得很好，唯品会一骑绝尘的秘密是什么？

从上线至今，唯品会始终坚持一项其他人可能看不懂的做法，就是不设置搜索，并且坚持每天两次上线新品，限时特卖，任何商品上线2~3天之后就按照承诺下线。可以说，中国网民的构成跟十几年前上网必须用hao123等网址导航的上一辈已经大不相同，他们可能更习惯搜索，向国外网民的习惯靠拢。特别是在电商购物时，搜索已经成为比首页更重要的入口。而唯品会坚持不做搜索，却能产生很高的流量及顾客黏性，这是为什么？很多用户可能因为没有搜索而放弃了唯品会，但是，把他们都筛选掉之后剩下的那些人则是具有深度消费能力，同时又具有很高忠诚度的优质用户，这些用户所带来的价值比一般消费者高得多。这就导致唯品会移动端访问量超过80%，以及女性用户超过80%。搜索是为了满足用户的刚性购物需求，目的更明确。但唯品会提供的是一种逛街式的购物体验，消费者登录唯品会，包括手机端，只能选择随意浏览，这最大限度地保证了唯品会复制在线下逛商店的体验，就是边逛边看，看到觉得好的就会购买。不仅如此，唯品会还继续加大对技术创新的投入，采取智能路由技术、3D试衣间、千人千面等个性化技术，通过大数据分析为消费者提供个性化的逛街式购物体验和精准的营销服务。

在完善形式的同时，商品的选择和线下店铺有很高的相似性。唯品会的买手要对数据敏感，知道在什么区域什么品牌卖得好，如何铺货，哪些产品是吸引客流的品类等。唯品会的大部分买手都是时尚行业出身，比如有从海外回来的设计师，也有来自线下传统百货零售业的人员，不仅要有时尚感，还要能组织商品，打造能够刺激消费者购买的购物场景。唯品会对买手实行优胜劣汰的业绩考核，所以买手的竞争非常激烈。实际上，只有在形式上和内容上都尽可能模拟实体店铺，人们才能养成跟逛实体店铺时差不多的行为习惯，而这一习惯带来的最大优势就是重复购买。唯品会销售的90%来自老用户的重复购买，在不断吸引新客户的情况下，这个比例也没有下降。凭借这一特性，唯品会实现了过去三年连续12个季度盈利。

未来，随着消费结构的不断升级，唯品会逛街式的购物体验及发现需求的模式将迎来更大的发展空间。唯品会是如何找到“特卖”这一具有潜力的细分市场并通过制订相应的营销战略在众多网购平台中脱颖而出的？学完本章内容之后，你可以尝试回答这个问题。

消费者是中心。我们的目标是为顾客创造价值，打造能带来利润的顾客关系。接下来是营销战略（Marketing Strategy），即营销逻辑，借此公司希望创造顾客价值，并建立能带来利益的关系。公司确定它将服务哪些顾客（市场细分和目标市场选择），以及服务方式（差异化和定位）。它先确定整个市场，然后将其细分为更小的部分，选择最有前途的部分，并着重满足这些领域的顾客。

在营销战略的指导下，公司设计一个整合的营销组合——由它控制的多个因素组成——包括产品、价格、渠道和促销。为了找到最好的营销战略和组合，公司致力于营销分析、计划、执行和控制。通过这些活动，公司观察并适应营销环境中的活动参与者及团队。我们将简要介绍一下每种活动。

一、顾客驱动型营销战略

要在当今竞争激烈的市场中取得成功，企业必须以顾客为中心。它们必须从竞争对手那里赢得顾客，通过提供更大的价值保持并壮大顾客群。但在满足顾客之前，公司必须首先了解顾客的需要和欲望。因此，健全的营销需要认真进行顾客分析。

公司知道，它们无法为某一市场上的所有消费者提供盈利性服务——至少不是以同样的方式服务所有的消费者。有太多不同类型的消费者提出太多不同的需求。大多数公司都有一些地方比别的公司做得更好，因此，各个公司必须将整个市场进行细分，选择最好的那个市场，设计营销战略来服务所选的细分市场并赚取利润。这个过程包括市场细分、目标市场选择、差异化和定位。

二、确定营销组合

确定好整体营销战略后，公司可以开始规划营销组合（Marketing Mix）的细节，这是现代市场营销的主要概念之一。营销组合是一系列策略性营销工具，企业将其配套使用，希望在目标市场上产生预期的效果。营销组合由企业用以影响其产品需求的所有行为组成，可以大致分为四组变量（4P）。图 6 - 1 展示了每个类目下的营销工具。

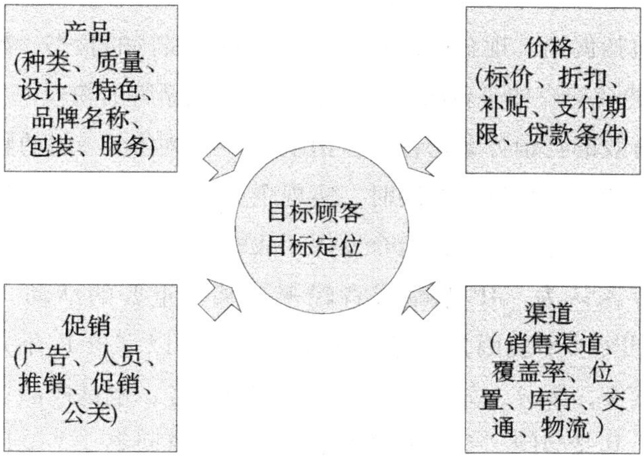

图 6－1 营销组合的 4P

（1）产品（Product）是指企业提供给目标市场的产品和服务的结合。例如，福特翼虎由螺母和螺栓、火花塞、活塞、头灯，以及数以千计的其他零件组成。福特提供多种型号的翼虎和几十个可选功能。这款车配备全套服务并提供全面的保修，小到排气管都在保修范围内。

（2）价格（Price）是顾客获得产品要付的价钱。例如，福特会算出经销店每辆翼虎的建议零售价，但经销商很少收取全价。相反，它们会与每一位顾客谈价钱，给予折扣、以旧换新补贴和贷款条件等。这些措施使公司可以调整价格以适应目前的竞争和经济形势，并使价格与买家对汽车价值的看法大体一致。

（3）渠道（Place）包括公司将产品提供给目标消费者的活动。例如，福特与很多独立经销商合作，以出售各种车型。福特精心筛选经销商并大力支持它们，而经销商有一定的福特汽车库存，将它们展示给潜在买家，然后协商价格，最终完成销售并提供售后服务。

（4）促销（Promotion）是指宣传产品的优点并说服目标顾客购买的活动。例如，福特每年在美国花费超过 21 亿美元向消费者宣传其品牌和车型。经销店的销售人员帮助潜在买家选车，并说服他们福特是最适合他们的车。福特及其经销商也会开展特别推广活动以增加顾客的购买欲望，包括促销、现金返还和低贷款利率。福特的脸书、推特、YouTube 和其他社交媒体平台吸引着本品牌和其他品牌的粉丝。

一个有效的营销方案是各种营销组合要素融合在一起的整合营销方案，在给消费者带来价值的同时，实现企业的营销目标。通过在目标市场建立强有力的定位，营销组合发挥了战略性的作用。

一些专家认为，4P 忽略或者轻视了某些重要的活动。他们会问“服务在哪里?”不能因为服务（Service）不是以字母 P 开头的单词就忽略它。其实，服务，如银行、航空和零售服务，也是产品，可以称为服务产品。其又会问“包装在哪里?”营销人员回答，“包装是产品决策之一”。如图 6 - 1 所示，可能许多营销活动没出现在营销组合的 4P 里，但它们已经包含在其中。问题不在于是否应该有 4 个 P、6 个 P 还是 10 个 P，而在于设计整合营销方案时什么框架是最有用的。

但是，还有另一种合理的担忧，即 4P 理念是卖方的市场观，而不是买方的观点。从买方的角度来看，在这个注重顾客价值与顾客关系的时代，4P 最好变成 4C，即从产品、价格、渠道、促销转变为顾客解决方案、顾客成本、便利性和沟通。

因此，当营销人员认为自己在销售产品时，顾客认为自己是在购买价值或解决问题的方法。顾客感兴趣的不仅仅是价格，他们也想知道获得、使用和处理产品的总成本。顾客所需的产品和服务越方便得到越好。最后，消费者还想要双向沟通。如果营销人员能先考虑 4C，再在平台上构建 4P，则会做得更好。

第二节　有效的市场细分

市场细分是美国市场营销学家温德尔·斯密于 20 世纪 50 年代提出的一个概念，它顺应了第二次世界大战后美国市场由卖方市场转化为买方市场这一新的市场形势。

一、市场细分的理论依据

市场细分是指按照一定的标准，辨别和区分对同一产品具有不同需求的消费者群体的过程。

企业在进行市场细分时，要把某一个产品市场按照不同消费者之间的需求差异，划分为若干个顾客群体，然后将相同或相似的消费者群体归为一类。这样，就可以把一个产品市场划分为若干个子市场或细分市场。在各个不同的细分市场之间，消费需求的差别较为明显，而在每个细分市场的内部，消费需求相同或相似。因此，市场细分不是通过产品来细分，而是通过对同种产品有不同需求的消费者进行分类，市场细分的理论依据是消费需求的绝对差异性和相对同质性。

（一）消费需求客观存在绝对差异性

由于人们所处的地理条件、社会环境及自身的个性和心理不同，市场上的顾客千差万别，表现为不同的消费者有各自的购买欲望和需求特点，消费需求的差异是绝对存在的，也正是这种差异性的需求，使市场细分具有了必要性。

（二）消费需求客观存在相对同质性

当我们认识消费需求存在差异性的同时，也应该看到，在同一地理条件、社会环境和文化背景下的人们会形成具有相对类同的人生观、价值观的亚文化群，他们的需求特点和消费习惯大致相同。正是因为消费需求在某些方面的相对同质，市场上绝对差异的消费者才能按一定标准聚合然不同的群体。每一个群体都是一个有相似欲望和需求的子市场，也正因如此，市场细分才有了实现的可能性。

二、市场细分的意义

市场细分作为一种新的营销观念迅速被大多数企业接受。实践证明，科学合理地细分市场，是企业有效开拓市场的重要工具。

（一）有利于企业发现和挖掘新的市场机会

通过市场细分，企业可以深入了解子市场的消费者的不同需求，因此，更容易发现新的营销机会，形成新的目标市场。另外，企业还可以通过比较不同细分市场中的需求情况和企业竞争者在各个细分市场中的地位，在充分了解竞争态势的前提下，确定企业自身的适当位置。

（二）有利于企业有效利用资源，获得竞争优势

面对广阔的市场，任何企业都不可能满足所有的需求，而只能满足其中十分有限的部分。通过市场细分，企业可有效地将有限的资源集中使用在一个或部分市场，降低企业营销活动的盲目性，增强在目标市场上的竞争能力。

（三）有利于企业自身的应变和营销策略的调整

通过市场细分，企业比较容易发现购买群体的反应，信息反馈快，这样企业可以根据目标市场的变化，及时、准确地调整产品结构、营销目标，以适应目标市场的变化。

三、市场细分的方法和原则

（一）细分市场的一般方法

市场细分的方法很多，企业可根据实际情况进行选择。这里列举图形来说明问题，如图 6－2 所示。图 6－2（a）表示在未进行细分前的一个拥有 6 个消费者的市场。如果这 6 个消费者需求和欲望是完全一致的，市场就没有细分的必要。但实际上消费者的需求和欲望是不同的，因此就有了细分的必要。

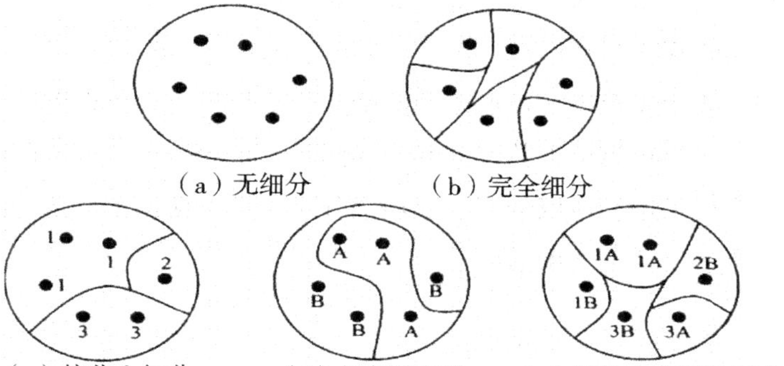

（a）无细分　（b）完全细分

（c）按收入细分　（d）按年龄细分　（c）按收入和年龄细分

图6－2　细分市场方法

1. 完全细分

如果市场上每一个消费者都有自己独特的需求和欲望，那么，每一个消费者都有可能成为潜在的独立市场。如图6－2（b）所示，将市场上所有消费者分别作为独立市场，企业为每个消费者设计一项独立的营销计划的市场细分称为完全细分。

2. 按一个影响因素细分

当企业面对众多消费者时，完全市场细分不合算也不可能。消费需求的相对同质性使企业可根据某些变量将众多的消费者划分成几群。如图6－2（c）是根据收入等级细分市场，图6－2（d）是根据年龄变量将市场分为青年消费者和老年消费者两大部分。

3. 按两个以上影响因素细分

在实际购买中，消费者的需求与行为都是多种因素影响的结果，因此企业可用多个细分变量进行市场细分，如图6－2（e）是同时用收入、年龄将市场细分为五部分：假设收入等级为2的年轻人人数为0；收入等级为1的年轻人人数最多，为2人；收入等级为1、2和3的老年人和收入等级为3的年轻人各为1人。

当企业以多个细分变量细分市场时，常使用“产品/市场矩阵”法。“产品/市场矩阵”法是同时以产品（顾客的不同需要）和市场

（不同的顾客群）这两个变量建立矩阵来细分市场，从中寻找出最适宜企业的子市场作为目标。

一般来说，企业细分市场运用的细分变量越多，所获得的精确度就越高，每个细分市场的人数也就越少。同时，企业的细分成本随着细分市场的增多而递增。所以恰当的市场细分应该既能保证市场细分的有效性和精确性，又能使成本最低。

（二）市场细分的原则

细分一个市场有许多方法，然而，并不是所有的细分都是有效的。要使市场细分有效进行，需要把握以下5个原则。

1. 可衡量性

市场细分要求各种变量是可以测量的，细分出来的各个子市场的规模大小和购买力水平也是大致可以确定的。如果某些细分变数或购买者的特点和需求很难衡量，这个细分市场的大小就很难测定。一些带客观性的变数，如年龄、性别、收入、教育、地理位置等，这些都易于确定，并且有关它们的信息和统计数字通过统计部门是比较容易获得的。相反，一些带主观性的变数如日常心理和性格方面的变数，就比较难以测量。

2. 可进入性

可进入性是指细分的市场应该是企业通过营销努力可以有效地到达并为之服务的市场。如果商品无法通过一定的分销渠道抵达该市场，或者有关的营销信息无法对该市场的潜在消费者进行传播，那么，该细分市场对企业是没有意义的。

3. 可盈利性

可盈利性是指企业所选定的细分市场的规模要大到足以使企业有利可图。因为企业的经营目标就是在为顾客提供最大价值的同时获取利润。如果细分市场规模过小，市场容量有限，而相对应的营销成本又很高，获利就会很少甚至亏损，显然是得不偿失的。因此，在进行市场细分时，企业必须考虑细分市场上顾客的数量，以及购买能力和购买频率。细分市场应该是值得企业为其设计一套营销方案，以尽可能大的满足同质消费者群体的需求。

4. 差异性

差异性是指各细分市场的消费者对同一市场营销组合因素和方案有差异性反应，或者说对营销组合方案的变化，不同的细分市场会有不同的反应。进行市场细分的假定前提是不同细分市场的需求是异质的，而在某一细分市场则是同质的，如果对同一营销组合方案，各细分市场的反应是相同的，那么，这样的市场细分本身就无任何意义。

5. 相对的稳定性

市场营销理论强调动态的观点，强调在变化中的营销策略，但在团体的市场细分上，要考虑其稳定性。如果市场变化太快，又太大，企业还未实施其营销方案，目标市场就已面目全非，这样的细分也毫无意义。

四、市场细分的标准

市场细分是建立在市场需求差异性基础上的，因而形成需求差异性的因素，就可以作为市场细分的依据。由于市场类型不同，所以市场细分的依据也有所不同。消费者市场和产业市场的细分标准存在很大的差异。

（一）消费者市场细分的依据

消费者市场上的需求是千差万别的，影响因素也是错综复杂的。各行业、各企业应根据自己的特点和需要，采用适宜的变量进行细分，以求得最佳的营销机会。一般认为，消费者市场主要的细分依据有四类，即地理因素、人口因素、心理因素和行为因素。

1. 地理因素和地理细分

地理因素是指消费者所处的地理位置与地理环境，包括地理区域、地形、气候、人口密度和其他地理环境等一系列的具体变量。按照地理变量细分市场称为地理细分。地理因素是市场细分的一个最常用的变量，也是最明显、最容易衡量和运用的细分变量。

以地理因素细分市场的主要理论依据是：由于地理条件、社会风俗和文化传统的影响，同一地区的消费者往往具有相似的消费需求，而不同地区的消费者在需求内容和特点上有明显差异。

小案例

知名企业的地理细分

联合利华针对我国市场特别推出了“清扬”品牌。在最初的广告宣传中，清扬由台湾地区电视名人徐熙娣和韩国著名偶像Rain代言，广告宣传让消费者对清扬去除皮屑的显著效果印象深刻。可口可乐公司根据日本不同地理区域开发了多种不同的即饮式灌装咖啡。同时，它还发现日本的青少年总是行色匆匆，在打电话时不喜欢可乐瓶口敞开，因此公司为日本市场设计了带有旋转盖的可乐瓶。宝洁公司为了满足不同消费者的口味，在英国和新加坡市场上分别推出了咖喱味和烧烤味的品客薯片。

请思考：

哪些产品适合地理细分？

2. 人口因素和人口细分

人口因素是描述人口一般性特征的人口统计变数，包括消费者的年龄、性别、职业、收入、教育、家庭生命周期、社会阶层、国籍、宗教、种族等。按人口变量细分市场称为人口细分。人口变量的构成虽然复杂，但并不难衡量，而且这些因素直接影响到消费者的心理和行为，因而它是市场细分的一个极重要的依据。

例如，性别细分一直运用于理发、化妆品和杂志领域，以收入水平细分市场是汽车、服装、旅游等行业的长期做法，按年龄将消费者分为青年、中年、老年等不同的消费者群体在食品、娱乐等企业很普遍。但是，现在越来越多的情况是采用多种人口统计变量来进行综合市场细分，尤其是当单一变量无法准确划分时。例如，某服装公司以性别、年龄和收入三个变量将市场划分为多个细分层面，每个层面有更细致的描述，如企业可为月收入在3000元以上的年轻女性市场提供高档职业女装。

小案例

耐克公司加快占领女性运动品市场步伐

随着越来越多女性走向健身房，走向户外，以往专注于男性运动市场的运动品牌也开始争相进军女性运动品市场。近年来，耐克公司加快了占领女性运动品市场的步伐。耐克已经对女士服装生产线进行了全面的革新，公司将这种革新称为耐克女性（Nikewomen），其目的就是能够为女性提供更加舒适、鲜艳、时尚的运动服。随着运动趋势的突出，改进后的Nikewomen网站主要以特色服装为主。

请思考：

耐克为进军女性运动品市场在营销方面需要突出哪些元素？

3. 心理因素和心理细分

心理因素是指消费者的生活方式、态度、个性等心理变量，是关于消费者自身的较深层次的因素。这些因素与市场需求及促销策略有着密切关系，尤其是在经济发展水平较高的社会中，心理变量对购买者行为的影响更为突出。按照心理变量的不同，将消费者划分为不同的群体就是心理细分。

生活方式是影响消费者的欲望和需求的一个重要因素。人们的生活方式不同，对商品的需求也就不同。一个消费者的生活方式一旦发生变化，他就会产生新的需求。因此，越来越多的企业按照消费者不同的生活方式来细分市场，并为生活方式不同的消费者群体设计不同的产品和安排市场营销组合。例如，有些服装制造商为“朴素妇女”“时髦妇女”“有男子气的妇女”等分别设计和生产不同的妇女服装。

有些企业还按照消费者不同的个性来细分消费者市场。这些企业通过广告宣传，试图赋予其产品以与某些消费者的个性相似的“品牌个性”，树立“品牌形象”。例如，20世纪50年代后期福特汽车的购买者被普遍认为是独立、感情易冲动、善于适应环境变化和雄心勃勃的消费者群；通用汽车公司雪佛莱汽车的购买者曾被认为是保守的、节俭的、守信誉的、较少男子气概的和避免极端的消费者群，个性不同的消费者分别对这些公司的产品发生兴趣，从而促进销售。

4. 行为因素和行为细分

行为因素是指和消费者购买行为习惯相关的一些变量，包括购买时机、追求的利益、使用情况、购买频率、消费者对品牌的忠诚度、消费者的待购阶段等。按上述行为因素将消费者细分为不同的群体，就是行为细分。

消费者购买和使用某种商品往往有其特定的时机。例如，西方在圣诞节期间，我国在国庆节、春节期间，消费者对食品、礼品的需求会激增；在夏季含薄荷配方的洗发水会更受市场的欢迎。

因为消费者往往各有不同的购买动机，追求不同的利益，因此，可以按照购买者对产品追求的不同利益，将他们划分成不同的消费群体。比如，手表的购买者中，追求时尚和动感的青少年们喜欢各种新款的玩具表，而购买精工机械表的消费者则属于追求价值的传统消费者，购买劳力士名表的人则多是品位和社会地位的追求者。

根据消费者使用情况的不同，可以将市场细分为某一产品的未使用者、曾经使用者、潜在使用者、首次使用者和经常使用者。对于市场占有率比较高的大企业，他们往往注重将潜在使用者转变为实际使用者，较小的企业则注重于保持现有使用者，并设法吸引市场领先者的现有顾客。值得一提的是，越来越多的企业认识到吸引新客户和保持老客户之间成本的巨大差异，越来越注重顾客的保持。

许多商品的市场还可以按照消费者对某种产品的使用率来细分，这样可以将市场细分为大量使用者、中度使用者和少量使用者市场。大量使用者的人数可能并不很多，但他们的消费量却占全部消费量中很大的比重。美国一家公司发现，美国啤酒销量的87%只是50%的顾客消费掉的，而另外一半的顾客仅消耗了总量的13%，所以啤酒公司宁愿吸引重度饮用啤酒者而放弃轻度饮用者，从而把重度饮用啤酒者作为目标市场。以企业的角度考虑营销策略是没有问题的但做法还值得商榷。

企业还可以根据消费者对产品的忠诚程度进行市场细分。根据对品牌的忠诚程度，我们可以把消费者分为4种：

第一，坚定的忠诚者，他们在较长时间内始终购买一种品牌，如遇缺货，也宁肯等待或到别处寻找。

第二，动摇的忠诚者，他们经常在两至三种品牌间进行选择购买。

第三，转移的忠诚者，他们经常从偏爱一种品牌转换到偏爱另一种品牌。

第四，非忠诚者，他们对任何一种品牌都不忠诚。

每一个市场由这4种消费者组成，只是各种消费行的数量不同而已。而且，一个消费者并非对所有产品都有同样的忠诚度，他可能对这种产品有高度的品牌忠诚性，而对另一种产品则没有。例如，有的消费者讲究衣着，只穿某名牌服装，而对牙膏等日常用品不太讲究。忠诚度分析也被用于考察消费者对商店的偏好程度。

（二）产业市场细分的依据

产业市场与消费者市场相比有所不同，一是其购买者是产业用户；二是其购买决策是由有关专业人员做出，一般属于理性行为。因此，细分消费者市场的标准，虽然基本适用于产业市场，但应该对这些因素赋予新的内容，并增加新的变量。

1. 最终用户

在产业市场上、不同的最终用户（或产品不同的最终用途）对同一种产品追求的利益不同。企业分析产品的最终用户，就可针对不同用户的不同需求制定不同的对策。例如，电子元器件市场可细分为军用市场、民用工业市场和商业市场等，它们各有不同的需求重点，军事用户要求产品质量绝对可靠，供应准确及时，不太在意价格；民用工业用户要求质量良好，服务周到；价格适中商业用户则特别重视价格，对质量要求一般。针对不同要求，企业应采取不同的营销组合策略。

2. 用户规模

用户规模也是细分产业市场的一个重要变量。在现代市场营销实践中，许多企业建立适当的制度来分别与大顾客和小顾客打交道，以便更好地适应各种规模用户的特点。例如，一家办公室用具制造商按照用户规模将其顾客细分为两类：一类是大客户，由该公司的全国客户经理负责联系；另一类是小客户，由外勤推销人员负责联系。

3. 地理位置

一些产业市场客户对产品的需求，往往是集中在某一地理区域内的。因为这些行业的各个机构选址时，都是根据各地区是否容易获得资源和劳动力，以及各地对该产业是限制还是鼓励来决定的。这样大家往往都集中到那些对该行业来说最容易获得资源和劳动力及受到当地政府鼓励的地区，从而形成了煎糖制糖业都集中在广东、广西、云南、福建等省区，或广东的制糖业主要集中在湛江及其周边县市，就是因为在那里有大量的种蔗基地，他们所需的制糖原料极易获得。

在大多数情况下，产业市场不是依据单一变量来细分市场的，而是把一系列变量结合起来进行细分。例如，一个纺织原料行业的生产商可首先，用最终用户这一变量来细分其市场，并决定把重点放在用来制造沙发的公司上；其次，试生产商还可决定把重点仅放在年销售额在6000万元以上的沙发制造商；最后，该纺织原料生产商还可以进一步决定把重点放在那些年销售额在6000万元以上，希望购买质量好、质地坚实、价格适中的纺织原料的制造商上。

五、市场细分的步骤

美国营销学者麦卡锡提出了以细分市场的7个步骤。

第一，选定产品市场范围。当企业确定市场细分的基础之后，必须确定进入什么行业，生产什么产品。产品的市场范围应以顾客的需求，而不是产品本身的特性来确定。

第二，列出顾客的基本需求。企业在所选定的产品市场范围内列出所有潜在顾客的基本需求。它决定着企业应采用何种变量细分市场。

第三，分析潜在顾客的不同需求。对于列举出来的基本需求，不同顾客强调的侧重点可能会存在差异。分析评价各种需求，目的是为了确定几种切实可行的需求作为细分的主要依据。

第四，以特殊需求作为细分标准。在确定切实可行的需求作为细分的依据时，要注重剔除消费者需求中的一般性，即共性特征，保持其差异性。

第五，为每个细分市场命名，以便说明与分类。

第六，进一步分析每一细分市场需求与购买行为特点。主要是检查各个细分市场是否符合细分具体变数的情况。

第七，分析各细分市场的规模。即分析细分市场上消费者潜在购买力的大小及需求发展程度，结合本企业资源选择目标市场。

第三节　目标市场选择

目标市场是指在需求异质性市场上，企业根据自身能力所确定的准备满足的现有的和潜在的消费者群体的需求。

市场细分的目的在于有效地选择并进入目标市场。市场细分之后，企业首先要认真评估各个细分市场部分，然后根据自己的营销目标和资源条件选择适当的目标市场，并决定自己在目标市场上的营销策略，从而实现市场细分和目标营销的积极作用。

一、评估细分市场

评估细分市场的目的在于弄清这些细分市场是否具有值得企业进入的各种条件，及其程度如何。因此企业在评估细分市场时，就必须确定一套具体的评估标准。一般来说，应包括以下 4 个方面。

（一）市场规模

企业进入一个市场的目的是为了在向这个市场提供产品或服务的同时，获得一定的利润。如果所选择的细分市场过于狭窄或者趋于萎缩状态，企业就可能达不到它所期望的销售额和利润。如果所选择的细分市场过于广阔，企业又会使自己的市场营销力量铺得过宽而显得单薄，增加的销售额和利润就不足以弥补增加的开支。

至于什么是适当的规模，应相对于企业的规模与实力而言，较小的市场对大企业来说不值得涉足；而较大的市场对于小企业而言，又缺乏足够的资源来进入，并且小企业在大市场上也无力与大企业竞争。

（二）市场增长的潜力

市场增长潜力的大小，关系到企业销售和利润的增长，但有发展潜力的市场也常常是竞争者激烈争夺的目标，这又减少了它的获利机会。

（三）市场的吸引力

所谓吸引力主要是指长期获利率的大小。一个市场可能具有适当规模和增长潜力，但从获利观点来看不一定具有吸引力。决定整体市场或细分市场是否具有长期吸引力的有 5 种力量：现实的竞争者、潜在的竞争者、替代产品、购买者和供应者。企业必须充分估计这 5 种力量对长期获利率所造成的威胁和机会。

如果某个市场上已有为数众多、实力强大或者竞争意识强烈的竞争者，该市场就失去吸引力；如果某个市场可能吸引新的竞争者进入，他们将会投入新的生产能力和大量资源，并争夺市场占有率，这个市场也没有吸引力；如果某个市场已存在现实的或潜在的替代产品，这个市场就不具有吸引力；如果某个市场购买者的谈判能力很强，他们强求降价，或对产品和服务苛求不已，并强化卖方之间的竞争。那么，这个市场就缺乏吸引力；如果企业的供应者——原材料和设备供应商、公用事业机构、银行等，能够随意提高价格或降低产品和服务质量，或减少供应数量，该市场就没有吸引力。

（四）企业本身的目标和资源

企业对各个细分市场的规模、增长程度、市场吸引力做出评估后，还应将这些细分市场与企业的目标和资源背景作对比检查，看细分市场与企业的长期目标之间的一致程度如何。如果细分市场与企业的发展目标及资源条件不相匹配，那么就不宜进入这些细分市场。即使这些细分市场与企业的长远目标相吻合，也必须进一步考虑企业是否具有有效生产经营所需的技术力量、物质资源及责任承担能力，如果缺乏这些条件，进入这些细分市场就没有多少策略性价值。

二、目标市场策略

在选择目标市场的基础上，企业可以对不同目标市场制定相应的营销策略。目标市场策略有三种，即无差异性营销策略、差异性营销策略和集中性营销策略。

（一）无差异性营销策略

所谓无差异性营销策略，就是将整个市场看作一个整体，不考虑消费者对某种产品需求的差别，决定提供一种产品，采用一套市场营销方案吸引所有的顾客，如图 6－3 所示。

图 6－3　无差异性营销

无差异性营销策略将细分市场之间的需求差异性略而不计，只注重其需求的共性。例如，早期的可口可乐营销活动就是无差异性市场营销的典型例子。面对世界各地的消费者，可口可乐都保持统一的口味、包装，至连广告语也统一为“请喝可口可乐”。

无差异性营销策略最大的优点在于成本的经济性，单一的产品降低了生产、存货和运输的成本，统一的广告促销节约了市场开发费用。但这种策略的缺点也十分明显。首先，一种产品能迎合所有顾客的需求是罕见的，所以，在很多情况下是企业“忽略”了消费需求的差异，从而，潜藏着失去顾客的危险。其次，这种策略容易受到其他企业发动的各种竞争措施的伤害。最后，当同一市场上众多的企业都采用无差异性营销策略时，就会使市场上的竞争异常激烈，难以获利。

一般而言，无差异性营销策略适用于两种情况：一是具有同质性市场的产品；二是具有广泛需求、可能大批量产销的产品。然而，对于大多数需求存在明显差异的产品而言，这种策略并不适用。

（二）差异性营销策略

差异性营销策略是企业针对每个细分市场的需求特点，分别为之设计不同的产品，采取不同的市场营销方案，满足各个细分市场上不同的需要，如图6－4所示。

图6－4　差异性营销

差异性市场营销策略的优点很明显。第一，企业同时为多个细分市场服务，有较高的适应能力和应变能力，经营风险也得到分散和减少；第二，由于针对消费者的特点开展营销，能够更好地满足市场深层次的需求，增加企业的销售量；第三，一旦企业在多个细分市场上获得成功，就会增强消费者对企业的信任感，提升企业的形象并提高市场占有率。正因为差异性营销的明显，因此，20 世纪 60 年代以来，越来越多的企业采用这种目标市场策略。比如，通用汽车公司针对不同的细分市场分别设计了卡迪拉克、别克等不同价位和不同风格的汽车，并且采取了不同的广告主题来对这些产品进行宣传。

但是，差异性营销策略也有不足。第一，营销成本提高，由于目标市场多、经营品种多、广告宣传的扩大化和多样化、管理复杂，市场营销费用将大幅度增加；第二，可能引起企业经营资源和注意力的分散以及顾此失彼，以致出现内部相互争夺资源的现象，不利于核心竞争力的形成；第三，各细分市场间可能会出现“互斥”和替代效应。基于这些原因，一种叫作“反市场细分”的策略应运而生。反细分并不反对市场细分，而是将许多过于狭小的子市场组合起来，以便能以较低的价格去满足这一市场需求。

小案例

宝洁公司洗涤剂用品的差异化营销

宝洁是一家全球领先的日用消费品公司。宝洁在世界各地所经销的不同产品都有着多种品牌，如洗衣粉、沐浴液、洗发露、洗洁精、面巾纸、除臭剂、衣物柔顺剂、化妆品，以及一次性纸尿裤。此外，宝洁针对不同国际市场中的每一类产品都有许多其他品牌，宝洁的这些品牌在相同超市的货架上彼此竞争。

以洗衣粉为例，洗衣粉使消费者的衣物变干净，除此之外，消费者还希望洗衣粉可以满足其他的诉求，如经济性、去污强力性和使用温和性、漂白性、衣物柔顺性、气味清新性，以及洗涤过程中是否起泡等。消费者都希望所购买的洗衣粉具备上述大部分的优点，但是他们或许对不同的优点有着不同的偏好。对一部分消费者来说洁净性和漂白性是最重要的；而对于另一部分消费者来说，衣物柔顺性却至关重要；还有一部分消费者需要比较温和、气味清新的洗衣粉。因此，对每种类型的洗衣粉，消费者都在寻找具有不同优点组合的产品。

通过细分市场和差异化营销，宝洁为所有重要参考群体中的消费者提供具有吸引力的选择。宝洁因此在美国洗衣粉市场上赢得了70亿美元的销售额，仅汰渍就占据了洗涤剂市场38%的份额，并且其市场份额仍在不断上升。所有的宝洁品牌总共占据了70%的市场份额，所以，在与自己的竞争中，宝洁完胜！

请思考

宝洁为什么对同一类型产品引入多个不同品牌，而不是集中所有资源专注于一个领导品牌？

（三）集中性营销策略

集中性营销策略是指企业集中所有力量，在某一细分市场上实行专业生产和销售，力图在该细分市场上拥有较大的市场份额，如图6－5所示。

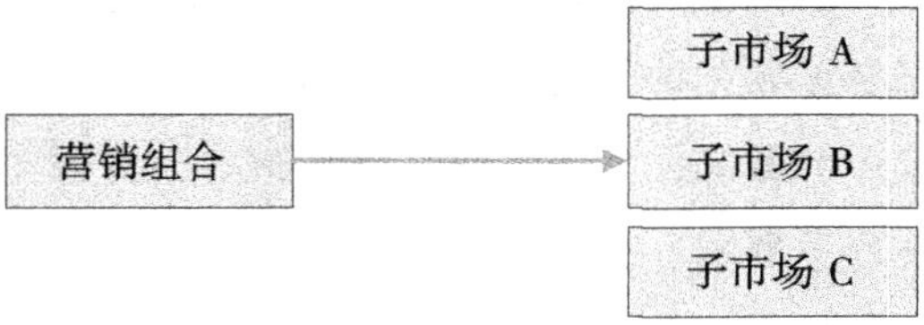

图6－5　集中性营销

企业运用此策略的指导思想是把企业的人、财、物集中用于某一个或几个较小的子市场，实行专门化生产和销售，而不是把力量分散在广大市场上。这种策略一般适合于资源有限的中小企业，或初次进入新市场的大企业。

这种策略有两个优点。第一，由于目标集中能更深入地了解市场需要，使产品更加适销对路，有利于树立和强化企业形象及产品形象在目标市场上建立巩固的地位；第二，由于实行专业化经营，可节省生产成本和营销费用，增加盈利。但这一策略所蕴含的经营风险较大，如果目标市场发生突然变化，如消费者偏好的突然变化，强大竞争者的进入等，就会使企业措手不及，导致亏损，因而实行这种策略时要做好应变准备，加强风险意识。

三、影响目标市场策略选择的因素

上述三种目标市场策略各有利弊，它们各自适用于不同的情况，企业在选择目标市场策略时需综合考虑各种因素，权衡得失，慎重决策。

（一）企业的实力

企业实力主要指人力、物力、财力及管理能力等。如果企业实力雄厚，在资金、技术、管理和人力资源较强的情况下，可以考虑实行无差异性或差异性营销策略。如果实力有限，则最好实行集中性营销策略。

（二）产品的同质性

产品同质性是指产品在性能、特点等方面相似度的大小，如水力、电力、石油、大米、食盐等，虽然产品在品质上或多或少存在差异，但用户一般不加区分或难以区分，可视为“同质”产品，这类产品一般适合于实行无差异性营销策略。反之，对于差异性较大的产品，如服装、化妆品、汽车等产品，则应实行差异性营销或集中性营销策略。

（三）市场同质性

市场同质性是指各细分市场上顾客需求、购买行为等方面的相似程度。如果市场上顾客在一定时期内需求和偏好比较接近，并且对市场营销刺激的反应相类似，则可视为“同质”市场，比较适合于实行无差异性营销策略。反之，如果市场需求和偏好的差异较大，则为异质市场，宜采用差异性营销或集中性营销策略。

（四）产品所处的生命周期阶段

对处于不同生命周期阶段的产品，应采取不同的目标市场策略。处在导入期和成长期的产品，由于同类竞争品不多，竞争尚不激烈，企业这时的营销重点是挖掘市场对产品的基本需求，因此，最好实行无差异性营销策略；当产品进入成熟期后，市场竞争激烈，消费者需求日益多样化，此时企业可以用差异性营销或集中性营销策略。

（五）竞争者的目标市场策略

企业选择目标市场策略时，一定要充分考虑竞争者特别是主要竞争对手的营销策略。一般地说，企业的目标市场策略应与竞争者有所区别，如果强大的竞争对手实行的是无差异性营销策略，则企业应实行差异性营销策略或集中性营销策略；如果竞争对手实行的是差异性营销策略，则企业就应进一步细分市场，实行更有效的差异性营销策略或集中性营销策略。

第四节　合适的市场定位

企业在市场细分的基础上选择了自己的目标市场，并确定了目标市场营销策略，这就明确了企业的服务对象和经营范围，接下来将面临的就是市场定位。

一、市场定位的基本概念

市场定位是指企业为了使自己生产或销售的产品获得稳定的销路，要从各方面为产品培养一定的特色，树立一定的市场形象，以求在顾客心目中形成一种特殊的偏爱。

市场定位图是市场定位常用分析工具，用来描述消费者在重要购买维度上对企业及其竞争者的认知差异，可以分为二维定位和多维定位。

二维定位采用两个变量或两个因素，每个变量又选择两种状态，分析由两种状态组合而得到的四种不同结果；多维定位则采用3个或3个以上因素进行分析和定位，也称为立体定位，如服装市场可以按性别、年龄、收入等变量定位。图6－6采用城市规模和价格两个维度，展示我国可乐市场的二维定位图。

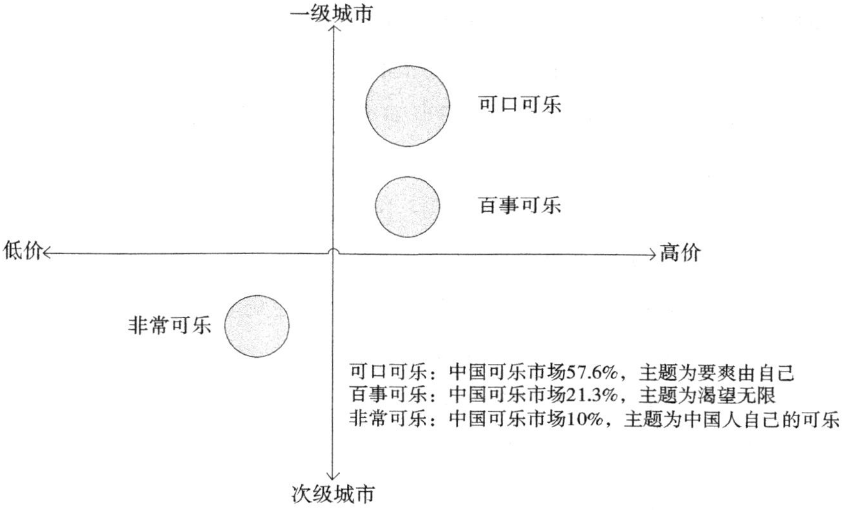

图6－6　我国可乐市场的二维定位图

随着市场经济发展，在同一市场上有许多同一品种的产品出现，而广大顾客都有着自己的价值取向和认同标准，因此，企业要想在目标市场上取得竞争优势和更大效益，就必须在了解购买者和竞争者两方面的基础上，确定本企业的市场位置，即为企业树立形象，为产品赋予特色，以独到之处取胜。这种形象和特色，可以从产品实体上表现出来，如形态、成分、结构、性能、商标、产地等；也可以从消费者心理上反映出来，如豪华、朴素、时髦、典雅等；还可以两者兼有，作为市场定位的观念。

小案例

可口可乐的市场定位

可口可乐是商业世界里最成功的品牌之一，你认为可口可乐的市场定位是什么？这个问题有人可能回答“Open Happiness”，这毕竟是可口可乐用了7年的广告口号。从2016年开始，他们把广告口号换成“Taste the Feeling”。不管是“Open Happiness”还是“Taste the Feeling”，很多人可能会疑惑这算是什么市场定位呢？即不具体，又不形象，看三遍也不一定能记住，然而可口可乐依然是最成功的品牌之一。成功秘方何在？

为了解释这个问题，我们引入一个概念，叫品类进入点（Category Entry Points，CEP）。消费者每天会产生不同的需求，或要完成不同的任务。比如，在家里看电视时，突然想喝点什么或者嚼点东西；和朋友聚餐的时候，想喝点东西；炎热夏天，在沙滩上晒太阳，也想喝点东西，这些都是消费者要完成的“任务”。而这些“任务”都可以认为是饮品的“品类进入点”。这里的饮品可以是可乐，可以是果汁，甚至可以是酒。很显然，品类进入点有大有小，有重要和次要之分。

一个品牌要想被消费者选中，关键的一步是要让消费者能够首先主动想到它，也就是消费者心智的显著性。可口可乐之所以可以成为一个价值上千亿美金的品牌，是因为其成功地将自己和很多个重要的品类进入点联系在一起，建立了很多场景的心理显著性。

一个非常鲜明的数据对比可以给出更有力的证据。以土耳其软饮料市场为例，该市场上有两个大品牌，一个是 Coca - Cola ，一个是土耳其本地的 Cola - Turka ，前者是后者市场份额的8倍。相关研究机构甄别出了在土耳其软饮料市场8个重要的品牌进入点，并统计了消费者在这些品类进入点能否主动想到这两个品牌。调查结果显示，有67%的消费者不能把 Cola - Turka 和8个重要的品牌进入点中任意一个主动联系在一起；而 Coca - Cola 只有14%的消费者不能主动与8个重要的品牌进入点联系起来。更重要的是，有67%的消费者能在3个以上重要的品牌进入点主动联想到Coca－Cola，而对于Cola－Turka，这个数字只有15%。

不同的品类进入点（消费者要完成的任务）就像是消费者心智中的分销网点。正如一个消费品牌要想取得巨大成功，很难脱离线下广泛的分销覆盖，一个品牌想要成功，也离不开消费者心智中对不同品类进入点的占有。

请思考：

品类进入点与市场定位有何联系？简要说明可口可乐公司市场定位策略。

二、市场定位步骤

市场定位的根本目的就是要在目标市场上建立本企业产品的竞争优势，并使目标顾客充分认识自己的这种优势。选择和建立企业竞争优势的过程——市场定位包括以下3个步骤。

（一）识别可能的竞争优势

竞争优势是一个相对概念，当一个企业通过提供较低的价格或较高的利益使消费者获得更大的价值，它就具备了竞争优势。企业可以拥有两种基本的竞争优势，即低成本和差异化。成本优势可以通过优化企业的价值链实现，差异化优势则源于企业提供有别于其他竞争者的产品或服务。这种差异化可以体现在以下4个方面。

1. 产品差异化

产品差异化是指企业使自己的产品区别于其他产品，产品差异化可以从产品的形式、特色、性能、质量、一致性、耐用性、可靠性、可维修性、风格等方面实现。

2. 服务差异化

服务差异化是指企业向目标市场提供与竞争者不同的优质服务，包括服务的增加和较高的服务质量。由于实体产品建立和维持差异化越来越困难，因此，服务差异化日益重要。服务差异化主要表现在订货方便、送货及时、安装、客户咨询与培训、维修等方面。

3. 人员差异化

人员差异化是指企业通过聘用和培训比竞争者更为优秀的人员以获取竞争优势。市场竞争归根到底是人才的竞争，人员差异化要求企业严格挑选与顾客直接接触的员工，并进行认真的培训。

4. 形象差异化

形象差异化是指企业塑造与众不同的产品、品牌形象等以获取竞争优势。主要可以通过如标志、文字和媒体、气氛、事件等，把有关企业及其产品的优势和定位的信息反复不断地传递给消费者，以触动消费者的心灵。

（二）选择正确的竞争优势

企业可能拥有一种或多种潜在的竞争优势，但必须准确地选择其中几个真正有开发价值的竞争优势作为市场定位的基础。一个企业的竞争优势是本企业能够胜过竞争者的能力。它可以是竞争者所不具备的能力，也可以是竞争者虽然具备，但本企业能够胜其一筹的能力。真正具有开发价值的优势应该是较强的优势，而不是微弱的优势；应该是开发成本较低的优势，而不是开发成本很高的优势。

（三）向市场传播和表达自己的市场定位

市场定位确定以后企业必须通过广告宣传和各种促销活动与目标消费者沟通，把定位信息有效地传达给消费者，使他们熟悉和了解企业的市场定位，认同企业为产品所塑造的形象，并培养消费者对产品的偏好和引发购买行动。否则企业的市场定位就会前功尽弃。

三、市场定位的策略

企业要在市场上树立自己的形象并非易事，必须要有适当的定位策略。可供企业选择的定位策略有对抗定位、避强定位和填补定位三种策略。

(一) 对抗定位策略

对抗定位策略是指企业根据自身的实力，为占据较佳市场位置，不惜与市场上占支配地位的、实力最强或较强的竞争对手发生正面竞争，而使自己的产品进入与对手相同的市场位置。企业这样定位是准备挑战现有的竞争者，力图从他们手中抢夺市场份额。所以，选用这一策略的企业一般实力都比较雄厚，为扩大自己的市场份额，决心并且有能力和信心击败竞争者。

企业采用对抗定位策略的好处是由于竞争过程往往相当惹人注目，企业及其产品可以较快地为消费者或用户所了解，易于达到树立市场形象的目的。但是，对抗定位策略也可能引发激烈的市场竞争，因此具有较大的风险性。当企业采用这一策略时，必须具备以下条件：第一，企业的产品在质量、功能或其他方面明显优于竞争对手；第二，该市场容量足够吸纳这两个竞争者的产品；第三，企业拥有足够的实力，其资源足以支持这种较量。

(二) 避强定位策略

避强定位策略是采取迂回的方式，避开强有力的竞争对手的市场定位，使自己的产品在某些特征或属性方面与强大的对手有比较显著的区别。例如，七喜的“非可乐”型定位是避强定位的经典案例。

企业采用避强定位策略的好处是能够使企业较快地在市场上站稳脚跟，并能在消费者心目中树立起一种形象，市场风险较小，成功率较高，常常为多数企业所采用。但这种策略也有缺点：避强往往意味着企业必须放弃某个最佳的市场位置，很可能使企业处于最差的市场位置。

(三) 填补定位策略

填补定位策略是寻找新的尚未被占领，但为许多消费者所重视的位置，即填补市场上的空位。企业选择填补策略，大都因为政策略能避开竞争，获得进入某一市场的先机，先入为主地建立对自己有利的市场地位。但是企业在决定采用这一策略之前，必须仔细分析“空缺”的性质和大小，以及企业自身的实力特点。

小案例

Pollo Campero 进军美国餐饮市场

很早以前，美国餐饮业的两大巨头——麦当劳和肯德基就占领了拉丁美洲市场。如今，正当麦当劳和肯德基在其他国家攻城略地时，拉丁美洲地区一些知名的快餐连锁店已开始反攻美国市场。巴西、墨西哥及委内瑞拉等地区的连锁店提供各种食品，如猪肉煎玉米卷、甜甜圈等。他们正计划获得在美国的特许经营权，从而在美国市场中大展拳脚。这些连锁店希望能凭借拉丁美洲移民的思乡之情和美国人对于汉堡和炸鸡之外的其他食物的潜在需求以获得成功。这一趋势也反映了拉丁美洲餐饮业的成熟。过去，他们缺乏规模和品牌意识，缺少在国外开拓市场的资金。但近几年里，该地区少数的几家快餐连锁店在家乡站稳脚后，已开始在邻近国家扩展业务。

美国消费者的口味正日趋多样化，这为拉丁美洲连锁店在美国竞争激烈的低价快餐业提供了千载难逢的机会。近年来，提供传统快餐（如汉堡和比萨）的连锁店发展缓慢，而供应拉丁美洲食品的连锁店却获得迅速的发展。Pollo Campero 公司是美国新兴的拉丁美洲食品销售商之一，总部设于危地马拉城，主要提供辣味炸鸡。3 年前，航空公司 Grupo TACA 要求 Pollo Campero 公司采用密封无味的包装。为什么呢？因为飞回美国的乘客会携带在机场站台处购买的新鲜出炉的炸鸡，而食物的香辣味会弥漫整个机舱。Pollo Campero 公司每年会在危地马拉城、圣萨尔瓦多的机场商店中售出大量的鸡肉食品，借助 TACA 航班上深怀思乡之情的乘客之手进入美国市场。

Pollo Campero 公司的经营者发现，其连锁店在洛杉矶和其他美国城市都已经打响了品牌。在拓展了邻近的国家市场后，Pollo Campcro 公司的连锁店与 Adir 餐饮公司签订了合同，准备在洛杉矶附近地区建立一家特许经营餐厅，该地区是除危地马拉城之外最大的危地马拉人集中地。该店开业后，前 7 个星期内销售额就达到了 100 万美元。有时排队的人太多，一些顾客甚至等了 9 个多小时才买到炸鸡。Pollo Campero 公司计划在 5 年内，在加州休斯敦、达拉斯、华盛顿、芝加哥和盐湖城等美国大城市开设 200 家分店。

为了迎合美国人的饮食习惯，Pollo Campcro 公司在美国的菜单与其在拉丁美洲地区的食品供应并不完全相同。例如，拉丁美洲人的早餐通常更为丰盛，所以早餐中供应的食品较多。美国人早餐进食较少，通常在他们去工作的路上或换车的过程中完成，所以 Pollo Campero 公司计划简化早餐的内容。

请思考：

1. 以 Pollo Campcro 公司为代表的拉丁美洲快餐连锁店运用的是哪些市场细分要素？简要说明理由。

2. 评价 Pollo Campcro 公司的目标市场定位战略。

3. 以我国一家餐饮企业为例，为其撰写一份《市场细分、目标市场选择和市场定位决策分析报告》。

第七章 市场竞争战略

第一节 竞争者分析

知己知彼，百战不殆。在市场竞争中，充分了解竞争对手的情况，制定针对性的竞争策略，是赢得市场竞争胜利的重要保证。

一、竞争者识别

竞争者是指那些生产经营与本企业提供相同的、类似的或可以互相替代的产品服务，并且以同一类顾客为目标市场的其他企业。通常，可以从行业和市场两方面来识别企业的竞争者。

1. 行业竞争者

行业竞争者是指提供同一类产品或服务的企业，或者提供可相互替代的产品的企业。由于在行业中存在着较大的相似性和可替代性，彼此间便形成了竞争的关系。在同行业内，如果一种商品的价格发生变化，就会引起相关商品需求量的变化。因此，企业必须从本行业出发寻找竞争者，全面透彻地了解本行业的竞争状况，制定具有针对性的竞争策略与目标。

2. 市场竞争者

市场竞争者是指那些满足相同市场需要或服务于同一目标市场的企业。这些企业无论是否属于同一行业，都可能是企业的潜在竞争者。从这一点出发，企业应当从整个市场、从消费者需要的角度来寻找竞争者，这样可以开拓企业思路，用更广泛的视角来认识企业所面临的或将要面临的竞争者。

二、竞争者目标与策略的识别

明确了企业竞争者，就可以进一步明确每个竞争者的市场目标和竞争策略，并针对这些内容制定本企业的竞争策略。

（一）竞争者的市场目标

不同的竞争者都有其各自的生产经营侧重点，导致不同的市场目标组合，如获利能力、相对市场占有份额、现金流量、技术领先与服务领先等。企业要了解每个竞争者的重点市场目标是什么，才能对不同的竞争行为做出不同的正确反应。例如，以技术领先为主要市场目标的竞争者，将对其他企业在研究与开发方面的进展做出强烈的反应，但对价格方面的变化相对不那么敏感。

通过仔细观察和分析竞争者的市场目标及其竞争行为的变化，可以为企业的竞争行为提供方向。同时，还需对竞争者市场目标的差异性做出分析，因为这种差异性会影响到企业的经营模式。

（二）竞争者的策略分析

各个企业采用的竞争策略越相似，它们之间的竞争就越激烈。一般情况下，市场上同行业的竞争者越多、竞争就越激烈；市场越是由少数企业控制，竞争企业之间就越是有可能达成某种程度的默契与妥协，以形成竞争的均势。不过，一旦控制了市场的少数大型企业之间爆发竞争，这种竞争将更为惨烈。

根据竞争企业所采取的竞争策略的特点，可以将竞争者划分为不同的策略群体。凡是采取类似竞争策略的企业，可以划分为同一策略群体。例如，高档百货面向高消费层次，它可以采用高价策略；中低档百货面向工薪阶层，它可以采用低价策略。由此划分，它们分别属于不同的策略群体。

属于同一策略群体的竞争者一般采用相类似的竞争策略，因此，同一策略群体中存在的激烈竞争是不言而喻的。同时，在不同的策略群体之间同样也存在着竞争，原因有4个。第一，属于不同策略群体的企业具有相同的目标市场，从而相互之间存在着争夺市场的竞争；第二，由于不同策略群体企业之间所采用的策略差异具有不明确性，导致消费者混淆了企业之间的差异；第三，企业策略的多元化使不同策略群体企业的策略发生一定程度的交叉；第四，某一策略群体中的企业可能改变或扩展自己的策略，加入另一策略群体的行列。

三、竞争者的优势与劣势分析

竞争者的优势与劣势主要是指市场上的优势与劣势，因此，对这种优势与劣势的判断主要还是根据竞争者在市场上的表现来进行的。

竞争者的情况可以通过一系列的指标加以反映，如销售量、销售额、相对市场占有份额、利润率、经营成本、技术与设备能力、研发能力、员工素质、资金结构与来源、负债率、现金流量等。

获取竞争者的优势与劣势信息是一件比较困难的事情，一般可以通过市场调研方式来了解竞争者的优势与劣势，并对其竞争状况做出评价；也可以通过对一些一手资料的分析，借助某些合法的手段来掌握竞争者的一些内部情况，对其优势与劣势做出正确的判断。

小资料

标杆管理

将本企业的产品和流程与竞争者或者其他行业中领先企业进行比较，分析与领先行业的差距，在此基础上寻求改进质量和绩效的方法。标杆管理目前已成为西方企业提高竞争力的有力工具。

（一）竞争者的优势与劣势分析

竞争者的优质与劣势一般体现在以下8个方面。

（1）产品，包括产品的市场地位、产品的适销性、产品系列的宽度与深度。

（2）销售渠道，包括销售渠道的广度与深度、销售渠道的效率与实力、销售渠道的服务能力。

（3）市场营销，包括市场营销组合水平、市场调研与新产品开发能力、销售队伍的培训与技能。

（4）生产与经营，包括规模经济、经济曲线、设备状况等因素决定了生产规模与生产成本的水平，设施与设备的技术先进性与灵活性，专利与专有技术，生产能力的扩展，质量控制与成本控制，区位优势，员工状况，原材料来源于成本，纵向整合程度。

（5）研究与开发能力，包括企业内部在产品、工艺、基础设施、仿制等方面所具有的研究与开发能力，研究与开发人员的创造性、可靠性、简化能力等方面的素质与技能。

（6）资金实力，包括资金结构、筹资能力、现金流量、资信度、财务比率、财务管理能力。

（7）组织，包括企业组织成员价值观的一致性与目标明确性，组织结构与企业策略的一致性，组织结构与信息流的有效性，企业组织对环境变化的适应性与反应程度，企业组织成员素质。

（8）管理能力，包括企业管理者的领导素质与激励能力，协调能力，管理者的专业知识结构，管理决策的灵活性、适应性、前瞻性。

（二）竞争地位分析

在辨别竞争者优势与劣势时，可以借助阿瑟·D. 利特尔咨询公司的观点，它认为，一个企业在其目标市场中处于以下 6 种竞争地位中的一种。

1. 主宰型

这类企业控制着其他竞争者的行为，有广泛选择战略的余地。

2. 强壮性

这类企业可以采取不会危及其长期地位的独立行动，而且它的长期地位也不受竞争者行动的影响。

3. 优势型

这类企业在特定战略中有较多力量可供利用，并在改善其地位上有较多机会。

4. 防守型

这类企业经营情况令人满意，足以继续经营，但它在主宰企业的控制下存在，改善其地位的机会较少。

5. 虚弱型

这类企业经营情况不能令人满意，但仍有改善的机会，不改变就会被迫退出市场。

6. 难以生存型

这类企业经营情况很差，并且没有改善的机会。

四、竞争者市场反应的识别

由于竞争者在其市场目标、竞争策略、优势与劣势等方面的不同，导致其对降价、促销、推出新产品等市场竞争行为会做出不同的反应。同时，每个竞争者都有其自身的经营理念和经营指导思想，因此，当企业采取某种市场竞争行为时，必须对竞争者的市场反应加以识别。

竞争者的市场反应可以分为以下四种。

（一）迟缓型竞争者

它是指某些竞争者对市场竞争策略的反应不强烈，行动迟缓。原因可能有以下 3 方面。

第一，竞争者受到自身资源的限制，无法做出积极的、适当的反应。

第二，竞争者对自身的竞争力量过于自信，不屑于采取反应行为。

第三，竞争者对市场竞争的措施重视不够，未能及时发现与捕捉到市场竞争变化的信息。

（二）选择型竞争者

它是指某些竞争者对不同的市场竞争策略做出有区别的反应例如，大多数企业对降价的价格策略反应灵敏，倾向于做出强烈的反应，力争在第一时间采取报复性措施进行反击，但是对其他方面诸如增加广告预算、加强促销、改善服务质量等可能不太关注，认为这些内容不会构成对自己的直接威胁。

（三）凶猛型竞争者

它是指某些竞争者对任何方面的进攻都会迅速地做出强烈的反应，采取凶猛的报复和反击行为，将挑战自己的竞争者置于死地而后快。这类竞争者一般都处于市场领先者地位，具有相对的竞争优势，因此，它所采取的报复攻击策略往往是比较全面的、致命的，有时甚至是不计后果的。一般的企业不会轻易与之较量，避免直接的、正面的交锋。

（四）随机型竞争者

它是指某些竞争者的反应模式难以捉摸，无规则可言。一方面，它们在特定的场合可能会对竞争者的策略做出反应，采取行动，也可能不做出反应，并且无法预料它们将会采取什么行动；另一方面，就反应程度而言，可能是剧烈的，也可能是柔和的。另外，就反应速度而言，可能是快速的，也可能是迟缓的。总之，这类竞争者对市场竞争的变化所做出的反应通常是随机性的。

五、选择竞争者

企业在获得良好的竞争情况以后，可以根据下列分类的标准挑选竞争者进行集中攻击。

（一）竞争者的强弱

多数企业认为，应该以较弱的竞争者作为进攻目标，因为这样做的风险较小，也可以节省时间和资源，达到事半功倍的效果。但是这种策略的收益也会较少。相反，有些企业则认为，应该以较强的竞争者作为进攻目标，因为强者也会有其弱势之处，通过战胜强者而获得更大的市场份额和更多的收益。这样既可以提高自己的竞争能力，也有利于企业声誉的迅速提高。

（二）竞争者与本企业的相似程度

多数企业主张与相近的竞争者展开竞争，因为业务上的相类似可以使企业迅速击败竞争对手，将它的资源转换为自己的资源，扩大自己的盈利能力与相对市场占有份额。但也有企业认为，在某种情况下应该避免摧毁与自己相近似的竞争者，因为那样做的效果会适得其反。被击败的竞争者可能会卖给出价更高、实力更强的竞争者，使企业不得不面对更强大的竞争者，导致竞争环境的恶化。

（三）竞争者的存在与企业的相关程度

从战略角度来分析，市场上竞争者的存在应该是必要的和有益的。竞争者的存在有助于增加市场的总需求量，分担和降低市场开发成本与产品开发成本，并有利于使新技术合法化竞争者的存在可以为市场、特别是一些细分市场提供多样化的产品，增加产品的差异性竞争者的存在有助于加强企业与政府管理者或与员工谈判时的谈判力量。因此，从企业本身出发，市场上竞争者的存在也是符合企业利益的。

当然，并非所有竞争者的存在都符合利益。一般把竞争者的竞争行为分为两类：一类是良性竞争，即其竞争行为符合行业的商业习惯与行规，按合理的成本定价，有利于行业的稳定与发展，有利于刺激同行业企业降低成本、提高产品与服务的差异性，取得合理的市场占有率和利润水平；另一类是恶性竞争，即其竞争行为不遵守任何行规与商业道德，具有强烈的冒险性和破坏性，往往采取不正当甚至不合法的竞争手段，如低价倾销、虚假广告、恶意诽谤等行为，扰乱行业秩序与均衡，抢夺市场份额。

六、设计竞争情报系统

企业在对竞争者的各项内容加以分析与识别时，还需借助一定的工具，其中，为使分析识别更具有针对性，很有必要及时准确地掌握竞争者的相关情报，为此，企业需要建立竞争情报系统，这也是现代企业竞争不可或缺的一个组成部分。设计竞争情报系统的具体步骤有以下4个。

1. 建立系统

竞争情报系统首先要明确市场营销管理者所需要的主要情报及情报的最佳来源。

2. 收集数据

推销人员、中间商、市场咨询机构、有关协会、有关的报纸杂志等都可以成为情报来源。

3. 评价分析

对所收集的数据资料进行分析评价，并做出必要的解释，加以整理分类。

4. 传播反应

通过电话、通信、网络、报告、布告、备忘录等形式，将情报资料及时送达企业的相关部门。

借助于设计的情报系统，企业将及时收到有关竞争者的各种形式的信息，如了解竞争者突然行动的原因，或了解竞争者的劣势和优势，或预测竞争者对企业的行动会产生的反应。

有些小企业无力建立正规的竞争者情报部门，比较行之有效的办法是指派专门主管人负责对特定的竞争者进行监视。

第二节　基本竞争战略

当一个产品市场步入成熟后，在这个市场里竞争的同业企业之间，便多各自维持着一个稳定的市场占有份额。可以根据各企业在目标市场中所处地位或所占市场份额的不同，把它们分为市场领先者、市场挑战者、市场追随者和市场补缺者，如图7－1所示。

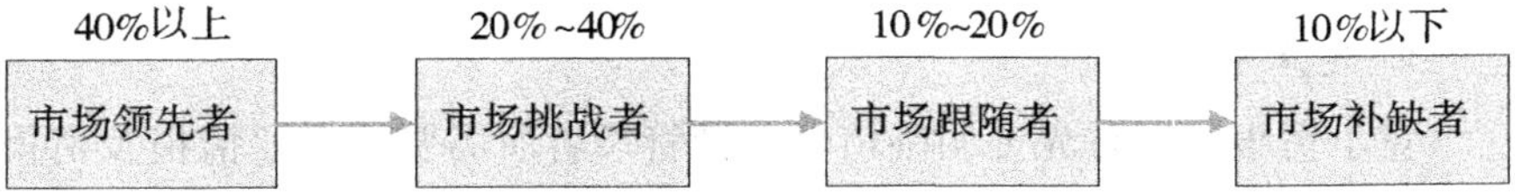

图7－1　竞争性市场地位与角色

值得一提的是，上述分类通常不适用于整个企业，而仅适用于企业在某一特定行业中的位置。诸如通用、微软、谷歌或宝洁这样的大型企业可能在某些市场上是领先者，而在另一些市场则是补缺者。宝洁在许多细分市场处于优势地位，比如洗衣粉和洗发水市场，但在香皂市场上要挑战联合利华公司，在面巾纸市场上挑战金佰利公司。这些企业通常会根据不同的业务单元或产品所处的竞争环境来确定不同的战略。

一、市场领先者策略

市场领先者是指市场上实力最强的领头企业，拥有最大的市场份额，通常在40%以上。一些知名市场领先者包括脸书（社交媒体）、谷歌（网络搜索服务）、沃尔玛（零售）等。

处于领先地位的企业，其地位时刻面临着挑战。首先，若需求下降，企业的投资回报率会下降，从而影响其再投资或维持现有市场地位所需的资金。其次，企业如果不能革新其产品和技术，新产品或替代品生产者就可乘机占取更多市场份额，动摇领先者的领导地位。最后，市场领先者一般都规模庞大，它的应变能力和管理效率往往比较低下，这使其在激烈竞争中处于不利地位。

因此市场领先者要根据自身的特点，制定出正确的竞争策略，以维护自己的地位和市场份额。一般来说，市场领先者有三种策略可选择。

（一）扩大市场需求总量

扩大市场需求总量是市场领先者首先要考虑的，因为在同业市场上产品结构基本不变时，市场总规模的扩大，对市场领先者最为有利。原因是显然的，市场领先者的巨大影响、品牌的高知名度、广泛的分销渠道，使得新增加的市场有很大一部分比例仍属市场领先者持有。扩大市场总量有以下三种方式。

1. 发现新用户

每类产品总有潜在的购买者，寻找新用户就是将这种潜在的购买者转化为现实的购买者。这种转化可通过三种策略进行：一是新市场策略，即开辟新的细分市场，如说服男子使用化妆品；二是市场渗透策略，即说服现有市场中那些还未用过产品，或很少使用产品的顾客，来采用本企业的产品或增加使用量，如说服不使用香水的妇女使用香水；三是地理扩张策略，即把产品销到他国去。

小案例

强生公司与雀巢公司的市场开发

美国强生公司旗下的“强生”婴儿洗发精是婴儿洗发精市场的领导品牌，由于人口出生率下降，该公司对产品未来能否持续增长感到担忧。其营销人员在调研中发现，一些家庭的其他成员偶尔也使用婴儿洗发精洗头。于是，强生公司决定向成年人发起推销其洗发精的广告攻势，之后强生公司的婴儿洗发精成为整个洗发精市场的著名品牌。

雀巢公司为了进入我国市场，先后与有关部门进行了长达10年的谈判。在其竞争对手面对亚洲市场踌躇不前时，雀巢公司早已捷足先登，占据市场，争取了新的用户。

请思考

强生公司与雀巢公司在开发我国市场时分别采取哪些做法？

2. 发现新用途

企业可以通过发现和推广产品的新用途来扩大市场规模。杜邦公司发明尼龙后，不断发现这种产品的新用途，从最初的制作降落伞绳到妇女丝袜，再到用于制作汽车轮胎、地毯等，使其产品用途不断增加，其市场规模也就不断扩大。

3. 增加产品的使用量

一般可以通过促使消费者在更多场合使用该产品、增加使用该产品的频率和增加原来消费中的使用量来实施。

（二）保护原有市场份额

市场领先者为保护市场份额能采取哪些策略呢?《孙子兵法·军形篇》有言:“守则不足，攻则有余。善守者藏于九地之下，善攻者动于九天之上，故能自保而全胜也”。市场领先者可采取适当的防御策略，在防御中不断创新。这些防御策略包括阵地防御、侧翼防御、先发防御、反击防御、运动防御、收缩防御。同时，市场领先者应拒绝满足现状，并应成为本行业新产品创意、顾客服务、分销效益和成本降低方面的先驱。下面对这几种防御策略进行简单介绍。

1. 阵地防御

所谓阵地防御就是在现有市场四周筑起一个牢固的防御工事，防止竞争者的入侵。采取这种防御方式的典型做法是向市场提供较多的产品品种和采用较大的分销覆盖面，并在同行业中尽可能采取低价策略。这种防御是一种被动型防御和静态型防御，如同法国的马奇诺防线一样，最终还是会失败。如果一个企业把它的全部资源用于建立保卫现有产品的“工事”上，是相当危险的，也是很愚蠢的。

2. 侧翼防御

侧翼防御是指市场领先者不仅应该保卫好自身的领域，而且应该在其侧翼或易受攻击处建立防御阵地，不给对手可乘之机。侧翼阵地的防御应该认真对待，否则建立侧翼防御就毫无价值。通用汽车公司为了应付日本和欧洲汽车生产商的小汽车攻击战，它并没有对小汽车产品这一公司侧翼给予足够重视，使得美国消费者还是购买日本和欧洲生产商的汽车。

3. 先发防御

这是一种进攻性防御，即在竞争对手欲发动进攻的领域内，或是在其可能的进攻方向上先发制人，在对手进行攻击前就挫伤它，使其无法再进攻或不敢轻举妄动。例如，日本本田公司以生产高品质的摩托车闻名于世，在它进入轿车生产领域后，仍每年推出多款新型摩托车，每当有竞争对手生产同样品种的摩托车时，本田公司就率先采取降价策略，迫使对手退出竞争领域，此举使得本田公司在摩托车市场上的领先地位长久保持。

4. 反击防御

所谓反击防御，是指在对手发动进攻时，不仅仅是采取单纯防御的办法，而且主动组织进攻，以挫败对手。进攻时，既可攻击对方侧翼，也可迎头攻击，还可采用钳形包抄进攻。一个有效的反攻是侵入攻击者的主要经营领域，逼迫其回师自保，即采用“围魏救赵”之术。例如，日本松下公司一旦发现竞争对手正欲采取新的促销措施或准备降价销售时，马上会增强自己的广告力度或者进行更大幅度的降价，这种反击式防御使松下公司得以在主要家电产品如电视机、录像机、洗衣机市场上占据优势地位。

5. 运动防御

所谓运动防御是指市场领先者把其经营范围扩展到新的领域中去，将这些领域作为将来进行防守或进攻的阵地。拓宽经营范围可以通过市场拓宽和经营多元化来实现。

6. 收缩防御

市场领先者因为自己的业务范围太广泛，而使自己的力量太分散时，面对市场竞争者的进攻，应该收缩战线，将力量集中到企业应该保持的业务范围或领域内。收缩防御并不是放弃企业现有细分市场，而是放弃较弱的领域，把力量重新分配到较强的领域。例如，可口可乐公司在20世纪80年代放弃了曾经进入的电影娱乐业和房地产业，以集中力量来应付饮料业激烈的竞争，这使得进入20世纪90年代以来的可口可乐公司一直经营良好，在软饮料行业中，其市场份额一直首屈一指。

（三）提高市场份额

根据有关研究报告，市场份额超过40%的企业将得到30%的平均收益率，市场份额在10%以下的企业，其平均收益率在9%左右；市场份额有10%的差异，则平均收益率有5%的差异。因此，许多企业便以提高其市场份额、拥有市场份额第一或第二位为其主要目标，达不到这一目标则宁可撤离此市场。

但是市场领先者欲通过扩大市场份额来取得更多利润，还必须具备一定条件：一是企业产品的单位成本能够随市场份额的提高而下降，具有成本经济性；二是顾客对高质量的产品，有付出高价的意愿，只有这样，企业才能因为质量提高而获取溢价利润。

市场领先者提高市场份额有多种途径，包括产品创新、质量策略、多品牌策略、大量广告策略等。

当企业在确定是否以提高市场份额为目标时，还需考虑以下三个问题。

第一，在拥有一定市场份额的基点上，追求更高的市场份额有引起反垄断活动的可能性。如果一个市场领先企业进一步扩大其市场份额，超过一定限度时，就会受到反垄断法的制裁。

第二，企业为进一步提高市场份额所付出的成本的制约。当市场份额已经达到一定水平时，再要求进一步的提高有时会付出很大的代价，即市场份额的提高不是在任何情况下都与利润率的提高成正比增长的，盲目提高市场份额的结果可能会得不偿失。

第三，争夺市场份额时所导致的市场营销组合策略失误。有些市场营销变量对提高市场份额很有效，却不一定能给企业带来近期或远期的收益。如果企业采用了此类方案则会误入歧途，高市场份额并不能给企业带来高回报。

总之，处于主导地位的市场领先者必须全面掌握各种策略，既善于从扩大市场需求总量入手，保持自己的市场阵地，又善于在保证收益增加的前提下，通过适当提高市场份额使企业长期地占据市场优势地位。

二、市场挑战者策略

市场挑战者是指市场份额仅次于市场领先者的企业，市场份额通常在20%~40%。这类企业规模较大，具备一定争取更多市场份额的实力，富有进攻性。

市场挑战者在制定竞争策略时，首先必须确定自己的策略目标，其次必须确定自己的竞争对手，最后要选择一个明确的进攻策略。

大多数市场挑战者的策略目标是增加它们的市场份额，以提高它们的盈利率，或者固守已有的市场地位，是自己成为不容易受其他竞争者攻击的对象。

（一）确定策略目标和挑战对象

市场挑战者的进攻对象有三种：一是市场领先者，二是市场挑战者或跟随者，三是地区性小企业。

1. 攻击市场领先者

采取这种策略的风险较大，但是一旦成功，企业的市场地位就会发生根本性的变化，因此，这种策略的吸引力也较大。

挑战者往往需要全面细致地调查研究市场领先者的弱点和失误，辨别在它的产品与服务乃至销售策略中存在的问题，并针对这些问题结合自身状况考虑本企业在这方面是否具有优势，进而选定自己的攻击目标。

2. 攻击市场挑战者或跟随者

市场挑战者对一些与自己势均力敌的企业，可选择其中经营不善发生亏损者作为其进攻对象，设法夺取它们的市场阵地。相对于攻击市场领先者来说，这种策略的风险较小，同时成功的影响也相对较小。但如果有几次战役的告捷或胜多败少，也可以对市场领先者形成威慑，甚至可能会由此改变企业的市场地位。

3. 攻击地区性小企业

市场挑战者也可对一些地区性市场中的小企业发动攻击，尤其是那些经营不善、财务拮据的小企业，从夺取属于它们的顾客到吞并这些小企业本身。

策略目标的选择取决于进攻对象的确定，如果以市场领先者为进攻对象，目标可能是夺取其手中的某些市场和市场份额；如果以小企业为对象，目标可能主要是将它们驱逐出市场。但无论在何种情况下，如果要发动攻势，进行挑战，就必须遵守一条军事上的原则：每一项行动都必须直接指向一个明确的、肯定的和可能达到的目标。

小案例

汇源50亿元豪赌碳酸饮料

2010年3月，汇源果汁砸重金50亿元推出系列全新碳酸饮料——“果汁果乐”。该碳酸饮料有橙子和柠檬汁两款产品，消费群体瞄准追求时尚、健康的青年人。汇源打出了“营养健康”的口号，来挑战可口可乐、百事可乐这些传统碳酸饮料巨头。

请思考：

与盐酸饮料相比，汇源果汁果乐在营销中需要克服的薄弱环节是什么？

（二）选择进攻决策

1. 正面进攻

就是从正面向竞争对手发起进攻。攻击对手的真实力所在，既不是它的弱点，也不是其侧翼。这种进攻的结果取决于谁的实力更强，按照军事信条来说，正面进攻者的火力优势至少应是防守者的三倍，这样才有可能夺取深沟壁垒和“高地”。像通用电气公司、施乐公司与 IBM 公司正面抗衡时，使自己陷入了艰难困苦之中，就是因为忽视了 IBM 公司具有优势的防御地位。

正面进攻常用的做法是使用价格战。价格战有两种方式：一是进攻者将产品的价格定得比竞争者价格更低，当对手没有相应采取降价措施时，这种方法便奏效了；二是进攻者大量降低自己的生产成本，然后在此基础上降价，运用价格武器进攻对手。事实证明，后一种价格战形式更容易成功。

2. 侧翼进攻

侧翼进攻采取的是“集中优势兵力攻击对方弱点”的策略，竞争对手的正面总是防御得较完备森严的，但是其侧翼与后方必然有弱点，因此侧翼进攻是避其锋芒，直捣其“侧”。侧翼进攻包括两个策略方向——地理市场与细分市场。

所谓地理市场策略方向，是指向同一地理区域范围内的竞争对手发起进攻，进攻时既可以通过在对手所忽略的地域范围内，建立强有力的分销网点，以拦截竞争对手的潜在顾客也可以通过寻找竞争对手的产品还没有覆盖的市场“空白区”，并在那里组织营销。

所谓细分市场策略方向，就是利用对手因产品线的空缺或是营销组合定位的单一而留下的市场空缺，在该空缺市场上迅速用自己的产品加以填补。

3. 包围进攻

所谓包围进攻，就是同时向竞争对手的正面、侧面及后方发动进攻。具体地说就是向市场提供比竞争对手种类齐全的产品，使得购买者更倾向于购买进攻者的产品。例如，日本索尼公司击退在世界电视市场拥有优势地位的美国公司时，就采用了该种策略，即提供的产品品种比任何一个美国公司提供的品种都多。

4. 绕道进攻

所谓绕道进攻，就是避免任何的正面冲突，绕过对手，进攻对手没有设防或不可能设防的地方。具体而言，可以通过生产经营与本行业无关联的产品来进攻，也可以通过将现有的产品打入新的地区市场，发展多样化来进行绕道进攻，还可以通过采用新技术生产产品的方式来组织绕道进攻。

5. 游击进攻

所谓游击进攻，就是以小型的、间断的进攻来干扰对手士气，以不断削弱防守者的力量和意志。规模较小、力量较弱的企业比较适合采用这种策略，因为小企业无力发动正面攻击或有效的侧翼进攻，只有向较大对手市场的某些角落发动游击式的促销或价格攻势，才能逐渐削弱对手的实力。但是，游击战并非不需投入，持续不断的游击进攻也需要大量的投资。游击战的特点主要是不能依仗每一个战役的结果决出占据的最终胜负，如果想要击败对手，还需要发动更强大、更猛烈的攻势。

市场挑战者的策略是多种多样的，一个挑战者要想获得挑战的成功，通常会设计一套组合策略来达到改善自己市场地位目的。

并非所有处于次要地位的企业都可以充当挑战者的角色，在一般情况下，采用跟随策略比挑战策略更为稳妥。

三、市场跟随者策略

市场跟随者是指试图在现有行业秩序下维持住已有的市场份额的企业，市场份额通常为10%~20%。

市场跟随者的市场份额远远小于市场领先者，但是就市场跟随者而言，能够保持住现有的市场份额就足够了，它没有实力与市场领先者抗衡，也不愿与市场挑战者抗衡，它只希望整个市场发展时，它能同样从新开发的市场中获取利益。之所以称其为跟随者，因为它一贯模仿、追随市场领先者的产品策略和营销策略，而不是自己去创新，这种策略也为其省去大笔产品开发费用。

跟随者是挑战者的主要攻击目标，因此，市场跟随者只有保持其较低的制造成本和高质量的产品与服务，才能不被击败，而且有新市场开辟出来时，它也必须进入，以保持自己的市场份额不变。

市场跟随者有三种跟随策略可供选择：紧密跟随策略、距离跟随策略和选择跟随策略。

（一）紧密跟随策略

它是指跟随者在尽可能多的细分市场和营销组合中模仿市场领先者的做法，但是并不与市场领先者发生正面的冲突，市场跟随者要躲在市场领先者的影子里求发展。

这种策略的突出特点是：仿效、低调。

（二）距离跟随策略

它是指市场跟随者部分模仿市场领先者的产品策略与营销组合策略，但是在包装、广告、价格等方面又有所不同，尽量使市场领先者和市场挑战者不会觉得市场跟随者有侵入的态势。

这种策略的突出特点是：合适地保持距离。

（三）选择跟随策略

它是指市场跟随者择优跟随。在对自己有明显利益时跟随市场领先者，并在跟随的同时不断发挥自己的创造性，体现一定的创新能力。对于市场领先者的产品，不仅能够模仿制造，而且还能对这些产品进行改进，以便它适合市场领先者所占市场以外的其他市场需求。它一般不与市场领先者进行直接竞争。

这种策略的突出特点是：选择跟随与创新并举。

市场跟随者不是盲目被动地跟随，不是简单地模仿，它的首要思路是发现和确定一个不致引起竞争性报复的跟随策略。

市场跟随者虽然在市场份额上大幅度低于市场领先者，但这绝不意味着这类企业的盈利水平低。这类企业成功的关键在于，较好地运用了市场细分工具和确定恰当的目标市场策略市场研究和产品开发的成功处理好企业盈利与市场份额提高的关系，重在盈利的落实及拥有强有力的高层决策者和有效的管理人员。

四、市场补缺者策略

市场补缺者又称市场利基者，是指避免与实力强的企业正面竞争，精心服务于总体市场中的一个更小的细分市场，对那些大企业无法顾及的小市场进行补缺，通过发展独有的专业化经营来寻求生存与发展的空间的企业，通常市场份额在10%以下。

作为市场补缺者，在竞争者中最要紧的是要找到一个或多个安全的、有利可图的补缺基点。尽管各个不同的补缺者有不同的补缺基点，但其取胜的关键还是在与专业化的生产与经营。因此，如何评价一个补缺市场是否值得去占领，市场补缺者可以通过哪些途径获取竞争优势，都是值得关注的问题。

小案例

SodaStream 在碳酸饮料市场中找到利基点

规模庞大的碳酸饮料市场一直由饮料巨头主导，可口可乐公司和百事可乐公司共占有了约67%的市场份额。排名在第三位的Pepper Snapple集团占据21%的市场。这些碳酸饮料巨头在新产品和市场营销上投入重金，以进一步加强自己的市场地位。因此，留给小型竞争者或新品牌的市场空间很小。然而，一个刚起步的小品牌——SodaStream却给碳酸饮料市场注入了新的活力。这个小品牌是如何在巨头们的夹缝间谋求生存和发展的呢?

作为市场拾遗补阙者，SodaStream尽可能避免与可口可乐和百事可乐正面冲突，定位于属于自己的独特利基市场。它并不销售碳酸饮料和水，而是向顾客提供可以在家自制苏打水的机器。其广告语是“SodaStream，明智、简单、泡泡丰富。”SodaStream台面饮料制作机的使用非常简单方便。采用加压二氧化碳罐作为动力，只需几秒钟就可以将普通的自来水转化为碳酸饮料，省去了笨重的瓶子罐装，然后出售和回收的过程。用完的二氧化碳罐可以拿回商店重新装填。与瓶装、罐装软饮料和苏打水相比，SodaStream 系统更加经济实用，用 SodaStream 制作的相当于 8 瓶每瓶 12 盎司的饮料比从商场购买要便宜 50%，且为厨房作业增加了趣味。

2013 年，全球共有 700 万活跃的 SodaStream 家庭用户只做了相当于 45 亿罐的饮料，而且这个品牌方兴未艾。在家用碳酸机市场中，SodaStream 的主导地位不容置疑。凭借聪明的竞争策略，SodaStream 在碳酸饮料巨头的夹缝中取得了成功。

请思考：

由饮料巨头主导的碳酸饮料市场，其缝隙是什么？SodaStream 是如何填补这一缝隙的？

（一）补缺基点的特征

一个最佳的“补缺基点”应具备的特征有：

（1）有足够的市场潜量与购买力。

（2）利润有增长的潜力。

（3）对主要竞争者不具有吸引力。

（4）企业具有占据该补缺基点所必需的资源和能力。

（5）企业已有的信誉足以对抗竞争者。

市场补缺之所以能盈利，就在于市场补缺者能在一个较小的领域内获得较大的市场份额。而其能成功的关键就在于利用了分工原理，专门生产和经营具有特色的、为市场需要的产品和服务。

（二）市场补缺策略

市场补缺者可以通过下列手段与途径获得竞争优势，在补缺市场上获得成功。

1. 为最终用户服务

专门为最终用户提供服务，如保安公司专门为各机构提供保安产品、保安人员。

2. 纵向专业化

专门为企业的生产、营销链上的某个环节提供产品和服务，如中央空调清洗公司。

3. 顾客规模专业化

专门为一特定规模的顾客提供服务，许多补缺者都倾向于为小客户、小公司或个体消费者提供服务或产品。

4. 地理区域专业化

专门在营销范围集中的较小地理区域内提供产品或服务，特别是在那些相对偏僻、交通不便的区域，更适合市场补缺者。

5. 产品特色专业化

专门生产一种具有特色的产品，或独具特色的服务，如专门生产豪华重型摩托车的哈雷公司就是采用了该方法。

6. 定制专业化

专门针对某一个或某一类顾客的需求提供产品或服务，如食品外卖公司根据各个顾客口味提供食品。

7. 服务专业化

专门提供其他企业无法提供的服务，如“家教服务中心”就是服务专业化的实例。

小案例

没有及时发现竞争者的柯达

柯达，这曾是一个耳熟能详、令人肃然起敬的品牌。一个多世纪以来，人们依靠柯达的产品捕捉令人难忘的“柯达瞬间”，记录和分享个人或家庭的重大事件。柯达的技术还支持着好莱坞电影产业的发展。1972 年，歌手保罗·西蒙（Paul Simon）为之曾推出一首热门单曲《柯达彩色胶片》，歌词描写柯达产品与人们的生活之间密切的情感联系。

然而，今天的柯达已宣告破产，公司已经根据美国《破产法》相关规定进行重组。曾经是蓝筹股中佼佼者，如今股价已经一落千丈；它曾是行业的垄断者，占据85%的相机市场和90%的胶卷市场，如今却不得不在所有的市场中挣扎求生；曾一度日进斗金，却在破产前的最后4年中，每月亏损4300万美元；全球雇员曾经超过10万人，如今公司主要是美国员工，人数已经缩减到不足1万名。

为什么这样一个传奇的品牌会如此快速的陨落？柯达是竞争短视的牺牲品，也就是说，它只关注少数的现有产品和竞争者，而忽视了顾客需求的变化及新兴的市场动态。迫使柯达破产的不是那些竞争性的胶卷厂商，而是柯达没有及时关注的竞争者——那些根本不用胶卷的数码摄像技术和相机。一直以来，柯达都致力于生产最好的胶卷，但在快速发展的数字世界，顾客不再需要胶卷。因为顽固地坚持其优势产品，柯达的数字化转型远远落后与竞争对手。

尤为令人惋惜的是，柯达公司的工程师早在1975年就发明了世界上第一台数码相机，虽然这台相机足有烤面包机一样大小，仅可以记录粗糙的黑白图像。但柯达公司并没有意识到数码摄像技术背后潜藏着的巨大商机，而是担心数码技术的推广和应用会损害自己宝贵的胶卷生意，公司因此搁置了数码相机的研发。当时的管理者根本无法想象没有胶卷的世界。柯达因此固守胶卷市场，将自己所有的创新和竞争重点都集中在生产更好的胶卷和比其他胶卷制造商更具创新性上。曾被柯达寄予厚望的能打“翻身仗”的产品——喷墨复印机和相关电脑技术，也因为施乐等大公司占领市场在前面而陷入“一步赶不上，步步赶不上”的窘境。

曾经创造辉煌的柯达公司一路走来，恰恰被自己对于胶卷的坚守和偏爱蒙蔽了双眼，没能注意到与拍摄和分享图像相关的新竞争趋势。柯达的公司文化沉湎于以往辉煌的历史。“它是一个被历史绊住脚步的公司，”一位分析人士这样说道，“那段铸就了无数辉煌、赚取了大量财富的历史如此重要，一直成了它的负担。”当柯达公司终于认识到自己的错误时，但为时已晚，著名的“柯达瞬间”注定已成为历史。

请思考：

1. 根据竞争地位分类，你认为曾经辉煌的柯达公司属于哪一类？为什么？

2. 请分析柯达公司的竞争对手。

3. 如果历史可以重来，你对柯达公司有什么建议？

第三节 市场地位与竞争战略

一、市场领导者战略

市场领导者的主要目标在于保住在市场主的优势地位，可供其采用的战略主要有以下三种。

（一）扩大整体市场规模

市场领导者在市场上处于主导地位，因此整体市场规模扩大的最大受益者就是市场领导者。扩大市场需求的途径是为产品寻找新用户、新用途或促使现有用户增加使用量，使其消费得更多、更频繁。

（二）扩大市场份额

市场领导者也可通过进一步提高市场占有率来增加销售额，尤其在一些规模较大的市场上，每提高一个百分点的市场占有率就意味着销售收入的成倍增长。而且，进一步研究表明，提高市场占有率与增加利润率有对应关系。但是，市场领导者在追求提高市场占有率之前必须认真筹划，以免成本上升过快，导致市场占有率上升利润却下降的问题。在现有市场上扩大市场份额，就意味着向其他企业发起进攻，虽然市场领导者是处于市场主导地位的企业，也须慎重行事。

在选择进攻对象时，市场领导者需要注意以下两个问题。

（1）被进攻企业实力的强弱。进攻实力弱小的企业风险较小，但相应的成果也较小；反之，进攻实力强大的企业风险较大，但企业可以借此巩固自己的领导者地位。

（2）进攻近者还是远者。所谓“进”或“远”，是指与本企业经营范围、产品的相近程度。一般企业容易将经营范围与自己最为相似的竞争者作为进攻对象。这样做的风险是成功后可能反而会引来更强有力的新公司介入，树起更危险的“敌人”。

（三）保持市场份额

市场领导者必须注意保护自己已有的市场阵地和占有率。否则，其扩大整体市场规模的努力将成“为他人做嫁衣”。保持市场份额的上策是以攻为守，不断创新，确保在新产品构思、顾客服务、效率和成本等方面始终处于行业领先地位。同时，注意抓住对手的弱点，主动出击。

可供企业采用的防御战略有以下 6 种。

（1）阵地防御，即不断改进现有产品，强化品牌知名度，防止竞争对手的进攻。

（2）侧翼防御，即通过改善生产和经营中的薄弱环节来防止竞争对手对市场份额的侵占，或者发展与竞争对手相类似的业务来牵制竞争对手的进攻行为。

（3）先发制人，即在竞争对手发起市场攻击之前，向竞争对手发起进攻。

（4）反击式防御，即关注竞争对手的进攻态势，在适当的时候通过强有力的反击阻断对手的进攻。

（5）运动防御，即通过拓展业务范围或实施多角化经营开拓新的业务范围，以此来扶持原有业务的发展。

（6）收缩性防御，即主动放弃无利可图的业务，将力量集聚到主业上。

二、市场挑战者战略

挑战型的企业大多在市场上处于第二位、第三位，甚至更低名次。它们的共同之处是决心向主导企业或其他竞争者发动进攻，获取更大的市场份额。它们与市场追随者最大的区别在于后者选择维持现状，而非引起争端。挑战者的决策主要有两个内容组成：一是确定进攻对象和目标，二是选择适当的进攻策略。

（一）确定进攻对象和目标

市场挑战者发动进攻的总目标是扩大市场份额并提高利润率，但又因进攻对象的不同而有所差异。

挑战者企业可选下述其他三类企业中的一类作为进攻对象，重要的是一定要有明确的目标。

（1）攻击市场领导者。就是攻击比自身实力还要强大的对手，因此风险很大，当然成功的效果也很明显。进攻的策略主要有两种：一是开发出比市场领导者的产品品质、性能更为优良的新产品、新服务；二是寻找市场领导者经营活动中的决策失误之处，然后充分利用这些时机扩大自己的市场份额。

（2）攻击与自己实力相当的竞争者。主要是那些经营不善或资源不足的企业，以争夺它们的顾客。

（3）攻击一些仅在有限细分市场上从事经营活动的中小企业，这可以通过企业兼并来实现。

（二）选择适当的进攻策略

菲利普·科特勒将进攻的策略归纳为以下五种。

（1）正面进攻，即集中攻击对手的强项而不是弱点，如在产品开发、定价、广告等方面较量。正面进攻的胜负取决于谁的力量更强。因此，若无在相应项目上优于（至少一倍的优势）对手的资源、能力，贸然采取此策略，就会造成企业在市场上的失败。

（2）侧翼进攻。多数企业实际上不可能一开始就正面强攻，而是采取侧翼进攻，即选择对手的弱点或“缺口”，以己之长，攻彼之短。例如，进攻偏僻地区市场或某个细分市场，有时这些地区市场几乎没有竞争者的推销力量，或这些细分市场并未被竞争者明确意识到，因此是最容易取得攻击胜利的薄弱之处。随着本企业在这些市场上销售量的增长，竞争者的市场份额将逐渐被侵占。

（3）包围进攻。包围进攻的目标要比侧翼进攻大，即看准敌方一块阵地后，从前后左右几条战线上同时进攻，强迫其全面防守，却又顾此失彼。例如，产品包围战就是针对竞争者的产品，推出质量、风格、特点各异的数十种同类产品，以此淹没对手的产品，最后夺取市场。

（4）迂回进攻。这是一种间接进攻策略，即不进攻竞争者现有的市场或地盘，相反，对这些产品和市场采取回避态度，绕过竞争者，或是开发新产品去满足未被任何竞争者满足的市场；或是开展多角化经营，进入与竞争者不相关的行业；或是寻找新的、未被竞争者列入经营区域的地区市场。这种迂回战术也能帮助企业逐渐增强自己的实力，一旦时机成熟，即可转入包围进攻或正面进攻。

（5）游击式进攻。游击战在军事上是以小胜大、以弱胜强的有效战略，在市场营销中也不例外。其典型做法是向竞争者的不同领域或不同部位发动小规模、时断时续的攻击，骚扰对手，使之不得安宁，疲于应对，最终逐渐被削弱和瓦解。例如，突然在某一地区加大促销强度，在某个特定时点降低商品售价，或对某位经销商努力推销做出特殊许诺。游击战特别适合弱者向强者发动进攻，以较小代价耗费对方资源。但若进攻者要“击败”对手，最终须有强大的进攻作为后盾，因此，不如说游击策略是一场强大攻击前的准备。

以上五种策略，市场挑战者可选择其一实施，也可以综合运用各种进攻策略。这取决于市场挑战者自身的资源约束和其所要达到的战略目标。

三、市场追随者战略

市场追随者战略的核心是寻找一条避免触动竞争者利益的发展道路。但追随并不等同于被动挨打，况且，追随者通常又是挑战者攻击的目标，因此，追随者要学会在不刺激强大竞争对手的同时保护好自己。

可供市场追随者选取的战略主要有以下三种。

1. 追随

采取这种战略的市场追随者模仿市场领导者的产品、品牌甚至包装，只是稍做改变。例如，市场追随者可以采用与市场领导者相类似的品牌和包装，只是价格较为低廉。

2. 有距离地追随

有距离地追随是指市场追随者在产品、包装和价格方面与市场领导者接近，但有一定的差异。

3. 有选择地追随

有选择地追随是指市场追随者根据自身条件，选择市场领导者战略中适合自身条件的部分，作为自己制订战略、策略的依据。

四、市场补缺者战略

市场补缺者一般是指行业中相对较弱小的中小企业。这些企业在竞争中避免与实力强大的企业发生正面冲突，选择那些未被满足的细分市场，走差异化的道路，向细分市场提供专门的产品或服务，以谋求生存与发展。市场补缺者成功的关键因素是专业化，即有专业化的技术、人才、产品或促销手段。

第八章　新产品开发战略

小案例

格力：用创造让世界爱上中国造

近些年，格力的名字连同“不用电的光伏空调”“1赫兹变频技术”“R290环保冷媒”“无稀土技术”等独创技术，与“中国智造”的口号一起频频出现在大众视线里。回忆一下，是否经常在学校、工作单位等公共场所看到格力中央空调，或许家人正在使用格力的家用电器，或许身边的朋友正在使用格力智能手机。

空调起源于20世纪初期的美国，日本空调制造技术在20世纪60年代名噪一时。中国的空调制造行业在20世纪90年代才开始起步，当时只有一些大型企业或政府才会安装空调，空调是奢侈品。在中央空调领域，国产空调几乎没有立足之地；在变频空调领域，中国空调行业的制造水平落后日本10~15年。

成立于1991年的格力电器股份有限公司，从只有一条年产量不过2万台窗式空调的生产线的小厂商，发展成目前全球著名的国际化家电企业，空调用户超过3亿，产品销往160多个国家和地区。是什么让格力实现快速增长并展现强劲发展的势头？董事长董明珠把格力的骄人成绩归功于“创新”。这25年来，格力始终秉承自主创新的战略观，从顾客需求角度出发，努力攻克空调各项技术难关，走在空调行业技术的最前沿。

格力曾在2000年前后拿下一个多联机项目，但还没有完全掌握多联机技术。格力公司打算从合作伙伴手中购买这项关键技术，领导信心满满地带队赴日本进行谈判，却被日本企业坚决回绝了。从那一刻起，格力电器才真正意识到核心技术是买不来的，买也只能买到已经淘汰的技术。因此，从日本回来之后，格力立刻组建研发团队，没日没夜地艰苦攻关，最后终于研发出自己的多联机技术，攻克了这一技术难题。之后，格力又相继开发了双级变频压缩技术和1赫兹变频技术等，不仅获得了国家科技进步奖，开辟了双级变频空调的新纪元，还在国际上独领风骚，赶超美国和日本这两个空调行业的传统强国，改写了世界空调行业的百年历史。

此外，格力十分注重以顾客需求为中心的产品创新活动。例如，格力根据中国大城市住房特点开发出外形小巧、噪声极低且能满足三室一厅的制冷需求的家用柜机。再如，一些商家反映空调占地空间过大，因此格力特地为商家量身打造了大功率的四面出风的分体式天井空调及分体式吊顶空调，在满足制冷需求的同时还为商家节省了大量空间。

为了达到“让世界爱上中国造”这一企业新目标，格力将自主创新能力的不断升级作为产品创新的技术保障。如今，格力对研发的投入占比很高，拥有5000多人研发队伍，生产出的产品有1.2万多种规格，包括20个大类、400个系列。同时，格力在国内外获得授权专利13316项，其中15项科技成果达到国际领先水平。此外，格力还获批制冷空调行业在此领域的唯一一家国家重点实验室，建有国家级技术研究中心、工业设计中心，并拥有7个研究院、52个研究所和632个先进实验室等，成功研制出超低温数码多联机组，掌握了1赫兹低频控制技术、变频空调关键技术等，在填补行业空白的同时，为全球节能降耗事业提供了新的解决方案。

虽然取得了一系列成就，但格力并没有停止对产品创新的追求。格力从2013年起大刀阔斧地布局智能装备制造业，开始生产自主研发的更为精密的模具和智能装备，并且向高度自动化转型。在格力总部高度自动化的生产车间里，印着“格力”标识的机械手臂逐渐取代工人的角色，几百平方米的车间内只有十几名工人穿梭在这些高大的精密仪器间。凭借着智能装备，现在格力所制造的设备的误差在正负0.01毫米之间（一根头发的直径是0.8毫米），达到较高的加工精度水平。自2016年起，格力开始启动模具对外销售的战略转型，计划未来3～5年完成国内外销售各10亿元的目标。

25年前，几乎没人能够预料到一个年产值不到2000万元的中国空调小厂商日后可以超越日本和美国的老牌空调制造商，成为全球著名的专业空调企业。然而，格力通过对产品创新孜孜不倦的追求，逐渐蜕变为国际化家电企业，同时也践行着“让世界爱上中国造”的目标，努力改变世界对中国制造的印象。

第一节 新产品开发的必要性

企业可以通过两种方式获得新产品。一是通过收购——购买整个公司、专利，或生产别人产品的许可证。二是通过公司自己的新产品开发（New Product Development）。新产品指的是公司根据自己的研发力量所开发的原创产品、升级产品、改进产品和新品牌，

对于顾客和营销者而言，新产品都是非常重要的，它们为顾客的生活带来了新的解决方案和多种可能性，而且是公司发展的重要来源。在当今快速变化的环境中，许多公司的发展都依赖于新产品。例如，iPhone和iPad上市不到7年，如今是苹果公司最畅销的两款产品、苹果公司总收入的一半以上来自iPhone手机。

然而，创新非常昂贵且风险巨大，新产品面临很高的失败率。据估计，现有公司中66%的新产品在推出两年内以失败告终。另有估计，96%的创新产品都无法收回开发成本。为什么这么多的新产品会失败？存在以下原因：虽然创意不错，但公司可能会高估市场规模；实际的产品可能设计不当，或者定位失误、投放时期不当、定价过高、缺乏广告；即使市场调研结果不佳，一个高管也可能会推出他最喜欢的创意；有时，产品开发的成本高于预期，有时竞争对手的反击比预期的更猛烈。

因此，一些公司面临这样一个问题：它们必须开发新产品，但是失败率远超过成功率。要开发出成功的新产品，企业必须了解它的顾客、市场、竞争对手，并懂得如何开发那些向顾客提供卓越价值的产品。

第二节　新产品与新产品开发方式

公司不能将开发新产品视为碰运气，必须进行强有力的新产品计划，并建立一个以顾客为导向的寻找和培育新产品的开发流程的系统。图 8－1 显示了这个流程中的八大步骤。

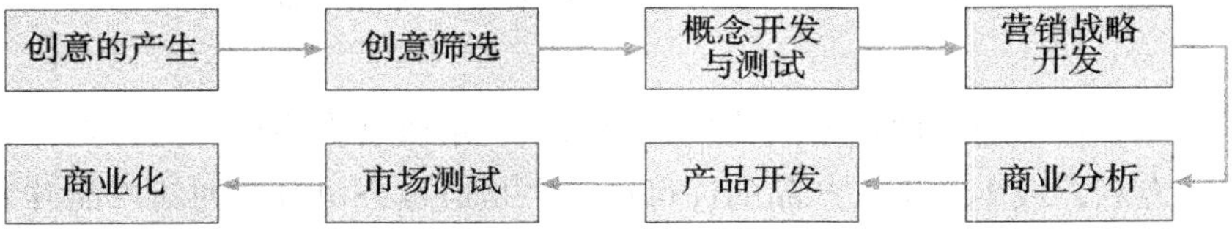

图 8－1　新产品开发的主要步骤

（一）创意的产生

新产品始于创意的产生（Idea Generation）——对新产品创意的系统搜索。一家公司通常要产生数百个甚至数千个创意，才能从中找到几个好创意。新产品的想法主要来源于内部和外部，如顾客、竞争对手、分销商和供应商等。

1. 内部创意来源

使用内部来源，公司可以通过正式的研发发现新的创意。然而，最近的一项调查中，只有 33% 的被调查公司将传统研发作为创意的主要来源。相反，41% 的被调查公司将顾客作为创意的主要来源，其他来源包括公司业务部门（35%）、员工（33%）及销售队伍（17%）。

除了内部研发，企业还可以选择从它的雇员——从管理人员到销售人员、科学家、工程师和生产人员——那里收集创意。许多公司开发出成功的内部创业项目，以鼓励员工提出新产品的创意。例如，推特举办季度活动“黑客周：让我们一起黑客”，积极地通过公司内部实验的方法来推动内部创新。

在黑客周，推特的员工抽出时间进行合作，看看自己能开发出什么酷炫的新东西。一名员工说：“没有会议的一个星期。没有休息的一个星期。几乎没有规则的一个星期。就是黑客周!”在最近的一个黑客周，大约100个团队进行了广泛的项目合作，从开发新的推特产品和功能，到改善推特的用户体验。“有些项目富有技术和战略性，有些人只是在搞笑，这让大家有机会展示自己的创造力。”黑客周开发出来的一些创意会一鸣惊人，其他的创意则会被遗忘在角落里。“现在下结论还为时过早，我们迫不及待地想要去揭晓结果，”一名员工推特表示，“可以肯定的是我们有一堆很棒的新产品、功能和创意。”

2. 外部创意来源

公司还可以从大量的外部来源中获取优秀的新产品创意。比如，分销商和供应商可以献计献策。分销商贴近市场，可以传递关于顾客习题和创造新产品可能性的信息。供应商能告诉公司可用于开发新产品的新概念、技术和材料。

竞争对手是另一个重要来源。公司关注竞争对手的广告，以获取有关其新产品的线索。它们购买竞争对手的新产品，拆开观察它们是如何运转的，分析对手的销售额，并决定自己是否要推出一个新产品。其他的创意来源包括贸易杂志、展览和研讨会等，政府机构，广告公司，市场调研公司，大学和商业实验室，发明家。

也许新产品创意最重要的来源是顾客。公司可以分析顾客问题和投诉，以找到更好地解决顾客问题的新产品。或者，它们可以邀请顾客分享建议和创意。例如，丹麦的乐高集团（LEGO Group）是经典的乐高塑料积木的制造商，它系统地利用消费者来获取新产品创意与信息。

在CUUSOO网站，乐高邀请消费者为新产品提出创意，并给其他消费者的创意投票。获得10000票的创意将得到内部评估并有机会投产。创意被选中的消费者将获得该产品1%的净销售额。到目前为止，CUUSOO获得了几十种产品创意和三款新产品。最新版本是乐高的“我的世界之微观版”（Minecraft Micro World），它可以让Mojang（位于瑞典的电子游戏开发商）开发的广受欢迎的《我的世界》游戏的使用者用乐高积木重建“我的世界”。有了《我的世界》2000多万名注册用户的支持，新创意于48小时内在CUUSOO上赢了10000票。

在更广的层面上，乐高在开发新产品创意过程中积极发展AFOL（乐高成人粉丝）社区。它创建了一个名册用于记录提供信息的消费者代表，它甚至邀请消费者直接参与创意开发过程。例如，它邀请了250名乐高火车套装爱好者参观纽约办公室，以评估新设计的情况。其结果是乐高首批10000个圣达菲火车套装在几乎没有额外营销的情况下两周时间内全部售罄。因此，倾听消费者创造了良好的商业意识“如果粉丝告诉我们需要某种‘东西’，为什么不考虑一下呢?”。乐高一名资深的产品开发主管问道：“如果我们可以做出类似的东西，并把它变为商业上的成功，这将显示出倾听消费者的价值”。

3. 众包

更广泛地说，许多公司正在开发众包或开放式创新的新产品创意项目。众包（Crowdsourcing）敞开了创新之门，邀请社区中的人——顾客、员工、独立科学家和研究人员，甚至是广大群众——参与到新产品的创新过程中。利用公司内外广泛的资源，可以产生意想不到的新想法。例如，宝洁公司不仅依靠自己的研发实验室开发新产品，还开发了“联合+开发”的众包过程。通过“联合+开发”，公司发现了前途光明的创新企业家、科学家、工程师和其他研究人员，甚至消费者也有利于公司实现其改善消费者生活的目标。

企业可以利用第三方众包网络，如InnoCentive、TopCoder、Hypios和Jovoto，这样就不需要创建和管理自己的众包平台。例如，从脸书、贝宝（PayPal），到ESPN、美国航空航天局和Salk研究院，均使用了Topcode的网络中近40万数学家、工程师、软件开发人员和设计人员的想法和解决方案，并提供了100～100000美元的奖金。贝宝公司最近向TopCoder社区发出一项挑战，要求开发一款可以顺利安全运行结账流程的安卓或iPhone应用程序，并授予每个获奖者5000美元。在四周比赛及两周评审后，贝宝公司找到了解决方案。安卓应用程序来自美国的一个程序员；iPhone应用程序来自哥伦比亚的一个程序员。

众包能产生大量创意。其实，每个人的创意都可以将公司淹没，其中有些创意是好的，有些则不太好。例如，思科公司设置了奖励开放式创新成果的“I－Prizp”，从156个国家2900余名创新者那里征集到820多个创意。“评估过程比我们预期的更加辛苦，”思科首席技术官说，“它要求投入大量时间、精力、耐心和想象力，以洞悉隐藏在原石之内的宝石。”一个由6名思科员工组成的团队全职工作3个月，终于选拔出32个进入半决赛的创意，代表六大洲14个国家的九支队伍参加了决赛。

真正创新的企业不只依赖于新产品创意的某一种来源。相反，它们发展广泛的创新网络，从每一个可能的来源——员工与顾客、外部创新者——中捕捉创意和灵感。

（二）创意筛选

创意产生的目的是形成大量创意。后续阶段的目标是减少创意的数量。第一个减少创意的阶段是创意筛选（Idea Screening），这有助于发现好的创意，同时尽快遗弃不好的创意。在后期阶段，产品开发成本大幅上升，因此公司希望只使用那些可以转变为盈利产品的创意。

许多公司要求管理人员撰写正式的新产品创意书，新产品委员会对此进行审查。创意书中描述了产品或服务、建议使用的顾客价值主张、目标市场和竞争。创意书还对市场规模、产品价格、开发时间和成本、制造成本，以及收益率做出了一些粗略的估计。然后，委员会根据一套通用指标对这些创意进行评估。

一位营销专家提出了一种名为“R－W－W”（Real、Win、Worth

doing）并且包含三个问题的新产品筛选框架。首先，是真的吗？是否对该产品存在需求和欲望？顾客会购买吗？是否有一个清晰的产品概念？这样的产品能否满足市场需求？其次，我们能赢吗？产品能否提供持续的竞争优势？公司是否具有支持产品成功的资源？最后，是否值得这样做？该产品是否符合公司的整体发展战略？是否提供了足够的利润空间？公司在开发新产品创意前需回答这三个问题。

（三）概念开发和测试

一个有吸引力的想法必须开发为产品概念（Product Concept）。了解产品创意、产品概念和产品形象之间的区别是很重要的，产品创意是一个能让公司看到自己提供给市场的可能产品的想法，产品概念是用消费者的语言来详细描述产品创意，产品形象是消费者感知实际或潜在产品的方式。

1. 概念开发

假设一个汽车制造商开发出一款实用电动车。原型是一辆时尚、动感的敞篷跑车，售价超过100000美元。然而，在不久的将来，该制造商计划推出一个面向大众市场的更实惠的版本，它将与最近推出的混合动力或全电动汽车竞争，如雪佛兰沃蓝达（Chevy Volt）和日产聆风（Nissan Leaf）。这辆全电动车能在4秒内从0加速到60英里/小时（1英里≈1.6千米），使用120伏电源充45分钟，即可行驶300英里，每英里成本约1美分。

展望未来，营销者的任务是将新产品开发为产品概念，并明确每一个概念对顾客能产生多大吸引力，最终选择一个最佳概念。我们可以为这款电动车创建以下4个产品概念。

概念1：作为第二辆家庭用车，价格适中的中型车可以用于在城镇周围驾驶和探亲访友。

概念2：中等价位的运动型小汽车，吸引年轻的单身人士和夫妻。

概念3：“绿色”汽车，吸引那些想要实用和低污染交通工具的环保人士。

概念4：高端中型多功能汽车，吸引那些喜欢SUV的大空间但心疼耗油的人。

2. 概念测试

概念测试（Concept Testing）要求用目标消费者群体测试新产品概念。给消费者呈现的概念可以是象征性的，也可以是具体形象的。下面是关于概念3的一些细节。

一款高效且带来驾驶乐趣的四人座小型电动车。这辆全电动车是可靠的无污染交通工具。它充电一次即可行驶300英里，每英里只需花几分钱，可替代有污染、高耗油的车。全配置的售价为30000美元。

在试图将概念变为实际的新产品之前，许多公司会定期邀请消费者进行新产品概念测试。对于一些概念测试，一个字或一幅图片的说明可能就够了。然而，有关某一概念更具体、更形象的展示将增加概念测试的可靠性。消费者看到概念后可能被要求回答表8-1的问题。

表8-1　全电动车概念测试的问题

1. 你是否了解电动汽车的概念
2. 你是否相信对汽车性能的描述
3. 与传统汽车相比，全电动汽车的主要优点是什么
4. 与油电混合动力车相比，它有哪些优势
5. 你认为该汽车在哪些方面有待提高
6. 在何种情况下，相比于传统汽车你会更喜欢全电动汽车
7. 这辆车的合理价格是多少
8. 谁会参与这种车的购买决策？谁来驾驶
9. 你会买这种车吗（肯定会、也许会、也许不会、绝对不会）

这些问题的答案有助于公司决定哪些概念最具有吸引力。例如，最后一个问题询问消费者的购买意向。假设2%的消费者说他们“肯定”会买，另有5个消费者表示“可能”会买。公司可以用这些数字推测

目标市场的销售量。即使如此，估计值仍是不确定的，因为人们不可能始终言行如一。

（四）营销战略开发

假设汽车制造商发现电动车测试中最好的是概念3，那么，下一步就是营销战略开发（Marketing Strategy Development），即设计一个初步的营销战略，将这款车推向市场。

营销战略计划由三部分组成。第一部分介绍目标市场，计划的价值主张，销量、市场份额和最初几年的利润目标。

目标市场是年轻、受过良好教育、收入中上等的个人、夫妻或小家庭，他们寻求实用、环保的交通工具。该车被定位为带来更多的驾驶乐趣，相比于燃油汽车和混合动力汽车其污染更少。该公司的目标是第一年销售5万辆汽车，且亏损不超过1500万美元。第二年的目标是销售9万辆汽车，并实现利润2500万美元。

营销战略计划的第二部分概述产品计划的价格、分销和第一年的营销预算。

电动车将提供红、白和蓝三种颜色，并有全套配件作为标准配置。零售价为30000美元，经销商赚取标价的15%。每月销售超过10辆车的经销商将从每辆车中获得5%的额外折扣。5000万美元的营销预算将按40:30:30的比例分配给全国媒体宣传活动、网络和社交媒体营销，以及当地的事件营销。广告和网站将强调该汽车的驾驶乐趣和低排放。第一年，市场营销调研将花费10万美元，以调查购买该汽车的车主及他们的满意度。

营销战略计划的第三部分介绍计划的长期销售额、利润目标和营销组合战略。

我们打算占据汽车市场长期份额的3%，并且实现15%的税后投资回报率。为了实现这一目标，公司将逐渐改善产品质量。在竞争条件和经济允许的情况下，在第二年和第三年提高产品价格。总营销预算每年将提高约10%。第一年后，市场调研费用将降到每年6万美元。

（五）商业分析

管理层在确定产品概念和营销战略后，就可以评估提案的商业吸引力了。商业分析（Business Analysis）涉及对新产品的销售额、成本、利润的审查，以确定它们是否能满足公司的目标。如果满足公司目标，便可以转移到产品开发阶段。

为了估计销售额，公司可能会参考类似产品的销售历史并进行市场调研。为了评估风险的范围，可以估算出最小和最大销售额。销售预测后，管理人员可以估算产品成本和利润，包括市场营销、研发、运营、会计和财务费用。然后，公司使用销售额和成本数据来分析新产品的财务吸引力。

（六）产品开发

对于许多新产品概念而言，一个产品可能仅存在于文字描述、图片，或者粗糙的模型中。如果产品概念通过了商业测试，就进入产品开发（Product Development）阶段。在这个阶段，研发或工程部门将产品概念变为实际的产品。产品开发步骤需要巨大的投资。产品开发将决定产品的创意是否可以变成一个可行的产品。

研发部门将开发和测试一个或多个产品概念的实体版本。研发部门希望设计出顾客满意的原型，并且这个原型能够迅速按照预算成本进行生产。根据不同的产品和方法，开发一个成功的原型可能需要数天、数周、数月，甚至数年。

通常情况下，产品应经过严格的测试，以确保它们既安全又有效，或者让顾客认为它们有价值。企业可以自己做产品测试或外包给专门从事测试的公司。

营销者往往邀请顾客参与到产品测试中。例如，巴塔哥尼亚公司让被称为巴塔哥尼亚大使的顾客与它的设计部紧密合作，共同对产品在恶劣环境下的表现进行测试与改进。同样，新百伦的磨损测试让消费者从头至尾参与产品开发过程，在真实的生活条件下对新鞋的设计进行测试。消费者进入新百伦测试学校来学习如何分析鞋的舒适度、功能性和耐穿性。他们有八周的时间测试鞋子，他们登录自己的账号，填写在线调查和反馈表格，以记录他们穿着测试产品的体验。新百伦表示，“我们相信，严格的实地测试可以确保我们的产品呈现出最佳状态，所以您大可放心”。

一个新的产品必须具有顾客需要的功能，同时也要传达心理特征。例如，全电动汽车应该以精心打造、舒适性和安全性来吸引顾客。管理层必须了解如何让消费者认为一辆汽车是精心打造的。对于一些顾客来说，这意味着该车具备“坚实”的车门。对其他顾客来说，这意味着该车在碰撞测试中能够承受严重的撞击。顾客测试是在顾客试驾及测试产品属性时进行的。

（七）市场测试

如果产品通过了概念测试和产品测试，下一阶段要进行的就是市场测试（Test Marketing），即将产品及其营销计划引入实际的市场环境。产品上市的花销巨大，而在全面上市之前，市场测试给了营销人员推广产品的经验。它可以让公司测试其产品和整个营销计划——目标与定位战略、广告、分销、定价、品牌与包装，以及预算水平。

市场测试数量因产品不同而异。当引入一个新产品需要的投入巨大、风险很高时，或当管理层对产品及其营销计划没有把握时，公司可以做多次市场测试。例如，VIA 速溶咖啡是星巴克有史以来规模最大、最有风险的产品项目之一。公司花了 20 年的时间研发咖啡，在产品投放前又花了几个月的时间在芝加哥和西雅图的星巴克店进行了产品测试。

测试营销的成本很高，而且需要时间，这可能会使企业错失市场机会，或者让竞争者获得优势。当开发和推出新产品的成本较低，或当管理层对新产品满怀信心时，公司可少做或不做市场测试。例如，很多公司往往不测试那些简单的改良产品，或模仿竞争对手的仿制品。公司也可缩短或跳过测试，以在快速变化的市场中获取优势。以下是美国谷物食品生产商宝氏（POST）推出希腊蜂蜜谷物燕麦片时所做的市场测试。

宝氏的一个谷类食品经理告诉沃尔玛和塔吉特百货的买家，该公司正在考虑推出一个新的谷物概念——早餐谷物与希腊酸奶的新潮搭配，顾客都很喜欢这个概念。顾客喜欢这个产品以至于想在6个月内买到这种产品，其实他们只是为了追赶希腊酸奶的潮流。问题是，宝氏还没有研发出这种谷物或对其进行市场测试，这一过程通常需要一年或更长的时间。宝氏的一个产品开发经理表示："我们有排在全国第一和第二的两大零售商，这为我们提供了机会"。宝氏制订了个应急计划，以克服技术困境，同时还制订了新谷物的包装和营销计划。结果，希腊蜂蜜谷物燕麦片从一个概念到销售只花了不到半年的时间，创下宝氏产品最快上市纪录。上市前几乎没有时间进行市场测试。不过，考虑到市场机会，还是值得冒险的。"幸运的是，这个产品的最终测试结果很好。"宝氏的主管说。

企业可以使用控制测试营销法或模拟测试营销法来替代广泛和昂贵的标准测试营销法。使用控制测试营销法（如 Symphon IRI 公司的 BehaviorScan），在顾客和商店的控制组中测试新产品和新战术。结合每个被测消费者的购买信息与消费者个人信息，以及收看电视的情况，BehaviorScan 可以提供每家店每周关于测试产品的销售报告，以及店内推销和家庭推广的影响。使用模拟测试营销法，研究人员在实验室商店或模拟网上购物环境中测量消费者对新产品和营销战略的反应。这两种方法都降低了市场测试的成本，加快了测试进程。

（八）商业化

市场测试给管理层提供了用于决定是否推出新产品的信息。如果公司进行商业化（Commercialization），即向市场推出新的产品，将承担高昂的成本。例如，公司可能需要购买或租用生产设备。在第一年里，花在新产品广告、促销和其他营销方面的费用可达数亿美元。比如，为了推出 Surface 平板，微软在电视、报纸、广播、户外、互联网、活动、公共关系和抽样调查等方面花了 4 亿美元。类似地，在竞争激烈的美国洗衣液市场，汰渍在推广洗衣粉的活动上花了 1.5 亿美元。

公司在推出新产品之前必须首先决定推出时间。如果新产品将蚕食公司其他产品的销售，那么公司可能会推迟其上市活动。如果产品可以进一步改进，或者经济状况下滑，那么公司可能要等到下一年再推出新产品。但是，如果竞争对手正准备推出新产品，那么该公司可能会马上推出自己的新产品。

接下来，公司必须决定在哪里（单一地点、区域、全国市场或国际市场）推出新产品。有些公司可能很快在全国市场推出新产品。具备国际分销系统的公司可以在全球范围内迅速推出新产品。例如，微软公司推出 Windows 8 操作系统的营销活动横跨 42 个国家，花了 10 亿美元。最初的上市活动包括上海和纽约的预展及 31 家商店的开幕典礼。

第三节　新产品开发战略选择及开发过程

新产品开发流程，强调了寻找、开发和投放新产品所需的重要活动。然而，新产品开发不仅仅是一系列的步骤。公司必须采用系统的方法来管理这个过程。成功的新产品开发需要以顾客为中心，以团队为基础，同时还需要系统的努力。

一、以顾客为中心的新产品开发

最重要的是，新产品开发必须以顾客为中心。当寻找和开发新产品时，公司往往过分依赖研发实验室中的技术研究。但是，成功的新产品开发始于透彻地了解顾客的需要和价值。以顾客为中心的新产品开发（Customer - Centered New Product Development）关注于寻找解决顾客难题的新途径，并创造更多令顾客满意的体验。

一项研究发现，最成功的新产品是那些差异化的、解决顾客的主要问题并提供令人信服的顾客价值主张的产品。另一项研究显示，直接让顾客参与新产品创新过程的公司的资产收益和营业收入是其他公司的两三倍。因此，顾客参与对新产品开发过程和产品成功产生了积极的影响。

三星是顾客驱动新产品开发的忠实支持者。该公司新产品的成功源于倾听消费者并给予他们想要的东西。三星在研发上花了大约6%的收入，并定期对消费者进行调查，利用大量的消费者数据进行开发，甚至让研发人员融入当地市场，以研究趋势及消费者的需求和态度。例如，三星 Galaxy Note 手机（有时也称为“平板手机”，5. 5 英寸的显示屏使得它比手机大，但比平板电脑小）的创意来源于深入的消费者调查。通过调查、焦点小组和其他与顾客的互动，三星了解到许多手机用户，尤其是亚洲人，希望有一个可以绘图、手写并分享笔记的设备。这种对顾客的洞察让 Note 拥有更大的屏幕和数字笔。“我们从市场上获取创意，”三星的一位高管表示，“市场是驱动力。”

因此，今天的创新型企业走出研发实验室，与顾客建立联系，以寻找满足顾客需求的新方法。以顾客为中心的新产品开发始终坚持了解顾客，并让他们参与开发过程。

二、基于团队的新产品开发

良好的新产品开发还需要公司整体和跨职能部门的努力。一些公司有序地组织新产品开发过程，以创意的产生开始，以商业化结束。用这种有序的产品开发方法，在新产品移交给下一个部门和进入下一个阶段之前，部门要独立完成所处流程的阶段工作。这种有序的、一步一步的流程能够帮助公司控制复杂和危险的项目。但这种缓慢也可能是危险的。在瞬息万变、竞争激烈的市场中，这样缓慢但明确的产品开发可能会导致产品失败，销售额和利润受损，市场地位岌岌可危。

为了更快地投放新产品，许多公司使用了基于团队的新产品开发（Teambased New Product Development）方法。使用这一方法，公司各部门在跨职能团队中密切合作，减少了产品开发过程中重复的步骤，节省了时间，提高了效率。公司聚集了一批来自不同部门的人，从新产品开发到结束都一起工作，替代了新产品之前在部门之间传递的过程。这些人员通常来自营销、财务、设计、制造和法律部门，甚至来自供应商和客户公司。在按顺序开发的过程中，在某个阶段遇到的瓶颈会减慢整个项目的进度。使用基于团队的方法时，如果在某个地方遇到困难，那么会有人专门来解决这个问题，而团队其他人继续工作。

然而，基于团队的方法有一定的局限性。例如，相比于有序方法而言，基于团队的方法有时会造成更多的组织关系紧张和混乱局面。可是在快速变化且面临越来越短的产品生命周期的行业中，快速灵活的产品开发带来的回报远远大于风险。公司将以顾客为中心的新产品开发与基于团队的新产品开发相结合，更快地投放合适的新产品，获得了巨大的竞争优势。

三、系统的新产品开发

最后，新产品开发过程应该是全面系统的，而不是分割的、杂乱无章的。否则，创意很难浮出水面，很多好的创意会停滞和消亡。为了避免这些问题，公司可以安装一个创新管理系统，用来收集、浏览、评估和管理新产品创意。

公司可委任一名受人尊敬的资深人士作为其创新经理，还可以建立基于网络的创意管理软件，并鼓励公司所有利益相关者，如供应商、分销商和经销商，参与寻找和开发新产品。公司可以成立一个跨职能创新管理委员会来评估所提出的新产品创意，并将好的创意推向市场。公司也可以制订奖励计划，以奖励那些贡献最佳创意的人。

创新管理系统的方法产生了两个好的结果。首先，它有助于创造一个创新型企业文化。这种企业文化表明高层管理者支持、鼓励和奖励创新。其次，它会催生出很多新产品创意，公司可以从中发现一些特别棒的创意。新颖的好创意会得到更系统的开发，以获得更大的成功。如果缺乏传声筒或高管的倡导，好的创意不久就会搁浅。

因此，新产品的成功不仅要求提出一些好的想法，把它们变成产品并找到顾客，更要求一个系统的方法，用来寻找可以创造有价值的顾客体验的新途径，从创意的产生和筛选，到制造满足顾客需求的产品。

不仅如此，成功的新产品开发还需要全公司的承诺。一些公司的新产品开发能力出众，如谷歌、苹果、3M、宝洁和通用电气，整个公司的文化就是鼓励、支持和奖励创新。下面以谷歌为例。

谷歌的创新是疯狂的。许多企业的新产品开发是一个谨慎的、一步接一步的过程。与此相反，谷歌的新产品开发如同光速。其著名的混乱创新过程好似无止境地催生各种产品，从电子邮件服务（Gmail）、博客搜索引擎（谷歌博客搜索）、照片共享服务（谷歌 Picasa），到手机应用程序平台（谷歌安卓）、网络浏览器（Chrome）、用于导航的项目（谷歌地图和谷歌地球）、新闻频道（谷歌新闻）、社交媒体网络（Google +）、超高速网络服务（FiberSpace），甚至是流感疫情的早期预警系统（FluTrends）。是什么使这些功能集合在一起？答案是该公司帮助人们寻找和使用信息的热情。

创新是每个谷歌员工的职责。谷歌鼓励工程师花 20% 的时间开发自己"又酷又怪"的新产品创意。公司经常问那些潜在的员工，如果他们进入谷歌工作，他们会如何改变世界。谷歌很想知道问题的答案，因为答案就是该公司的运营方式，"思考和建设就是谷歌所做的事，"一位分析师评论道，"公司想把每一本出版过的书的每一页放在网上。小的创意'死于冷漠'。"在谷歌，创新不只是一个过程，它是企业基因的一部分。"放飞思想，"分析师说："这就是谷歌精神。"

四、新产品开发的动荡时期

当经济不景气或者公司面临财务困难时，管理层可能想减少新产品开发的支出。然而，这种想法是目光短浅的，削减新产品开支可能会降低公司低迷期之后的竞争力。事实上，艰难的时刻可能需要更多的新产品开发，这样公司才能更好地协调产品与消费者不断变化的需求和品位。在困难时期，创新让公司更具竞争力，更好地为未来定位。

像苹果、谷歌、三星和亚马逊这样的公司在经济萧条时期仍坚持创新。例如，苹果在十几年前异常艰难的时期，创造出轰动全球的 iPod，iPhone 和 iTunes，这些创新的产品不仅拯救了公司，还推动公司成为今天的创新巨擘，因此，如果想要发展和繁荣。那么无论是顺境还是逆境，公司都必须不断创新和开发新产品。

第九章　产品与服务策略

产品（Product）及其品牌是企业和市场的联结点，也是企业服务市场、满足顾客需求的承载体。产品策略在企业营销组合策略中处于中心地位，直接影响和决定价格策略、分销策略和促销策略等其他营销组合因素的管理。企业应以产品整体为营销活动开展基础，优化产品组合结构，不断开发新产品，以更好地满足市场需求，在激烈竞争中取得优势。

第一节　产品组合策略

不同的学科，在不同的时间，从不同的角度，对产品有不同的描述。市场营销理论有自己特定的研究对象和范畴，它是从管理企业营销活动的角度去考察产品的，因此，对产品的认识和解释有其独特性。

一、产品整体概念

现代营销理论认为，产品不仅包括传统的物理形体，还包括服务、事件、人物、地点、组织、创意或上述项目的组合。因此，产品一词是整体概念，通常分为三个层次，即核心产品、形式产品和附加产品，如图 9－1 所示。

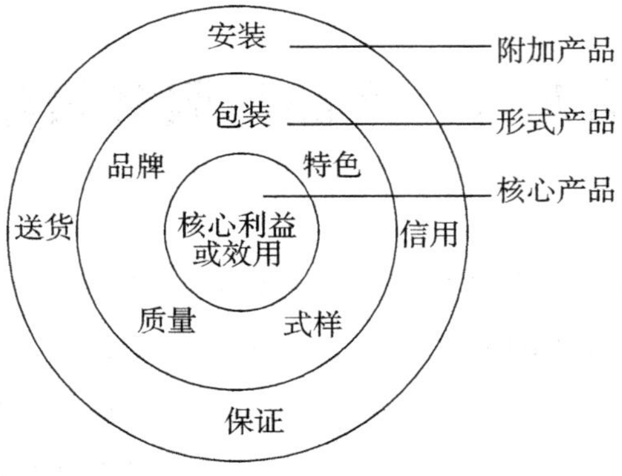

图9-1　产品整体概念

（一）核心产品

核心产品是指产品提供给消费者的实际利益和效用。从这一意义上说消费者在市场上购买的并不是物品的实体，而是需要的满足与满意，实体产品实质上只是传递利益的载体而已。例如，购买化妆品的消费者不是在购买化妆品的物理、化学属性及其实体而是在购买美容的希望；购买摄像机的消费者，是为了满足对美好往事的追忆。由此可见，某一产品能否被市场接受，不仅取决于企业能否提供这一产品，更重要的是取决于它能否给消费者带来某种实际利益，使其需要得到满足。因此，企业必须以向消费者提供尽量多的实际利益为出发点，来设计和开发新产品。

（二）形式产品

形式产品是核心产品所展示的外部特征，也就是核心产品借以实现的形式。主要包括产品的质量、特色、式样、品牌和包装等。消费者购买某种商品，除了要求该产品具备某些基本功能，能够提供某种核心利益外，还要考虑产品的质量、造型、款式、颜色等多种因素。因此，企业设计产品时，既应着眼于消费者所追求的核心利益，又要考虑如何将这种核心利益通过一种好的形式呈现给消费者。

（三）附加产品

附加产品是指消费者购买某种产品时所获得的全部附加服务和利益，包括维修、运送、安装、保证等。iPhone 提供的不只是一个通信设备，它为消费者的移动连接问题提供一个完整的解决方案。因此，当消费者购买一部 iPhone 手机时，公司及其经销商必须对其零部件和工艺做出担保、提供如何使用的详细说明书、在顾客有需要时提供快捷的维修服务、提供顾客在遇到困难时可以免费拨打的电话号码和可查询的网站。

随着市场竞争加剧，产品同质化倾向明显，不同企业提供的同类产品在核心利益上越来越接近，很难有大的差别，因此，企业要想获得竞争优势，更好地满足顾客的需求，不仅取决于生产领域的产品开发过程和流通领域的购买过程，更取决于企业能够提供消费者多少附加利益。

产品整体概念充分体现了以消费者为中心的现代市场营销观，它对企业营销活动具有重要的指导作用。

二、产品分类

产品分类的方法各种各样，从而划分出许多不同的产品类别。根据消费者的购物习惯分类，产品可分为便利品、选购品、特殊品和非渴求品四类。

（一）便利品

便利品是指价格低廉，消费者要经常购买的产品。消费者在购买此类产品时的购买特征是花费的时间越少越好，消费者对这些产品几乎不做任何比较，希望就近、即刻买到，如肥皂、洗衣粉、牙膏、毛巾、饮料、报纸等就属此类商品。对于生产经营此类商品的企业来说，应该尽量增加销售此类商品的网点，特别是要把网点延伸到居民住宅区的附近。

（二）选购品

选购品是指消费者愿意花费比较多的时间去购买的商品。在购买之前，消费者要进行反复比较，注重产品的品牌与产品的特色。选购品占到产品的大多数，价格一般也要高于便利品，消费者往往对选购品缺乏专门的知识，所以在购买时间上的花费也就比较长。服装、皮鞋、家电产品等都是典型的选购品。对于经营选购品的企业而言，要赋予自己的产品以特色，并且不断地向消费者传达有关商品的信息，帮助消费者了解有关产品的专门知识。

（三）特殊品

特殊品是指那些具有独特的品质特色或拥有著名商标的产品。消费者对这类产品往往注重它的商标与信誉，而不注重它的价格，在购买时，愿意努力去搜寻。像皮尔·卡丹西服、金利来领带、本田摩托车等都属此类产品。因为消费者会不顾远道去购买，所以特殊品的销售并不要求有很多的网点，也不要考虑购买者是否方便，只要使消费者知道在什么地方能买到就行。

（四）非渴求品

非渴求品是指顾客不知道的物品，或者虽然知道却没有兴趣购买的物品，如刚上市的新产品、人寿保险、百科全书等。非渴求品的性质决定了企业必须加强广告、推销工作，使消费者对这些物品有所了解，产生兴趣，千方百计吸引潜在消费者，扩大销售。

三、产品组合

（一）产品组合的衡量

产品组合是指某个企业生产或销售的全部产品的组成方式，它包括所有的产品线和产品项目。

产品线是指密切相关的一组产品项目。它可以从多方面加以理解，如满足同类需求，或出售给同类顾客，或有共同的销售渠道等。企业可根据经营管理、市场竞争、服务顾客等具体要求来划分产品线。

产品项目是产品线中一个明确的产品单位，它可以依尺寸、价格、外形等属性来区分，也可以根据品牌来区分，因此，有时一个产品项目就是一个品牌。

对于企业产品组合的衡量一般可从 4 个方面予以反映，即产品组合的宽度、长度、深度和关联性。

1. *产品组合的宽度*

这是指一个企业有多少产品线。产品线越多意味着企业的产品组合的宽度越宽。该企业的产品线为 5 条，如表 9－1 所示。产品组合的宽度表明了一个企业经营的产品种类的多少及经营范围的大小。

表 9－1　某企业产品组合表

	产品组合宽度				
产品组合长度	沐浴露	洗面奶	香皂	洗衣粉	杀虫剂
	留春 蜜蜂 宝宝乐 百合 百草	维康 美白 杰士	呵护 三笑 洁盈	熊猫 箭牌	全效 杀无敌

2. *产品组合的长度*

这是指一个企业的产品组合中所包含的产品项目的总数。据此可计算出产品线的平均长度。如表 9－1 所示，该企业产品组合的长度为 15。平均长度为 3。

一般情况下，产品组合的长度越长，说明企业的产品品种、规格越多。由于有时候一个产品项目就是一个品牌，因此，产品组合的长度越长，企业所拥有的产品品牌也就可能越多。

3. 产品组合的深度

这是指企业产品线中每一产品项目有多少花色、规格等形式。如表9-1所示，该企业生产的百草沐浴露有三种规格和两个配方（普通型和薄荷型），那么该沐浴露的深度就是6。产品组合的深度往往反映了一个企业产品开发能力的强弱。

4. 产品组合的关联性

这是指各个产品线在最终用途、生产技术、销售方式，以及其他方面的相互关联程度。企业的所有产品都是通过同样的渠道销售的，那么我们可以说，该企业的产品线具有关联性。

产品组合的宽度、长度、深度和关联性对企业的营销活动会产生重大影响。一般而言，增加产品组合的宽度，即增加产品线和扩大经营范围，可以使企业获得新的发展机会，更充分地利用企业的各种资源，亦可以分散企业的投资风险；增加产品组合的长度和深度，会使各产品线具有更多规格、型号和花色的产品，更好地满足消费者的不同需要与爱好，从而扩大产品市场占有率增加产品组合的关联性，则可发挥企业在其擅长领域的资源优势，避免进入不熟悉行业可能带来的经营风险。

（二）产品组合决策

企业在调整和优化产品组合时，依据情况的不同，可选择如下决策。

1. 扩大产品组合

扩大产品组合包括扩大产品组合的宽度和增加产品组合的长度。前者是在原产品组合中增加一个或几个产品大类，扩大经营产品范围；后者是在原有产品大类内增加新的产品项目。当企业预测现有产品大类的销售额和利润额在未来一段时间内有可能下降时，就应考虑在现行产品组合中增加新的产品大类；当企业打算增加产品特色，或为更多的细分市场提供产品时，则可选择在原有产品大类内增加新的产品项目。一般而言，扩大产品组合，可使企业充分地利用人、财、物资源，分散风险，增强竞争能力。

2. 缩减产品组合

当市场繁荣时，较长、较宽的产品组合会为许多企业带来较多的盈利机会，但当市场不景气或原料、能源供应紧张时，缩减产品组合反而可能使总利润上升。这是因为从产品组合中剔除了那些获利很小，甚至不获利的产品大类或产品项目，使企业可集中力量发展获利多的产品大类和产品项目。

3. 产品延伸

产品延伸是全部或部分改变现有产品的市场定位。具体的做法有向下延伸、向上延伸、双向延伸。

（1）向下延伸。向下延伸是指原来定位于高档市场的企业逐渐增加一些中低档次的产品。企业决定向下延伸的主要原因有以下 4 点。

第一，高档产品因市场容量有限，销售增长缓慢。

第二，企业进入高档市场的最初目的就是为了更好地树立企业的形象，然后再进入中低档市场，以扩大市场占有率。

第三，企业在高档产品市场上受到攻击，决定以拓展低档产品市场作为反击。

第四，以较低档产品填补产品线的空白，以排斥新的竞争者涉足。

企业实行向下延伸策略可能会使企业面临一定风险，如推出低档产品可能会使原有高档产品的形象受到损害；可能会激怒生产低档产品的企业原有经销商可能不愿意经销低档产品等。

（2）向上延伸。向上延伸是指原来定位于中低档市场的企业现增加高档产品的生产。企业决定向上延伸的主要原因有以下 3 点。

第一，高档产品有较高的销售增长率和利润率，对企业有较大吸引力。

第二，为了能有机会把自己定位成完整产品线的制造商。

第三，企业具有进入高档产品市场的优势。

企业采用向上延伸策略同样会使企业面临风险，如消费者对企业生产的高档产品缺乏信心；可能引起生产高档产品的竞争者进入低档产品市场进行反攻；企业的经销商可能没有能力经营高档产品。

（3）双向延伸。双向延伸是指原来定位于中档市场的企业在具备一定实力，掌握了一定的市场优势之后，将产品线逐渐向高档和低档两个方向延伸，同时增加高档产品和低档产品的生产。此策略在一定条件下可起到加强企业市场地位的作用。

第二节　产品生命周期

一、产品生命周期概念

产品生命周期是现代市场营销学中的一个重要概念，研究产品生命周期的发展变化，可以使企业掌握各个产品的市场地位和竞争动态，为制定产品策略提供依据，对增强企业的竞争能力和应变能力有重要意义。

市场营销学中的产品生命周期不是指产品的使用寿命，而是指产品的市场寿命、经济寿命，是指产品从进入市场到退出市场的周期变化过程。

典型的产品生命周期一般分为 4 个阶段，即导入期、成长期、成熟期和衰退期，如图 9－2 所示。

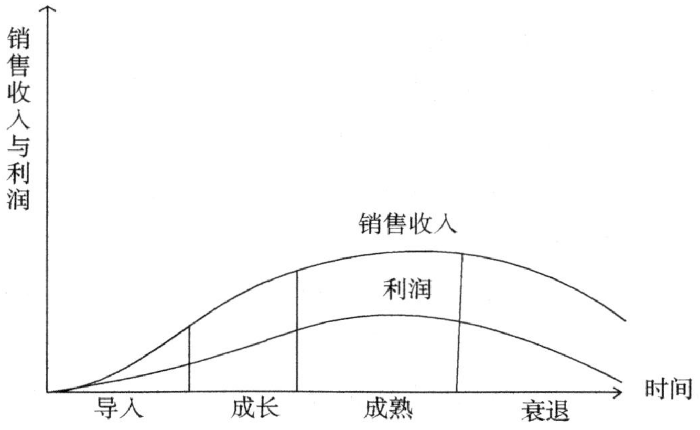

图 9－2 产品生命周期

产品生命周期的长短由众多的影响因素决定，其中包括产品本身的性质、特点，市场竞争的激烈程度，科学技术的发展速度；消费需求的变化速度，企业营销的努力程度等。从总的趋势看，产品生命周期正在日益缩短。因此，企业如何为处于生命周期不同阶段的产品制定有效的营销策略，同时加快产品开发，是企业面临的挑战。

二、产品生命周期各阶段的特征及营销策略

（一）导入期

导入期是新产品上市的最初时期，这一阶段有以下 3 个特点。

第一，消费者对该产品尚未接受，消费增长缓慢。

第二，生产和销售成本较高，企业处于微利或亏损状态。

第三，同类产品生产者少，竞争不激烈；市场风险大。

在这种情况下企业的着眼点应是建立新产品的知名度，广泛宣传，以促使产品尽快进入成长期。导入期的营销策略一般有四种可供选择。

1. 快速撇脂策略

此策略即采用低价格和高促销价的方式推出新产品。实行高价格是

为了在每单位销售额中获取较多利润。低促销价是为了使更多消费者知晓和试用新产品，加快产品的市场渗透，迅速占领市场。

实施快速撇脂策略的条件是大多数潜在消费者还不了解该产品；知道该产品的消费者有强烈的购买欲望而不在乎价格；企业面临潜在竞争者的威胁，需要及早建立消费者对本企业的品牌偏好。

2. 缓慢撇脂策略

此策略即采用高价格和低促销费用的方式推出新产品。采用这种策略，可以降低促销费用，使企业获取更多的利润。

实施缓慢撇脂策略的条件是目标市场规模有限，大多数目标消费者已经了解该产品，购买者对价格不是很敏感，潜在竞争威胁不大。

3. 快速渗透策略

此策略即采用低价格和高促销费用的方式推出新产品。采用这种策略的目的是为了能够迅速占领市场和获得最高的市场份额。为此，通过低定价获得尽可能多的消费者的认可，并通过大规模的促销活动刺激消费者的购买欲望。

实施快速渗透策略的条件是市场容量很大，大多数消费者对产品还不了解，对价格十分敏感，存在较大的潜在竞争威胁。

4. 缓慢渗透策略

此策略即以低价格和低促销费用的方式推出新产品。采用这种策略的目的是为了使消费者迅速接受新产品，同时低促销费用又可以使企业获取更多的利润。

实施缓慢渗透策略的条件是：市场容量很大；消费者对价格非常敏感，目标顾客已经知晓或容易了解该产品；潜在的竞争压力较大。

导入期的四种策略对企业来说并不是只能选择其中一种。企业可以从整个产品生命周期过程中的总体战略去考虑，灵活地交替使用。

（二）成长期

新产品经过导入期以后消费者对该产品已经熟悉，产品在市场上站住了脚跟并打开了销路。这一阶段有以下 3 个特点是。

第一，消费者对新产品已熟悉，销售量增长很快。

第二，大批竞争者加入，市场竞争加剧。

第三，规模效应开始显现，产品的单位成本下降，企业利润迅速增加。

在这种情况下企业应尽可能维持销售的增长速度，把保持产品品质优良作为营销的主要目标，具体的营销策略有以下 4 种。

1. 改善产品品质

从产品质量、性能、式样、包装等方面努力加以改进，以对抗竞争产品；还可以从拓展产品的新用途着手以巩固自己的竞争地位。

2. 寻找新的细分市场

通过市场细分，找到新的尚未满足的细分市场，根据其需要组织生产，迅速进入这一新的市场。

3. 改变广告宣传的重点

把广告宣传的重心从介绍产品转到建立产品形象上来，树立产品品牌，形象维系老顾客，吸引新顾客，使产品形象深入顾客心中。

4. 调整产品的售价

选择适当的时机，采取降价决策，以激发那些对价格比较敏感的消费者产生购买动机和采取购买行动。

（三）成熟期

成熟期是产品进入大批量生产并稳定地进入市场销售，产品需求趋向饱和的阶段。这一阶段有以下四个特点。

第一，市场趋于饱和，产品销售量增速趋缓，并逐步趋于下降。

第二，生产成本低，产量大。

第三，销售费用增加，企业利润下降。

第四，生产同类产品企业竞争加剧。

在这一阶段企业的主要营销目标是争取稳定市场份额，延长产品市场寿命。具体的营销策略有以下三种。

1. 市场改良

通过发现产品的新用途和寻求新的用户，以扩大销售。市场改良的主要方式有以下3种。

（1）进入新的细分市场。企业可以努力进入新的细分市场——地理的、人口统计的，或者运用新用途开拓现有市场。

（2）刺激现有消费者更多地购买。企业可以努力使消费者更频繁地使用该产品，同时使消费者在每次使用时增加该产品的用量。

（3）重新定位吸引新顾客。

2. 产品改良

产品改良是指改进产品的品质或服务再投入市场，以扩大产品的销售量。产品改良具体可包括改进产品质量，增加产品功能，增加产品特点，扩大产品的安全性、方便性，改进产品的式样、包装、外观等。

3. 营销组合改良

营销组合改良是指通过改进营销组合的一个或几个因素来刺激销售，延长产品的市场成熟期。通常使用的方法有降低价格，加强促销，改进营销渠道等。

（四）衰退期

衰退期是产品走向淘汰的阶段。这一阶段有以下两个特点。

第一，产品销量和利润呈锐减状态；

第二，产品价格显著下降。

面对衰退期的产品，企业需要进行认真研究分析，决定采取什么决策及在什么时候退出市场。通常有四种策略可供选择。

1. 继续策略

这是继续沿用过去的策略，仍按照原来的细分市场，使用相同的销售渠道、定价及促销方式，直到这种产品完全退出市场为止。

2. 集中策略

这是把企业能力和资源集中在最有利的细分市场和销售渠道上，从中获取利润。这样有利于缩短产品退出市场的时间，同时又能为企业创造更多的利润。

3. 收缩策略

这是大幅度降低促销水平，尽量减少销售和推销费用，以增加目前的利润。这样可能导致产品在市场上的衰退加速，但又能从忠实于这种产品的顾客中得到利润。

4. 放弃策略

对于衰落比较迅速的产品，应该当机立断，放弃经营。可以采取完全放弃的形式，如把产品完全转移出去或立即停止生产，也可采取逐步放弃的方式，使其所占用的资源逐步转向其他的产品。

第三节 服务与服务营销

小案例

微笑是属于顾客的阳光

希尔顿酒店被誉为当今世界的“饭店之王”，这座辉煌大厦的一块奠基石是“微笑服务”，这是希尔顿的母亲在他成功之路上授予他的秘诀。这秘诀是如此的平常，却又是那样的深奥。希尔顿刚在其位于得克萨斯州的第一家旅馆经营中稍有成效的时候，他母亲对他取得的成绩却不屑一顾。希尔顿的母亲指出要使经营真正得到发展，只有掌握一种秘诀，这种秘诀简单、易行，不花本钱却又行之有效。希尔顿冥思苦想，终得其解。这秘诀不是别的，就是微笑。他发现只有微笑才能同时满足以上4个条件，且能发挥强大的功能。此后，“微笑服务”就成了希尔顿饭店经营的一大特色。几十年来，希尔顿向饭店工作人员问得最多的一句话就是“你今天对客人微笑了吗?”。希尔顿的成功秘诀，说明了一个道理，那就是服务质量是服务企业的生命线。这是因为服务直接与顾客打交道，顾客得到的不只是有形的商品，而主要是无形的服务。完善的服务设施、舒适的服务环境、齐全的服务项目，能令顾客“宾至如归”；热情的服务态度、周到的服务项目、精湛的服务艺术更能使顾客流连忘返，并因此对企业留下深刻的印象。所以，希尔顿酒店的微笑魅力就不可低估了。希尔顿说过微笑是属于顾客的阳光，受阳光沐浴的顾客当然不会忘记温暖着他们的太阳。

服务营销学于20世纪60年代兴起于西方，缘于服务业的迅猛发展和产品营销中服务日益成为竞争焦点的客观实际。区别于经济学界的研究，市场营销学者以把服务作为一种产品为基础来进行研究。1960年，AMA最先给服务下定义：“用于出售或者是同产品连在的活动、利益或满足感。”

美国学者富克斯（V. Fuchs）在他的经典名著《服务经济》一书中宣布：美国在西方发达国家中已率先进入“服务经济”社会。所谓服务经济，是指服务业的产值在国内生产总值（GDP）的比重超过60%的一种经济状态。据此标准，日本、德国和加拿大等发达国家都已纷纷进入了服务经济时代。与服务业的快速发展相对应，制造业的“服务化”趋势也初露端倪，主要体现在以下三个方面。

（1）服务业与制造业正在趋于“同化”。产品价值中，服务的比例越来越大，越来越多的制造商成为服务提供者。例如，KONE电梯公司的总收入中，50%是来自产品维修和升级换代。

（2）服务已经成为企业间竞争最重要的手段和工具。

（3）由于制造业的“服务化”，很多企业现在面临的不再是狭义的产品问题，而是服务问题。例如，在企业所有的质量问题中，真正属于产品质量问题所占的比重每年都是30%左右，而服务问题，如送货不及时、装箱错误、订货系统问题等所占的比重总和远远大于50%。所以企业现在面临的真正挑战是服务，而不是原来意义上的产品。因此，服务营销成为当今营销研究的热点问题。

一、服务的分类与特征

（一）服务的分类

服务依据不同的划分标准，可以进行不同的分类。下面介绍4种典型的服务分类方法。

1. 洛夫洛克分类

洛夫洛克（Lovelock，2001）的分类较为权威。按照洛夫洛克的观点，服务可以从服务活动的对象、服务传递方式、服务经历要素、服务组织同顾客的关系、服务过程中定制化程度等几个方面进行分类，这种从不同的切入点对服务进行分类的方法，对于深入了解服务的特殊性、了解如何通过把握服务特性提高服务管理水平具有积极的意义。

洛夫洛克所做的第一种分类是根据服务对象和服务活动的有形性或无形性来进行的，由此将服务分为针对人体的服务、针对商品或其他实物的服务、针对人的思想的服务和针对无形资产的服务4类。洛夫洛克所做的第二种分类是根据服务组织同顾客的关系，将服务分为会员制持续传递型服务（如银行、大学等）、持续传递但没有正式关系的服务（如电台、高速公路等）、会员制间断服务（如长途电话用户、保修期内的修理等）和间断的没有正式关系的交易型服务（如公共交通、餐馆等）。

2. 萧斯塔克分类

萧斯塔克对服务分类的视野与其他学者不同，他是从实体产品与服务相结合的角度进行服务分类的。

（1）纯粹的实体产品（如盐、牙膏等）而不附带明显的服务，销售的标的物是实体物品。

（2）附带服务的实体产品，所提供的是附带服务的一些产品（如汽车、电视机等），但销售的标的物是实体物品。

（3）伴有产品的服务，所提供的服务附带有产品或是服务或是产品服务都有（如航空旅行、在医院做手术等），但销售的标的物是一种非实体性的物品。

（4）纯粹的服务，所提供的是服务（如信息），销售的标的物是非实体性的物品。

萧斯塔克分类法曾被许多学者采用，如科特勒（Kotle，2000）。不过，科特勒的分类比萧斯塔克分类更深化，科特勒将整个服务分为纯粹的有形商品、伴随服务的有形商品、有形商品与服务的混合、主要服务伴随小物品和小服务及纯粹的服务五类。

3. 蔡斯分类法

美国亚利桑那大学蔡斯（Richard B. Chase）教授是根据顾客和服务体系的接触程度来划分服务体系的。接触程度是指服务体系为顾客服务的时间与顾客必须留在服务现场的时间之比。这个比率越高，在服务过程中，顾客与服务体系之间的接触程度越高。在接触程度高的服务行为中，顾客参与服务过程，会影响服务需要的时间、服务的性质和服务质量。因此，这类服务行为较难控制，较难提高生产效率。在接触程度低的服务行为中，顾客与服务体系之间的相互交往很少发生，或相互交往时间相当短暂。在服务过程中，顾客对服务体系几乎没有什么影响，因此，这类服务行为可实现与工业企业类似的生产效率。

服务体系可划分为三种类型：纯服务体系、混合服务体系和准制造体系。纯服务体系与顾客直接接触，其主要业务活动需顾客直接参与，混合服务体系将面对面服务工作与后台辅助工作松散地结合在一起，而准制造体系与顾客几乎没有面对面的接触。

4. 罗杰·施米诺分类

罗杰·施米诺（Roger Schrnenner）设计了一个服务矩阵，在该矩阵中，他根据影响服务传递过程的两个主要维度，对服务进行了分类，如表 9 -2 所示。

表9－2　服务过程矩阵

<table>
<tr><td colspan="2" rowspan="2">项目</td><td colspan="2">交互和定制程序</td></tr>
<tr><td>低</td><td>高</td></tr>
<tr><td rowspan="4">劳动力密集程度</td><td rowspan="2">低</td><td>服务工厂</td><td>服务作坊</td></tr>
<tr><td>航空公司
运输公司
旅馆
度假胜地与娱乐场所</td><td>医院
机动车修理厂
其他维修服务</td></tr>
<tr><td rowspan="2">高</td><td>大众化服务</td><td>专业服务</td></tr>
<tr><td>零售业
批发业
餐饮业
教育</td><td>私人医生
律师、会计师
商业咨询
网络信息商</td></tr>
</table>

为了反映不同服务的性质，服务过程矩阵的4个象限被赋予不同的名称。

“服务工厂”提供标准化的服务，具有较高的资本投入，更像是一家流水线生产厂。“服务作坊”则允许顾客得到更多的定制服务，但它们是在高资本的情况下经营的。“大众化服务”的顾客可以在劳动力密集的环境里得到无差别的服务。那些寻求“专业性服务”的顾客会得到经过特殊训练的专家为其提供的个性化服务。

（二）服务的特征

1. 无形性

（1）服务的特质及组成服务的元素在许多情况下是无形无质的，让人无法触摸或凭视觉感到其存在。

（2）消费者消费服务后所获得的利益很难被察觉，或是要经过一段时间后，消费服务的享用者才能感觉出利益的存在。

服务的无形性决定了消费者在购买之前，无法以对待实物商品的办法（如触摸）等判断服务的优劣，而只能以收集信息的办法，参考多方意见及自身的历史体验来做出判断。对企业而言，服务的无形性要求其通过服务人员、服务过程及服务的有形展示，并综合运用服务设施、服务环境、服务方式和服务手段等来体现。

2. 生产和消费的不可分离性

有形的产业用品或消费品从生产，流通到最终消费的过程，往往要经过一系列的中间环节，生产与消费的过程具有一定的时间间隔。而服务则与之不同，它具有不可分割性的特征，即服务的生产过程与消费过程同时进行。也就是说，服务人员提供服务给顾客时，也正是顾客消费服务的时刻，二者在时间上不可分割。由于服务本身不是一个具体的物品，而是一系列的活动或过程，所以在服务的过程中消费者和生产者必须直接发生联系。从而生产的过程就是消费的过程。

服务的这一特征需要企业将顾客参与生产的过程纳入管理，而不只局限于对员工的管理。因而向顾客宣传服务知识、引导顾客参与服务生产过程、及时沟通服务人员与顾客之间的关系，对保证服务过程亦即顾客的消费过程高质量地完成具有十分重要的意义。

3. 差异性

服务产品的差异性是指服务的构成成分及其质量水平经常变化、难以统一认定的特性。服务的主体和对象均是人，人是服务的中心，而人又具有个性，人涉及服务提供方和接受服务的顾客两个方面。服务品质的差异性既由服务人员素质的差异所决定，也受顾客本身个性特征的影响。不同素质的服务人员会产生不同的服务质量效果；同一服务人员为不同个性的顾客服务，也会产生不同的服务质量效果；即使是同一服务人员为同一顾客提供服务，由于顾客在不同时间里的情绪不一样，其感知的服务效果也会不同。

服务品质的差异性会导致加盟连锁店的不同“形象”。虽然连锁店的产品与环境没有区别，但是由于服务人员的不同，消费者在不同的店里消费会感受到不同的服务。这种企业形象或企业的服务形象缺乏一致性，将对服务的促销产生严重的负面影响。

4. 不可储存性

服务的不可储存性是指服务产品既不能在时间上储存下来以备未来使用，也不能在空间上转移其服务，如果不能及时消费，即会造成服务的损失。例如，车船、电影、剧院的空位现象，其损失表现为机会的丧失和折旧的发生。

服务的不可储存性是供给与需求矛盾的主要来源，而服务营销人员必须设法对供给与需求加以平衡。因此，控制和调节需求成为服务营销人员的营销重点。价格促销可以拉动需求，常常被高尔夫球场、滑雪场、电影院、酒店和饭店等服务机构所采用。控制需求的另一个手段，是采取预订或预约服务，如美发、牙医、法律咨询等，一旦服务人员能根据预约情况大体预测需求，也就能根据需求情况来合理安排服务的产出（如时间、空间、服务人员的数量等）。

服务的无形性不可分离性、差异性和不可储存性是服务的基本特征，同时也是其与商品的主要区别，这一点被学者加以普遍引用。但是这种简单的概括无疑已经不能再适应今天不断涌现的服务新形势。

服务还有如下一些特征：①缺乏所有权，是指在服务的生产和消费过程中不涉及任何东西的所有权转移；②服务产品的复杂性，服务业是一个门类繁杂的产业群，在整个服务市场上销售的产品复杂多样、特点各异；③服务产品的相互替代性，一是服务产品同其他工农业实物产品之间有着很强的相互替代性，二是各类服务产品之间往往可以相互替代；④服务产品生产中应用科技的不平衡性，尤其是一些生活服务业，即使是在科技高度发达的今天，也很难从手工操作中解脱出来。

二、服务市场营销组合

越来越多的证据显示，产品营销组合要素的构成并不完全适用于服务营销。因此，有必要重新调整市场营销组合以适应服务市场营销。

1981年，布姆斯和比特纳在传统的“4ps”营销组合的基础上，将服务营销组合扩充为7个要素产品（Product）、价格（Price）、渠道（Place）、促销（Promotion）、参与者（Participants）、有形展示（Physical Evidence）和服务过程（Process of Service），简称7Ps。

（1）产品。服务产品必须考虑的要素是提供服务的范围、服务质量、服务水平、品牌及售后服务等。服务产品的这些要素组合的差异相当大，如一家供应数样小菜的小餐厅和一家供应各色大餐的五星级大饭店的服务产品要素组合就存在着明显差异。

（2）定价。价格方面要考虑的因素包括价格水平、折扣、折让和佣金、付款方式和信用。在区别一种服务和另一种服务时，价格是一种识别方式，顾客可从一种服务的价格感受到其价值的高低。价格和质量之间的相互关系，也是服务定价的重要考虑因素。

（3）渠道。提供服务者的所在地及地缘的可达性在服务营销上都是重要因素。地缘的可达性不仅是指实物上的，还包括传导和接触的其他方式，所以分销渠道的形式及其涵盖的地区都与服务的可达性有密切关联。

（4）促销。促销包括广告、人员推销、销售促进或其他宣传方式等各种市场沟通方式，以及一些间接的沟通方式，如公关等。

（5）参与者。在服务企业担任生产或操作性角色的人，在顾客看来其实就是服务产品的一部分，其贡献也和其他销售人员相同。大多数服务企业的特点是操作人员可能担任服务表现和服务销售的双重工作。因此，市场营销管理必须和作业管理者协调合作。企业工作人员的任务极为重要，尤其是那些经历“高度接触”的服务业务的企业。所以，市场营销的管理者还必须重视雇佣人员的筛选、训练、激励和控制。此外，对某些服务业务而言，顾客和顾客之间的关系也应引起重视。因为一位顾客对一项服务产品质量的认知，很可能是受到其他顾客的影响。在这种情况下，管理者应面对的问题是在顾客与顾客之间相互影响方面的质量控制。

（6）有形展示。有形展示会影响消费者和客户对一家服务企业的评价。有形展示包括的要素有实体环境（如装潢、颜色、陈设、声音）及提供服务时所需要的装备实物（如汽车租赁公司所需要的汽车），还有其他的实体性线索，如航空公司所使用的标志或干洗店将洗好衣物加上的“包装”。

（7）服务过程。人的行为在服务企业很重要，而过程（即服务的递送过程）也同样重要。表情愉悦、专注和关切的工作人员，可以减轻顾客必须排队等待服务的不耐烦的感觉，或者平息顾客在技术上出问题时的怨言或不满。整个体系的运作政策和程序方法的采用、服务供应中的机械化程度、员工裁断权的适用范围、顾客参与服务操作过程的程度、咨询与服务的流动等，都是市场营销管理者需特别注意的事情。

第四节　服务质量管理

一、服务质量的定义

服务是一种主观体验过程。在这个过程中，生产和消费是同步进行的。顾客和服务提供者之间是一种互动关系，这种互动关系就是买者和卖者的服务接触（关键时刻），它对感知服务质量的形成具有非常重要的影响，也就是说，服务质量是由顾客感知的质量。顾客通常主要是从技术和职能两个层面来感知服务质量，从而服务质量也就包括技术质量和职能质量两项内容，如图 9－3 所示。

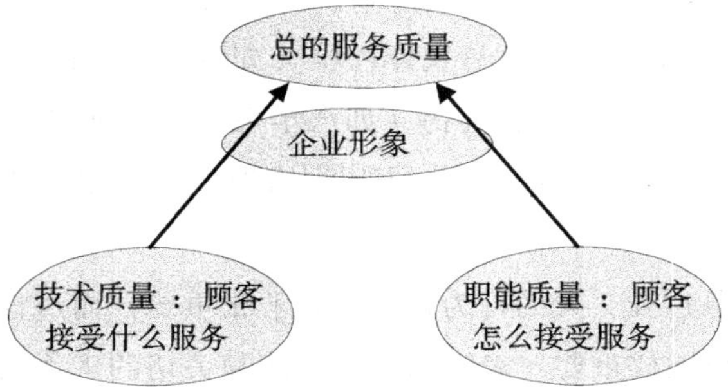

图 9－3　服务质量的两个构成要素

技术质量（结果质量）是指服务过程的产出，即顾客从服务过程中所得到的东西。对于这一层次的服务质量，顾客容易感知，也便于评价。不过，技术质量并不能概括服务质量的全部。既然服务是无形的，而且提供服务的过程也就是同服务人员打交道的过程，服务人员的行为、态度、穿着等将直接影响到顾客对服务质量的感知。所以，顾客对服务质量的感知不仅包括他们在服务过程中所得到的东西，而且还要考虑他们是如何得到这些东西的，这就是服务质量的职能层面，即职能质量（过程质量）。显然，职能质量难以被顾客客观评价，它更多地取决于顾客的主观感受。

企业形象对于服务企业来说是最重要的，可以从多方面影响顾客感知服务质量的形成。如果在顾客的心目中企业是优秀的，也就是说企业形象良好，那么即使企业的服务出现了一些微小的失误，顾客也会给予原谅。但是如果失误频频发生，企业的形象将遭到损害。进一步说，如果企业的形象很糟，那么服务失误对顾客感知服务质量的影响就会很大。在服务质量的形成过程中，可以将企业形象视为形成服务质量的“过滤器”。

二、服务质量的测定

服务质量由技术质量和职能质量两个基本要素构成，但是顾客感知服务质量并非取决于这两个要素，而是取决于顾客所预期的质量和所体验到的质量之间的差异。

自 20 世纪 80 年代开始，美国学者白瑞、帕拉苏拉曼、西斯姆就开始了对服务质量决定因素和顾客如何对服务质量进行感知等问题的研究。他们最初的研究成果列出了决定服务质量的 10 个因素：可靠性、响应性、能力、可接近性、礼貌、沟通、可信度、安全性、理解和有形性。在进一步的研究中，上述 10 个标准被归纳为 5 个维度，即有形性、可靠性、响应性、保证性和移情性。这 5 个维度包括了 22 个项目，服务质量的测定就是用这 5 个维度 22 个项目组成的调查表来进行，即 Servqual（Service Quality）量表，如表 9 – 3 所示。

表 9 – 3　Servqual 量表

维度	组成项目
有形的	1. 有现代化的服务设施 2. 服务设施具有吸引力 3. 员工有整洁的服务和外表 4. 公司的设施与它们所提供的服务相匹配
可靠性	5. 公司向顾客承诺的事情及时地完成 6. 顾客遇到困难时，能表现出关心并提供帮助 7. 公司是可靠的 8. 能准时提供所承诺的服务 9. 正确记录相关的服务
响应性	10. 不能指望他们告诉顾客提供服务的准时时间 11. 期望他们提供及时的服务是不现实的 12. 员工并不总是愿意帮助顾客 13. 员工因为太忙以致无法立即提供服务，满足顾客的需求
保证性	14. 员工是值得信赖的 15. 在从事交易时顾客会感到放心 16. 员工是有礼貌的 17. 员工可从公司得到适当的支持，以提供更好的服务

续表

维度	组成项目
移情性	18. 公司不会针对不同的顾客提供个别的服务 19. 员工不会给予顾客特别的关怀 20. 不能期望员工了解顾客的需求 21. 公司没有优先考虑顾客的利益 22. 公司提供的服务时间不能符合所有顾客的需求

对各个项目的服务质量测定一般采取评分量化的方式进行，其具体程序如下。

第一步，测定顾客的预期服务质量分数。

第二步，测定顾客的体验服务质量分数。

第三步，确定服务质量，即服务质量分数 = 体验分数 - 期望分数。

推而广之，评估整个企业的服务质量水平实际上就是计算平均 Servqual 分数。假定有 n 个顾客参与问卷调查，根据上面的公式，单个顾客的 Servqual 分数就是对其所有问题的 Servqual 分数加总再除以问题数目，然后，把 n 个顾客的 Servqual 分数加在一起除以 n 就是企业平均的 Servqual 分数，即测定的服务质量水平。

三、提高服务质量的策略

为了提高服务质量，首先需要对服务质量的现状有清楚的认识，并评价其好坏。对于无形的、缺乏明确的评价标准的服务来说，如何描述其质量本身就是一件不太容易的事。为此，可利用服务质量差距模型，如图 9 -4 所示，分析出现服务质量问题的关键所在，在此基础上对这一差距进行弥合，以实现对服务质量的改进和提高。

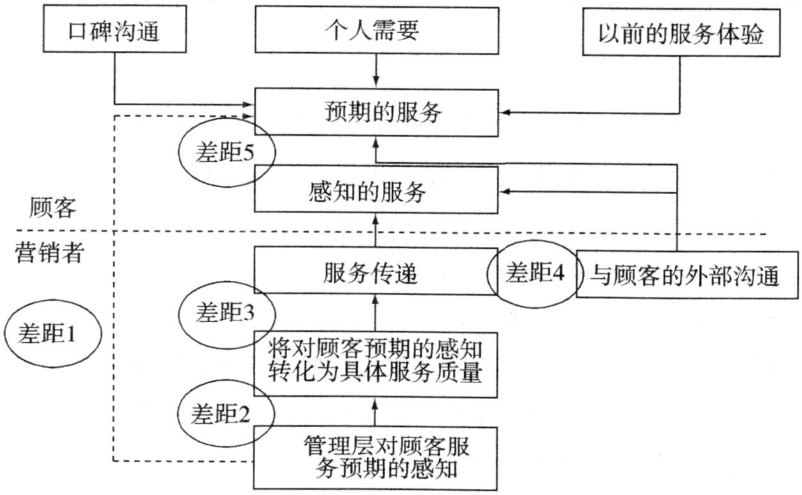

图 9－4　服务与质量差距模型

（一）服务质量差距模型

确定服务质量的好坏显然会遇到许多困难。首先，对服务质量好坏的感知依赖于顾客对既定服务质量内容的期望和实际得到的服务之间的不断比较。对于一种服务而言，无论服务提供者对它多么精心，如果不能满足顾客的期望，也会被顾客看成是一种低质量的服务。其次，在工业产品市场中，用户一般只是对最终产品的好坏进行比较和评价，而对于服务业来说，顾客不但要对最终得到的服务内容进行评价，而且要对服务的“生产”流程进行评价，这是服务质量差距 5。

当然，差距 5 是另外 4 种差距的综合反映。这一差距的大小往往取决于其他几种差距的情况，也就是说，可以用下面的公式来表示它们之间的关系：

差距 5 = f（差距 1，差距 2，差距 3，差距 4）

式中，差距 1，不了解顾客的真正期望；差距 2，未能选择正确的服务设计和标准；差距 3，未按服务标准提供服务；差距 4，服务组织未能履行承诺；差距5，顾客感知的服务与顾客期望的服务不匹配。

（二）弥合差距提高服务质量

1. 弥合差距1——不了解顾客的真正期望

这个差距的含义是指企业不能准确地感知顾客的服务期望，产生差距1的原因如下。

（1）市场调研和需求分析信息不准确。

（2）对顾客期望的解释不准确。

（3）顾客信息从与顾客接触的员工传递到管理者处时产生扭曲。

（4）管理层次过多以致阻塞了信息的传递或改变了信息的真实性，特别是对流向管理层以做出科学决策的信息来说。

感知差距的消除有许多方法。如果问题产生的原因是管理不善，就必须提高管理水平或是让管理者更深刻地理解服务和服务竞争的特性。一般来说，后一种情况更具有适用性，因为感知差距产生的原因并不一定是缺乏服务竞争力，而是管理者缺乏对服务竞争的深刻认识。

任何解决方法都离不开更好地开展市场调研活动，唯有如此才能更好地了解顾客的需求和期望。从市场和与顾客的接触中获取的信息是远远不够的，企业还必须提高内部信息的管理质量。对于服务组织来说，这具有非常重要的意义。

2. 弥合差距2——未能选择正确的服务设计和标准

服务质量标准差距是指服务提供者所制定的服务标准与管理层所认知的顾客的服务期望不一致而出现的差距。该差距出现的原因如下。

（1）服务设计不明确、不系统，没能实现服务定位。

（2）缺少服务标准或标准没能反映顾客的期望。

（3）不适宜的有形展示和服务场景。

（4）服务质量计划缺乏高层管理者的有力支持。

弥合这一差距的措施包括建立顾客定义的服务标准并使之反映顾客的期望，制定明确系统的服务设计，明确服务定位，建立有利于服务传递的有形展示与服务场景，高层管理者大力支持服务质量计划。

3. 弥合差距3——未按服务标准提供服务

即使服务组织已经准确地理解了顾客的需求，制定出反映顾客期望的服务标准，但是有时也无法提供标准化的服务，原因如下。

（1）服务质量标准规定得过于复杂和僵硬。

（2）员工不赞成这些标准，所以不执行这些标准。

（3）服务质量标准与企业文化不相容。

（4）服务运营管理水平低下。

（5）缺乏有效的内部营销。

（6）服务技术和系统无法满足标准的要求。

弥补差距3的方法主要是员工的培训问题，加强员工的服务态度和提高员工的服务技能；同时，还要对现有的监控系统进行改革以使它们与服务质量标准相匹配。

4. 弥合差距4——服务组织未能履行承诺

差距4是服务组织实际传递的服务与其宣传的服务之间的差距。组织通过广告、媒体、销售人员及其他沟通手段做出承诺，顾客则以此作为评价服务质量的标准，结果企业实际提供的服务无法达到承诺的水平。造成差距4的原因如下。

（1）市场沟通计划与服务运营未能融合在一起。

（2）传统的外部营销与服务运营不够协调。

（3）组织没有执行市场沟通中大力宣传的服务质量标准。

（4）过度承诺。

可以将上述原因分为两类：一类是市场沟通的计划与执行不力，另一类是企业在广告宣传和市场沟通中过度承诺的倾向。

对于第一类问题，解决的途径是建立服务运营与传递和外部市场沟通的计划和执行的协调机制。例如，每一次市场推广活动的推出必须考虑到服务的生产和传递，而不是各行其道。通过这种机制至少可以达到两个目的：第一，市场推广中的承诺和宣传可以更加现实和准确；第二，外部沟通中所做的承诺可以顺利实现，而且可以承诺得相对多一些，因为双方相互合作，承诺的实现就有了坚实的基础。至于第二类问题，解决的办法是利用更科学的计划手段来改善市场沟通的质量。当然，管理监督体系的合理运用对此也会有所帮助。

5. 弥合差距5——顾客感知的服务与顾客期望的服务不匹配

感知服务质量差距说明的是顾客感知的或实际体验的服务质量与其所期望的不一致。该差距出现的原因如下。

（1）顾客实际体验到的服务质量低于其期望的服务质量或者存在服务质量问题。

（2）口碑较差或企业形象较差。

（3）服务失败。

弥合此差距的措施包括：正确理解顾客的期望；选择正确的服务设计和标准；服务传递遵循顾客定义的标准；提高企业现象，形成良好的口碑等。

四、服务质量与顾客服务

对于特定的服务来说，究竟应当达到什么样的水平才比较理想？首先，取决于企业所采取的策略和顾客对服务的期望，这两个因素相互影响。如果服务提供者想成为市场的佼佼者并试图满足潜在顾客对优异服务质量的追求，那么，服务提供者就必须首先使顾客建立起较高的服务期望，然后为他们提供能感知到的优异服务质量。与此相对应，另外一家企业可能采取的是与之相反的策略——低质低价。在这种情况下，服务质量水平相对较低，但它至少应在顾客期望的服务水平之上。当顾客的服务期望与实际体验重合时，顾客感知的服务质量依然是良好的。

总体上来说，顾客感知服务质量的结果有四种，即低于期望水平、等于期望水平、高于期望水平和超越期望水平，如图9－5所示。良好的服务质量至少应当等于或大于顾客期望的服务质量水平，只有这样才能满足顾客的期望。可接受的服务质量是最起码的要求，但如果企业想让顾客愉悦，可接受的服务质量就远远不够了。

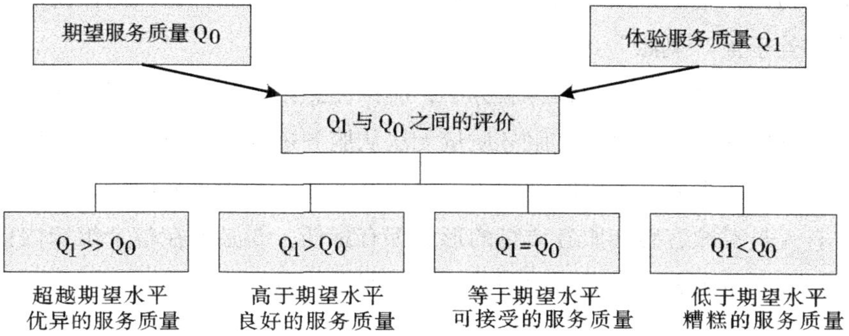

图 9－5　服务质量评价模型

顾客服务中，企业应当追求高于顾客期望的服务质量，尽管这样做有一定的风险。如果服务质量过高，服务产生的成本也会过高，收益就会减少甚至变成负值。从经济学的角度来看，这是不合理的。更重要的是，过高的服务质量还会被顾客认为是正常的服务质量，如果稍微有所波动，就会引起顾客的不满，从而形成不良口碑。另外，服务质量过高还会给顾客造成“宰客”的感觉，尽管事实并非如此。

在服务界有一个经常被引用的原则，即服务质量要略微高于顾客的期望。可接受的服务质量所提供的服务正好等于顾客的期望，它并不会引起顾客的不满，但顾客也不会产生与企业建立长期关系的强烈愿望。在这种情况下，顾客不愿意向他的朋友、邻居或同事传播对这个企业的好口碑。只有当服务提供者所提供的服务超过顾客期望并使顾客愉悦时，好的口碑才会产生，顾客也愿意与企业保持长期的合作关系。顾客会记住他的服务体验，并乐于向他人谈起这种美好的服务体验。

对于服务提供者来说，最忌讳的是先给顾客一个惊喜，然后再回到原来的服务水平。因为即使一次的服务质量提升，也会导致顾客服务预期的上升，而顾客服务预期的上升会使得企业下一次服务更加困难，顾客绝不会像第一次那样，那么容易被“感动”。处理不好，会引起顾客的不满，这种不满的影响远远大于服务质量提高使顾客感到的惊喜的影响。为此，企业必须时刻努力，每一次都给顾客以惊喜，从而保持顾客始终处于被“刺激”的状态。

总之，服务质量与顾客服务中，应该注意以下几点：①服务质量是顾客感知的服务质量；②服务质量无法从服务过程中剥离出来；③服务质量是由一系列的关键时刻和服务接触及互动关系积累而成的；④企业所有人员对顾客感知服务质量的形成都有责任；⑤必须在整个组织内倡导服务质量观念；⑥要将内部营销纳入服务质量管理的范畴。

第五节　服务的有形展示

服务因其无形而不同于货物。货物以物质形态存在，服务以行为方式存在。服务的非物质特性对于顾客如何形成深刻印象和做出购买决定，以及服务市场营销人员如何完成市场营销任务有重要启示。顾客看不到服务，但是能看到服务工具、设备、员工、信息资料、其他顾客、价目表等，所有这些有形物体都是看不见的服务的线索。这些线索能增加顾客对有关服务的认识，并增添整个市场营销战略的活力，也被称为有形展示。

一、有形展示的类型

对有形展示可以从不同的角度进行不同的分类。不同类型的有形展示对顾客的心理及其判断服务产品质量的过程有不同程度的影响。其中，根据有形展示的构成要素进行划分，有形展示可以分为 3 种类型，即物质环境、信息沟通和价格，如图 9－6 所示。如图 9－6 中相交的圆环表明的那样，这几种类型不是完全排他的。例如，价格是一种不同于物质环境和说服性信息交流的展示方式，然而，必须通过多种媒介将价格信息从服务环境传进、传出。

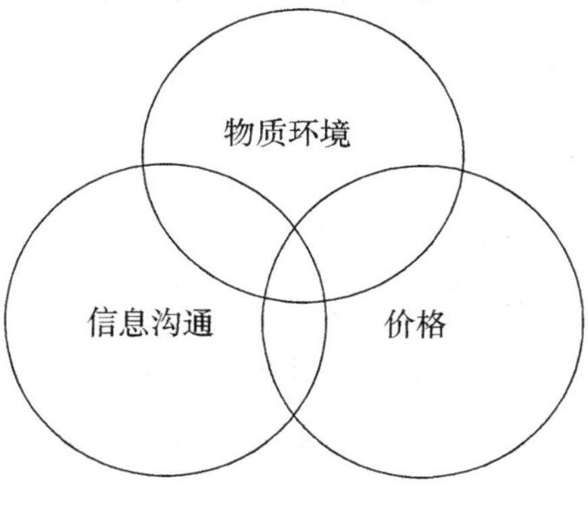

图9-6　有形展示的类型

（一）物质环境

物质环境有三大类型：周围环境、设计因素、社会因素。

（1）周围环境，这类因素通常被顾客认为是构成服务产品内涵的必要组成部分。周围环境的存在并不会使顾客感到格外的兴奋和惊喜，但是，如果失去这些要素或者这些要素达不到顾客的期望，就会削弱顾客对服务的信心。周围环境因素是不易引起人们重视的背景条件，但是，一旦这些因素不具备或令人不快，马上就会引起人们的注意。

（2）设计因素，即被用于改善服务产品的包装，使产品的功能更为明显和突出，以建立有形的、赏心悦目的产品形象。设计因素是主动刺激，它比周围环境因素更容易引起顾客的注意。因此，设计因素有助于培养顾客的积极感觉，且鼓励其采取接近行为，有较大的竞争潜力。设计因素又可以分为两类美学因素（如建筑风格、色彩）和功能因素（如陈设、舒适）。设计因素既应用于外向服务的设备，又应用于内向服务的设备。

（3）社会因素，是指在服务场所内一切参与及影响服务产品生产的人，包括服务员工和其他在服务场所同时出现的各类人士。他们的言行举止皆可影响顾客对服务质量的期望与判断。服务员的言行举止在服务展示管理中也特别重要，因为在一般情况下顾客并不会对服务和服务提供者进行区分。

（二）信息沟通

信息沟通是另一种服务展示形式，这些来自公司本身及其他引人注意的沟通信息通过多种媒体传播，展示服务。从赞扬性的评论到广告，从顾客口头传播到企业标记，这些不同形式的信息沟通都传送了有关服务的线索。有效的信息沟通有助于强化企业的市场营销战略。

（三）价格

市场营销经理对定价有特殊的兴趣，因为价格是市场营销组合中唯一能产生收入的因素，而其他的因素则招致成本增加。但是，无论如何，价格之所以重要还有另一个原因，即顾客把价格看作是有关产品的一个线索。价格能培养顾客对产品的信任，同样也能降低这种信任。在服务行业，正确的定价也特别重要，因为服务是无形的，而价格是对服务水平和质量的可见性展示。

二、有形展示的效应

服务有形展示的首要作用是支持公司的市场营销战略。在确定市场营销战略时，应特别考虑对有形因素的操作，以及希望顾客和员工产生什么样的感觉，做出什么样的反应。有形展示作为服务企业实现其产品有形化、具体化的一种手段，在服务营销过程中居重要地位。但是，有形展示能被升华为服务市场营销组合的要素之一，所起的作用及其战略功能当然不会局限于评估品质，具体来说主要包括以下几个方面。

（1）通过感官刺激，让顾客感受到服务给自己带来的利益。消费者购买行为理论强调，产品的外观是否能满足顾客的感官需要，将直接影响到顾客是否真正采取行为购买产品。同样，顾客在购买无形的服务时，也希望能从感官刺激中寻求到某种东西。服务展示的个潜在作用是给市场营销战略带来乐趣优势。利用服务展示增加乐趣的市场营销人员总是寻求在顾客的消费经历中注入新颖的、令人激动的、娱乐性的因素。这些市场营销人员总是以非同寻常的方式来完成交易，从而消除顾客的厌倦情绪，他们把服务环境当作舞台，把服务传递看作剧场。

（2）引导顾客对服务产品产生合理的期望。顾客对服务是否满意，取决于服务产品所带来的利益是否符合顾客的期望。可是，服务的不可感知性使顾客在使用服务之前，很难对该服务做出正确的理解或描述，他们对该服务的功能及利益的期望也是很模糊的，甚至是过高的。不合乎实际的期望又往往使他们错误地评价服务，或做出不利的评价。而运用有形展示则可让顾客在使用服务之前能够具体地把握服务的特征和功能，较容易地对服务产品产生合理的期望，以避免因顾客期望过高而难以满足所造成的负面影响。

（3）影响顾客对服务产品的第一印象。对于新顾客而言，在购买和享用某项服务之前，他们往往会根据第一印象对服务产品做出判断。既然服务是抽象的、不可感知的。有形展示作为部分服务内涵的载体无疑是顾客获得第一印象的基础，有形展示的好坏直接影响到顾客对企业服务的第一印象。

（4）促使顾客对服务质量产生“优质”的感觉。服务质量的高低并非由单一因素所决定。根据西方学者对多重服务的研究，大部分顾客会从 10 种服务特质来判断服务质量的高低，而“可感知”是其中的一个重要特质，有形展示正是可感知服务的组成部分，有形展示像服务产品的包装一样，包装质量较高，就能使顾客对服务质量产生“优质”的感觉。

（5）帮助顾客识别和改变对服务企业及其产品的形象。有形展示是服务产品的组成部分，也是最能有形地、具体地传达企业形象的工具，企业形象或服务产品的形象也属于服务产品的构成部分。形象的改变不仅是在原来形象的基础上加入一些新东西，而且要打破现有的观念，所以它具有挑战性，服务的无形性增加了这一挑战的难度。没有有形产品作为新设计形象的中心载体，服务市场营销人员必须寻找其他有形因素作为代理媒介。

（6）协助培训服务员工。前面已经指出，服务市场营销学区别于传统市场营销理论的一个重要方面在于，它承认“服务员工”也是企业顾客的事实。既然服务产品是“无形无质”的，而且顾客难以了解服务产品的特征与优点，那么，我们也有理由假设“服务员工”作为企业的内部顾客也会遇到同样的难题。倘若“服务员工”尚未能完全了解企业所提供的服务，企业的市场营销管理人员又该如何保证他们所提供的服务符合企业所规定的标准呢？所以，市场营销管理人员利用实体显示突出服务产品的特征及优点时，也可利用相同的方法作为培训“服务员工”的手段。

第十章　价格与成本策略

与价格策略有关的现象有以下几个。

（1）国外的大米在中国要比中国的大米贵很多倍。

（2）中国的家电企业一次又一次的爆发价格大战。

（3）相同的商品在不同的地方价格会相差很多。

（4）使用个人通信工具要交月租费。

（5）很多商场喜欢在节假日举行促销活动。

（6）景区内的很多服务会在节假日涨价。

这些例子都与价格策略有关，还有很多类似的例子可以举例。它们其实就发生在我们身边，那么导致企业选择不同价格策略的根源是什么呢？

第一节　企业定价目标

在市场经济日益成熟的条件下，价格已成为影响市场需求的主要因素，所有企业都要对其生产或经营的产品制定适当的价格。这样才能扩大销售，提高市场占有率，增加赢利。因此，企业管理部门必须做出合理的定价决策，以保证其实现最佳的经济效益。企业在定价之前，首先要考虑与企业总目标、市场营销目标相一致的定价目标，并把它作为确定价格策略和定价方法的依据。企业的定价目标可分为以下几类。

（一）利润导向定价目标

利润是考核和分析企业营销工作的一项综合性指标。许多企业都把利润作为重要的定价目标，具体有以下三种情况。

1. 以获取预期利润率为目标

预期利润率是指投资者将一定时期的利润水平规定为投资额或销售

额的一定比率。也就是说，投资者既不追求一时的高利，也不因追求高销售量而放弃利润，而是力图保持长期稳定地获得利润。以一定的预期利润率为定价目标，其关键是确定预期利润率。不同的投资者可根据产品的销售、流动资金等状况，确定不同的利润率。对于占用资金少，资金周转速度快的产品，可以以较低的销售利润率为目标；对于占用资金多、资金周转速度慢的产品，可以以较高的销售利润率为目标。

2. 以获取最大利润为目标

实现最大利润是企业的最大愿望。最大利润是指企业在一定时期内可能并准备实现的最大利润总额，这是常见的定价目标之一。企业在采取以获取最大利润为定价目标时，需具备三个条件。

（1）企业的产品在市场上具有一定优势，且在计划期内不易丧失这些优势。

（2）同行业竞争对手不强。

（3）能较准确地掌握本企业产品的需求或成本状况，为实现这一定价目标提供科学依据。

另外，实现以获取最大利润为定价目标的方法就是提高产品的价格，提高单位产品的赢利额，追求短期利润最大化。

3. 以获取合理利润为目标

它是指为了保持销售稳定或减少竞争对手，达到长期占领市场的目的，以获取合理利润为定价目标。以获取合理利润为定价目标是指企业在补偿正常情况下的社会平均成本的基础上，适当地加上一定量的利润作为商品价格，以获取正常情况下合理利润的一种定价目标。合理的标准是既能获得一定的利润，又能减少竞争者的加入。在此种目标下，商品价格适中，顾客乐于接受，政府积极鼓励。以获取合理利润为定价目标常被大型企业采用。

（二）销量导向定价目标

销量导向定价目标是指企业希望获得某种份额的市场占有率而确定

的价格目标。市场占有率是指一个企业的产品销售量在市场同类产品销售总量中所占的比重。不断扩大产品销售量是提高市场占有率的主要途径。根据产品需求规律，要增加产品销售量就要降低产品价格。这样，从单位产品来说，利润水平可能降低，但从利润总额看，由于产品销售量增加，有可能弥补单个产品利润量减少的损失，甚至增加利润总量，这是企业制定和调整产品价格时所采用的定价目标之一。销量导向定价目标要求企业具备的条件是有潜在的生产经营能力，总成本的增长速度低于总销售量的增长速度产品的需求价格弹性较大，即能够薄利多销。一般来说，这一定价目标要优于以扩大利润为目标。在产品市场不断扩大的情况下，如果只顾短期利润，可能会降低市场占有率，不会取得较好的经济效益和社会效益，不利于长期而稳定地获得利润。为了长远利益，有时需要减少移至放弃眼前利益。因此，许多资金雄厚的大企业，喜欢以低价渗透的方式建立一定的市场占有率。一些中小企业为了在某一细分市场获得一定优势，也十分注重扩大市场占有率。

（三）适应或避免竞争导向定价目标

适应或避免竞争导向定价目标是指企业在竞争激烈的市场上以适应或避免竞争为目标。在市场竞争中，企业在制定产品价格时，为适应或避免竞争，需要广泛收集有关竞争者价格方面的资料，将本企业的产品质量与竞争者的同类产品进行比较，然后在高于、低于或等于竞争者价格这三种定价策略中选择其一。当市场存在领导者价格时，新加入者要想把产品打入市场，争得一席之地，只能采取与竞争者相同的价格。一些小企业因生产、销售费用较低，或某些企业为扩大市场份额，定价会低于竞争者。只有在具备特殊条件时，如资金雄厚、拥有专有技术、产品质量优越、推销服务水平高等，才有可能把价格定得高于竞争者。

（四）质量导向定价目标

产品质量导向定价目标是指企业通过在市场上树立产品质量的领先

地位而在价格上做出的反应。优质优价是一般的市场供求规则，研究和开发优质产品必然要支付较高的成本，自然要求以较高的价格得到回报。采取这一定价目标的企业必须具备两个条件：高质量的产品和提供优质的服务。

（五）生存导向定价目标

当企业生产能力过剩、市场竞争激烈或者要改变消费者需求时，要把维持生存作为自己的主要目标。为了保持工厂继续开工和使存货减少，企业必然要制定一个低价格，并希望市场对价格十分敏感。生存比利润更重要，不稳定的企业一般都会求助于大规模的价格折扣，为的是能保持企业的活力。对于这类企业而言，只要其价格能弥补变动成本和部分固定成本，即单价大于单位变动成本，就能够维持企业的生存。

第二节　影响产品定价的因素

影响定价的因素是多方面的，如定价目标、成本、其他市场营销组合因素、国家法律和政策、市场需求状况、市场竞争形势等。产品定价时必须首先对这些因素进行分析，认识它们与价格的关系，据此选择企业的定价方法和策略。

一、定价目标

企业为产品定价时，首先必须有明确的目标，定价目标是指企业通过制定及实施价格策略所希望达到的目的。定价目标是以企业营销目标为基础的，不同企业、不同产品、不同市场有不同的营销目标，因而定价目标也就有多种选择。

（一）维持企业生存

当企业由于经营管理不善，或由于市场竞争激烈，顾客需求偏好突然变化等原因，造成产品销路不畅、大量积压，资金周转不灵，甚至濒临破产时，企业为了确保工厂继续开工和使存货出手，必须制定较低的价格，只要能收回变动成本或部分固定成本即可，以求迅速出清存货，收回资金。这种目标只能是企业面临困难时的短期目标，长期目标还是要获得发展，否则企业终将破产。

（二）当期利润最大化

企业追求目前利润的最大化，而不考虑长期效益。以此为目标定价时，企业估计需求和成本，并据此选择一种价格，使之能产生最大的当期利润、现金流量或投资报酬率。以当期利润最大化为目标来定价，必须具备一定条件，当产品声誉卓著，在目标市场上占有竞争优势地位时，可以采用。否则，还是要以长期目标为主。

（三）市场占有率最大化

市场占有率是企业的经营状况和企业产品竞争力的直接反映，它的高低对企业的生存和发展具有重要意义。一个企业只有在产品市场逐渐扩大和销售额逐渐增加的情况下，才有可能生存和发展，因此，保持或提高市场占有率是一个十分重要的目标。许多企业制定尽可能低的价格来追求市场占有率领先地位。但在采用这一定价目标时也必须慎重考虑，量力而行。因为运用低价策略扩大市场占有率，必然会使需求量急剧增加。为此，企业必须有充足的商品供应，否则，由于供不应求而造成潜在的竞争者乘虚而入，这反而会损害企业的利益。

（四）扩大销售

有时企业会将定价目标主要着眼于使产品销售额达到最大增长量。采用这种定价目标的企业不宜将利润目标定得太高，而应通过市场能够接受的价格迅速打开市场。

（五）稳定价格目标

该目标是以保持价格相对稳定，避免正面价格竞争为目标的定价。

当企业准备在一个行业中长期经营时，或某行业经常发生市场供求变化与价格波动，需要有一个稳定的价格来稳定市场时，往往由该行业中的大企业或占主导地位的企业率先制定一个较长期的稳定价格，其他企业的价格与之保持一定的比例，这样，对大企业是稳妥的，中小企业也避免遭受由于大企业的随意调价而带来的打击。

（六）产品质量最优化

企业也可以考虑在市场上产品质量领先这样的目标，并在生产和市场营销过程中始终贯彻产品质量最优化的指导思想。这就要求制定高价格来弥补高质量和研究开发的高成本。

二、市场需求

市场需求是影响定价的重要外部因素，它规定了产品价格的最高限度。企业制定的每一种价格都会产生不同的需求水平，因此对企业能否实现其营销目标会有不同的影响。在正常情况下，产品的需求量与产品价格成反比，即价格越高，需求越低，反之亦然。价格与对应的需求量之间的关系如图 10－1 所示。市场的扩大或缩小取决于单个商品的价格，并和这个价格的涨落成反比。

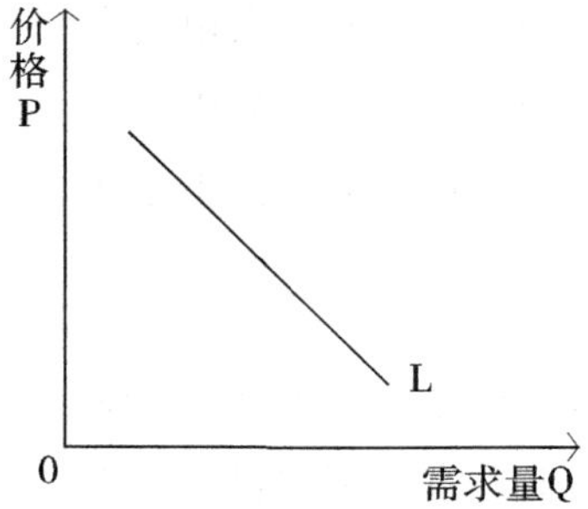

图 10－1　需求曲线

（一）需求的价格弹性

在价格与需求的关系方面，营销者要了解需求的价格弹性，即产品价格变动对市场需求量的影响。在图 10－2 中有两条需求曲线，在（a）中，当价格从 P_1 增加到 P_2 时，需求量从 Q_1 降到 Q_2，减少量相对较少。在（b）中，价格增加的幅度与（a）相等，需求量从 Q_1 变动到 Q_2，减少的数量相对较多。假如价格发生变动时，需求量几乎不变，我们就说需求无弹性相反，需求量变化很大时，我们就说需求富有弹性。

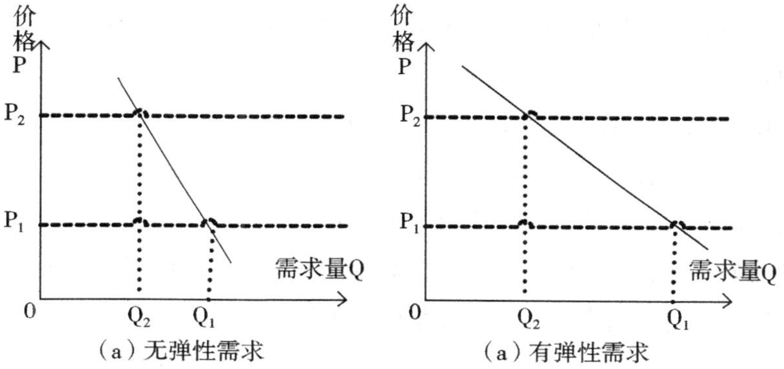

图 10－2　需求价格弹性

需求价格弹性也称为价格弹性系数，是需求量变化的百分率同价格变化百分率之比，反映需求量变化相对价格变化的灵敏度大小。其计算公式为：

$$E = [(Q_2 - Q_1)/Q_1] / (P_2 - P_1)/P_1$$

式中：E——需求弹性系数，价格变化与需求量变化的方向通常相反，E 一般取绝对值。

P——价格。

Q——需求量。

当 $E>1$ 时，即价格变动率小于需求量变动率，此产品富于需求弹性，或称为弹性大。

当 $E=1$ 时，即价格变动率同需求量的变动率一致，此产品具有一般需求弹性

当 $E<1$ 时，即价格的变动率大于需求量的变动率，此产品缺乏需

求弹性或者非弹性需求。

那么是什么使得一种商品的需求有弹性，而另一种商品的需求缺乏弹性呢？主要有四个因素：替代品的数目和相近程度、产品与生活关系的密切程度、产品的质量、产品本身的独特性和知名度。

（二）需求弹性对定价的影响

商品需求弹性的不同对企业的定价有不同的影响。要注意以下两方面。

1. 不同产品的需求弹性不同，企业的定价应不同

当商品富有需求弹性时，即 $E>1$ 时，商品小幅度降价，销售量就会显著增加，企业的总收入也会增加；相反，商品小幅度提价，销售量就会明显下降，企业的总收入也会减少。价格变动方向同总收入变动方向成反比。对于这类商品，企业采取低价销售有利。

当商品具有一般需求弹性时，即 $E=1$ 时，价格变动幅度与销售量变动幅度大小一致，方向相反，总收入不变。对于这类商品，企业不宜采用价格手段进行竞争。

当商品缺乏需求弹性时，即 $E<1$ 时，即使商品价格下降很多，销售量也只有较少的增加，企业总收入减少；相反，价格提高很多，销售量也只有较小的减少。价格的变动趋势同总收入的变动趋势方向相同。对于这类商品采用较高的定价对企业有利。

2. 同一产品在不同时期内或不同的价格区域需求弹性有所不同

当某一种商品的需求弹性测出后，还要分析此商品在不同的销售时期和处于不同的价格区域上的情况。许多商品弹性不是始终如一的，企业要具体测定各区段的需求弹性，以找出理想的定价点。

三、产品成本

产品成本是由产品的生产过程和流通过程中耗费的物质资料和支付的劳动报酬所构成的。它是价格构成中一项最基本、最主要的因素。成

本是产品定价的最低限度，产品价格必须能够补偿产品生产、分销和促销的所有支出，并补偿企业为产品承担风险所支付的代价。一般而言，企业定价中使用比较多的成本类别有以下五种。

（一）总成本

总成本是指企业生产一定数量的某种产品所发生的成本总额，是总固定成本和总可变成本之和。

（二）总固定成本

总固定成本也称为间接成本总额，指一定时期内产品固定投入的总和，如厂房费用、机器折旧费、一般管理费用、生产者工资等。在一定的生产规模内，产品固定投入的总量是不变的，只要建立了生产单位，不管企业是否生产、生产多少，总固定成本都是必须支付的。

（三）总变动成本

总变动成本也称为直接成本总额，指一定时期内产品可变投入成本的总和，如原材料、辅助材料、燃料和动力、计件工资支出等。总变动成本一般随产量增减而按比例增减，产量越大，总变动成本也越大。

（四）单位成本

单位成本是指单个产品的生产费用总和，是总成本除以产量所得之商。同样，单位成本也可分为单位变动成本和单位固定成本。单位变动成本是发生在一个产品上的直接成本，与产量变化的关系不大，而单位固定成本作为间接分摊的成本，在一定时期内，其与产量是成反比的。产量越大，单位产品中所包括的固定成本就越小；反之，则越大。

（五）边际成本

边际成本是指增加一个单位产量所支付的追加成本，是增加单位产品的总成本增量。边际成本常和边际收入配合使用。边际收入指企业多售出单位产品得到的追加收入，是销售总收入的增量。边际收入减去边际成本后的余额称为边际贡献。边际贡献为正值时，表示增收大于增支，增产对于企业增加利润或减少亏损是有贡献的；反之，则应减产。

四、市场竞争

对于竞争激烈的产品，价格是一种重要的竞争手段，企业必须了解竞争者所提供的产品的质量和价格，考虑比竞争对手更为有利的定价策略，这样才能获胜。一般有以下四种情况。

（一）完全竞争

完全竞争是指市场上有许多企业从事商品的买与卖，各个企业买卖的数量相差不大，且只占市场商品总量的一部分；他们买卖的商品是相同的；新的售卖企业可随时进入市场；买卖双方的市场信息灵通；生产要素在各行业间可以自由流动，市场上所有卖方企业出售商品的条件也都相同。在完全竞争的条件下，买卖双方都只是“价格接受者”，而不是“价格决定者”价格完全由供求关系决定，各自的行为只受价格因素的支配，因此在这种情况下，企业无须在定价上花过多的精力。

（二）纯粹垄断

纯粹垄断是指在一个行业中某种产品或服务由一个卖主独家经营和控制。纯粹垄断可分为政府垄断和私人垄断。政府垄断即政府独家经营的业务。私人垄断又可分为私人管制垄断和私人非管制垄断，在私人管制垄断条件下，政府对某些私人垄断企业的定价要加以调节和控制；而在私人非管制垄断条件下，政府允许私营企业随意定价。

（三）垄断竞争

这是一种介于完全竞争和纯粹垄断之间的市场条件。它既有垄断倾向，又有竞争成分，因而垄断竞争是一种不完全竞争。在不完全竞争的市场上，众多卖方企业在产品质量、外观、花色、式样、包装、厂牌等方面存在着差异。因此，各个卖主对其产品有相当的垄断性，能够控制其产品的价格。也正是依仗产品的差异优势，这些企业由价格的消极“接受者”，变为强有力的价格“决定者”。

（四）寡头竞争

这是竞争和垄断的混合物，也是一种不完全竞争。它是指一个行业中少数几家企业生产和销售的产品占此市场销售量的绝大部分，价格实际上由他们共同控制。各个寡头之间相互依存、影响，一个寡头企业调整价格都会引起其他寡头企业的连锁反应，因此，寡头企业之间互相密切注意着对方战略的变化和价格的调整。

五、政策法规

由于价格涉及供应商、销售商和广大消费者的利益，同时也会对宏观经济发展产生重要影响，因此有时政府部门会对一些产品的价格实行政策干预，如美国通过制定“不公平贸易行为法案”对价格规定了一个最低限度，特别是对批发和零售价格水平，美国超过半数以上的州都规定，批发商和零售商对商品定价必须在成本及运费基础上加一个最低限度的百分比。在这种情况下，政策法规就成为企业定价的依据之一。

第三节　基本定价方法

在企业的定价过程中，定价方法的选择是最终价格形成的重要步骤，按一定的定价方法确定的初始价格，是制定价格策略的基础。常用的定价方法有三类，即成本导向定价法、需求导向定价法和竞争导向定价法。每一大类中又有许多具体方法，企业应根据不同的定价目标、成本、需求及不同的竞争环境，择优选用，有时需要同时比较几种具体的定价方法来制定价格。定价方法的选择适当与否，直接关系到定价目标能否实现以及定价策略的成败。

小资料

钻石与水悖论

众所周知，钻石对于人们维持生存没有任何价值，但其市场价格非常高；相反，水是人们生存的必需品，但其市场价格相对钻石而言却非常低。这种强烈的反差被称为钻石与水悖论，该悖论首次由约翰·劳提出（后为亚当·斯密试图说明价值决定因素时所引用）。钻石与水悖论在彰显价格决定机制复杂性的同时，也彰显了企业定价需要的智慧与技巧。

一、成本导向定价法

以营销产品的成本为主要依据制定价格的方法统称为成本导向定价法，这是最简单、应用相当广泛的一种定价方法。由于产品的成本形态不同以及在成本基础上核算利润的方法不同，成本导向定价具有几种形式。

（一）成本加成定价法

这是最简单的定价方法，即按产品成本加上一定比例的毛利率出销售价。这是成本导向定价法的基本形式，其计算公式为：

$$P = c \times (1 + r)$$

式中：P——商品的单价。

c——商品的单价总成本。

r——商品的加成率。

例如，某手表厂生产某牌石英表，单位成本为 90 元/只，加成率为 50%，则每只手表的价格为：

$$\begin{aligned} P &= c \times (1 + r) \\ &= 90 \times (1 + 50\%) \\ &= 135\ (元/只) \end{aligned}$$

成本加成定价法的优点是计算简便，可简化定价工作稳定性大，企业不必随时因需求的变动而频繁调整价格避免竞争对买卖双方而言公平合理。但成本加成定价法由于只从卖方、从成本的角度考虑价格，忽视了市场需求和竞争，从而适应性不是很强。

成本加成定价法适用于产品与单位成本相对稳定，市场竞争不是很激烈的产品。制造商、中间商以及其他行业如建筑业、交通运输业、农牧业等部门都常使用这种定价方法。当然，产品不同、行业不同和市场供求状况不同，产品成本的加成率也不一样，一般中间商的加成率高于制造商。

（二）目标利润定价法

为了避免产品的积压，现代企业大都遵循“以销定产”的原则，即按照预计销量来生产，所以目标利润定价法是根据企业总成本和预期销售量，确定一个目标利润率，并以此作为定价标准。通用汽车公司使用目标利润定价法，把汽车价格定在使它的投资能取得15%～20%的利润水平。这种定价方法也被公用事业单位所使用，这些单位定价时要受到对于他们的投资只能获得一个公允报酬的限制。其计算公式为：

单位商品价格=［总成本×（1+目标利润率）］/预计销量

（三）盈亏平衡定价法

盈亏平衡点（Break Even Point，BEP）又称为保本点、盈亏临界点，通常是指满足企业全部销售收入等于全部成本时销售量或销售额。

这种方法是运用损益平衡原理实行的一种保本定价方法。首先计算盈亏平衡点，其公式是：

盈亏平衡点销售量=固定成本/（单价-单位变动成本）

盈亏平衡点销售额=固定成本/（1-单位变动成本率）

如果企业把价格定在保本定价点上，则只能收回成本，不能盈利若高于保本定价便可获利，获利水平取决于高于保本点的距离；如低于保本定价点，企业无疑是亏损的。因此也可以将盈亏平衡定价法理解为，它规定了在产量一定的情况下，什么价格是保证企业不亏本的下限。

二、需求导向定价法

需求导向定价法是指根据市场需求状况和消费者对产品的感觉差异来确定价格的定价方法。现在越来越多的企业意识到有效定价的基础，不是卖方的成本，而是顾客对需求的认识和对产品价值的理解。这些企业通过运用营销组合中的非价格变量在购买者心目中建立起产品价值概念，并以此为基础确定企业的价格、利润和成本。需求导向定价法符合现代市场营销中以消费者需求为中心的营销理念，它主要包括以下三种。

（一）认知价值定价法

认知价值，是指买主对产品或劳务的价值的理解、感受或评价。认知价值定价法是根据消费者对企业提供的产品价值的主观评判来制定价格的一种定价方法。该方法认为最有效的定价依据不是卖方的产品成本或打算赚多少钱，而是买方对产品价值的认知。实施认知价值定价法的关键在于准确确定顾客对产品价值的认知水平。如果估计过高，则商品定价就太高，市场不能接受；如果太低，商品定价就低，企业无利可图。因此，为了准确把握顾客的认知价值，深入细致的市场调研是必须的。

消费者的认知价值可以是消费者自发形成的，也可以是通过外因作用而形成的。企业要使某项投资获得预期利润，必须有一个预期价格和预期销售量，若消费者的认知价值和实际需求量低于预期价格和预期销售量，企业就不能获得预期盈利。值得注意的是，作为一个企业，并不只是被动地接受消费者对其产品的评价和判断，往往可以运用各种营销手段来提升消费者对产品的认知，如提高质量、完善性能、增加服务等，从而提高消费者对企业产品的认知价值。

认知价值定价法具体有直接评议法、相对评分法和诊断法三种形式。

小案例

30 元方便面

2016 年 3 月，统一在各大电商网站相继推出了定价 29.9 元的豪华版——满汉宴方便面，但仅上市一个月，这款“满汉宴”方便面在不少电商平台已悄然下架。分析称，消费者对 30 元的方便面不买账，“满汉宴”滞销是下架的原因。通过消费者对 29.9 元方便面的反应来看，大多数人对天价方便面并不买账，普遍认为“卖的再贵也是一碗方便面，根本不值这个价格”。抛开这款方便面的真实成本不谈，即便在一线城市，30 元也足够在连锁中式日式快餐厅点一份牛肉饭、鸡肉饭之类的优质快餐，何苦花 30 元吃一顿速食面呢？在研究推出“满汉宴”方便面伊始，统一对该产品的市场定位是工作忙碌的高端人士，不过高端商务人士也表示，这款方便面并没有跳出普通方便面的体验和口味。

请思考

从供给与需求两个角度分析统一 30 元方便面下架原因。

（二）逆向定价法

这种方法不是以实际成本为主要依据，而是以市场需求为定价的出发点。它是指依据消费者能够接受的最终销售价格，考虑中间商的成本及正常利润后，逆向推算出中间商的批发价和生产企业的出厂价格。可以通过以下公式计算价格：

出厂价格 = 市场可销零售价格 ×（1 − 批零差率）×（1 − 进销差率）

显然这一方法仍然是建立在最终消费者对商品认知价值的基础上的。它的特点是价格能反映市场需求情况；有利于加强与中间商的良好关系，保证中间商的正常利润，使产品迅速向市场渗透；可根据市场供求情况及时调整，定价比较简单、灵活。一般在以下两种情况下企业可采用这种定价方法。

一是为了满足在价格方面与现有类似产品竞争的需要，而设计出在价格方面能够参与竞争的产品。

二是对新产品的推出，先通过市场调查确定出购买者可接受的价格，然后逆向推算出产品的出厂价格。

（三）习惯定价法

这是按照市场长期以来形成的习惯性价格定价的方法。习惯定价法也是一种先确定价格再考虑成本的定价方法。社会的物价越稳定，习惯定价的应用范围越广泛。习惯性定价是消费者长期以来广泛接受的价格，他们认为只有这个价格才是最合理的，所以企业在开发新品种时，只要产品的基本功能和用途没有改变，消费者往往只愿意按以往的价格购买产品。因此，当某种产品存在习惯性价格时，企业不要轻易改变价格，因为减价会引起消费者怀疑产品的质量，涨价则会影响产品的市场销路。

三、竞争导向定价法

企业在制订价格决策时，主要以同类竞争对手的定价为依据，而不是过多地考虑成本及市场需求因素，这就是通常所说的竞争导向定价法。竞争导向定价法具体的形式有以下两种。

（一）随行就市定价法

这是以行业的平均价格水平，或竞争对手的价格为基础制定价格的方法。在有许多同行相互竞争的情况下，每个企业都经营着类似的产品，价格高于别人，就可能失去大量销售额，从而造成利润的降低；价格低于别人，又可能迫使竞争者随之降低价格，从而失去价格优势。因此，在现实的营销活动中，由于“平均价格水平”在人们观念中常被认为是合理价格，易被消费者接受，而且也能保证企业获得与竞争对手相对一致的利润，因此许多企业倾向与竞争者价格保持一致。尤其是在少数实力雄厚的企业控制市场的情况下，对于大多数中小企业而言，由于其市场竞争能力有限，更不愿与生产经营同类产品的大企业发生面对面的价格竞争，而靠价格尾随，根据大企业的产销价来确定自己的实际价格。

随行就市定价法，是相当常见的定价方法。在测算成本有困难，或竞争者不确定时，企业感到随行就市定价法指出了一个有效的解决办法。就这种价格所产生的一种公平的报酬和不扰乱行业间的协调这点而论，随行就市定价法被认为反映了行业的集体智慧。

（二）密封投标定价法

当多家供应商竞争企业的同一个采购项目时，企业经常采用招标的方式来选择供应商。供应商对标的物的报价是决定竞标成功与否的关键。尽管各供应商在报价时会考虑产品的成本因素，但是预测竞争者的报价却是非常重要的，特别是在竞争者之间的实力不存在很大差别的情况下，价格报得过高自然会得到更多的利润，但是却减少了中标的可能性，反之，则可能由于急于中标而失去可能得到的利润。很多企业在投标前往往会拟定几套方案计算出各方案的利润，并根据对竞争者的了解预测出各方案可能中标的概率，然后计算各方案的期望利润（期望利润根据估计的中标率和利润计算得到），选择期望值最大的投标方案。

企业报价、企业利润与中标概率、期望利润之间关系如表 10－1 所示。假设企业报价为 9500 元时，中标概率为 0.81，但只能产生 100 元的利润、因此这个投标的期望利润是 81 元。如果企业报价为 11000 元，它的利润是 1600 元，但它得到这个合同的机会可能降低（假设降低至 0.01），此时企业期望利润为 16 元。因此，企业应选择能获取最大期望利润的报价。根据表示例情形，最好的报价为 10000 元，因为这个报价可以得到最大的期望利润（216 元）。

表 10－1　不同报价对于期望利润的影响

企业报价	公司利润	中标概率	期望利润
9500	100	0.81	81
10000	600	0.36	216
10500	1100	0，09	99
11000	1600	0.01	16

在市场营销活动中，投标竞争是一种营销竞争常用的方式，投标竞争的过程往往就是价格竞争的过程，竞争的结果产生实际的成交价格。

第四节　价格策略与定价技巧

制定价格不仅是一门科学，而且需有一套策略和技巧。定价方法着重于确定产品的基本价格，定价技巧则着重于根据市场的具体情况，从定价目标出发，运用价格手段，使其适应市场的不同情况，实现企业的营销目标。

一、新产品定价策略

企业新产品能否在市场上站住脚，并给企业带来预期效益，定价因素起着十分重要的作用，因此必须研究新产品的价格策略。

（一）撇脂定价策略

这是一种高价格策略，即在新产品上市时，尽可能地定高价，以希望在短期内获得丰厚的利润，迅速收回投资。这种价格策略因与从牛奶中撇取油脂相似而得名。

小案例

苹果公司的撇脂定价策略

苹果公司可谓是运用这一策略的好手。苹果公司刚推出 iPhone 时，最初价格高达 599 美元，只有真正想要最尖端新产品并且能够承担这一高价的消费者才会购买。6 个月后，苹果将价格降低到 8GB 版本 399 美元，16GB 版本 499 美元以吸引新买家。不到一年价格又分别降低到 199 美元和 299 美元。

请思考：

分析苹果公司撇脂定价策略的适用条件。

实行撇脂定价策略必须有一定条件。第一，新产品比市场上现有产品有显著优点，无类似替代品；第二，具有独特的技术，不以仿制，竞争对手难以进入市场；第三，购买者对价格不敏感，需要相对无弹性；第四，高价能给人以高质量的印象，能刺激顾客购买而不致引起顾客反感；第五，是短期需要的产品及对未来需求难以预测的产品。

撇脂定价策略的优点是：第一，有利于投资者尽快收回投资并获得较高利润，以迅速扩大生产，满足市场需要；第二，具有较大的降价空间，如果预先估计有错误，高价影响了销售量时，可以降低销售；第三，以高价来提高产品形象，使顾客产生高价、优质、名牌的印象。同时，高价策略同时也存在不少缺点：第一，当新产品的声誉还未建立起来时，实行高价投放不利于占领和稳定市场；第二，高价导致的高利润会吸引竞争者加入，刺激替代品、仿制品的出现。

（二）渗透定价策略

这是一种低价格策略，即在新产品刚进入市场时，以较低的价格吸引消费者，以扩大市场占有率。这种策略就像倒入泥土的水一样，从缝隙里很快渗透到底，由此而得名。

实行渗透定价策略同样需有一定的条件。第一，市场规模较大，存在着强大的竞争潜力；第二，企业生产能力大，能够随着产品和销量的增加而降低成本，提高利润；第三，购买者对价格敏感，需求弹性较大，降低价格就能较大地增加销售量。

渗透定价策略的优点是：第一，有利于新产品尽快被市场接受，提高市场占有率；第二，低价可阻止竞争者加入，减缓了市场竞争的激烈程度。

同时，低价策略也存在缺点：第一，一旦市场占有率扩展缓慢，收回成本速度也慢；第二，有时还容易使消费者怀疑商品的质量保证。

小案例

宜家的渗透定价策略

当宜家在中国开第一家店时，消费者蜂拥而至，但不是为了购买家具，而是为了享受那些免费的服务——空调、干净的卫生间甚至装修的理念。中国的消费者很节俭，当真到了要购买的时候，他们又会去附近的本地店铺参照着宜家样品，以更低的价格买到商品。为了吸引节省的中国顾客，宜家在中国的价格降到全球最低，这一做法与许多西方零售商相反。通过逐渐用中国制造的产品，宜家将部分商品的价格降低了70%。这一渗透定价战略很有成效，宜家在中国快速发展的装饰市场占据了43%的市场份额。

请思考：

宜家在我国的渗透定价策略能维持长久吗？

（三）满意定价策略

这是一种折中价格策略，是介于撇脂定价和渗透定价两者之间的一种定价策略，所制定的价格既可使企业获得相当利润，又使顾客感到合理。总之，是企业满意，顾客也满意。有的企业在竞争中处于优势地位，有条件采用撇脂定价法以获得尽可能大的利润，但为了使各方满意，从长计议，还是采用满意定价策略，制定一个各方面均可接受的

“温和价格”，故也称为“君子定价”策略。

满意定价策略的最大优点是“稳”，通过对前面两种策略的调和和折中来避免前两者的明显缺点，但同时也在很大程度上将前面两种策略的优点抹杀了。所以，采用此策略时最应注意的问题是避免商品没有特色而打不开销路。

二、相关产品定价策略

相关产品，是指在最终用途和消费购买行为等方面具有某种相互关联性的产品。制造或经营两种以上商品的企业可以利用此特点综合考虑企业产品的定价。

（一）互补产品价格策略

互补产品指两种（或以上）功能互相依赖、需要配套使用的产品。互补产品价格策略是企业利用价格对消费连带品市场需求的调节、诱导功能，全面扩展销售量所采取的定价方式和技巧。

具有互补关系的产品很多，如剃须刀与刀架，照相机与胶卷等，定价的具体做法是，把价值高而购买频率低的主件价格定得低些，而对与之配套使用的价值低而购买频率高的易耗品价格适当定高些。例如，剃须刀架价格定低些，而刀片的价格定高些。因为相对刀片来说，刀架占消费者支出的比重大，人们对其价格的敏感程度相对高，企业为了达到组合利润目标，其价格甚至低到保本点。企业用此策略能够造成产品价廉的印象，扩大商品的市场销售量。

（二）替代产品价格策略

替代产品是指功能和用途基本相同，消费过程中可以互相替代的产品。替代产品价格策略是企业为达到既定的营销目标，有意识安排本企业替代产品之间的关系而采取的定价措施。

具有替代关系的产品，降低一种产品的价格不仅会使该产品的销售量增加，而且会同时降低替代产品的销售量。因此，企业可运用此规律来实行组合价格策略。例如，把市场“热销”的产品价格有意提高。将“趋冷”的替代品的价格适当降低，从总体上把握企业的盈利水平。

三、折扣定价策略

折扣价格策略是一种在交易过程中，把一部分利润转让给购买者，以此来争取更多顾客的价格策略，常见的有五种。

（一）数量折扣

数量折扣的目的是鼓励消费者大量购买，它可以分为累计数量折扣和非累计数量折扣两种。累计数量折扣允许顾客在一定时期内，如果购买累计总量达到了一定的标准，就可以按总量得到一定的折扣。其目的在于鼓励单个顾客重复购买，建立企业与顾客之间的关系，保持顾客对企业产品及品牌的忠诚。非累计数量折扣仅适用于一次性购物。只有顾客一次性购买的产品数量达到一定的标准，才能取得企业提供的折扣。非累计数量折扣是企业经常用的折扣方法，因为它不仅可以增加企业产品的销售量，而且可以将一些仓储功能转移给买方，从而减少仓储及运输成本。

（二）现金折扣

现金折扣是对现款交易或按期付款的顾客给予价格折扣。其目的在于鼓励购买者尽早支付货款，以加速资金流转，减少财务风险。例如，美国许多企业规定提前 10 天付款者，给予 2% 的折扣提前 20 天付款者，给予 3% 折扣。

（三）功能折扣

功能折扣也被称为贸易折扣，是指企业根据各类中间商在市场营销中所担负的不同职能，给予不同的价格折扣。功能折扣的目的是对中间商在执行营销功能时所耗费的成本费用及所承担的风险进行补偿，以使中间商在经营中获得足够的利润。企业会根据中间商在销售渠道中的不同地位来设置不同的功能折扣标准，合理的功能折扣标准能使企业与中间商之间建立长期良好的合作关系。

（四）季节折扣

有些商品的生产是连续的，但其消费却有明显的季节性。为了调节供需矛盾，这些商品的生产企业经常会采用季节折扣的方式，对在消费淡季购买商品的顾客给予一定的价格优惠。这样，一方面可以加速企业资金的流转，另一方面可以使企业的生产和销售在一年中保持相对稳定，如羽绒服生产企业为夏季购买其产品的客户提供较大折扣。

（五）折让

折让是根据价目表给顾客以价格折扣的另一种类型，如顾客购买新货时交回旧货便给予一定折扣或降价。

四、差别定价策略

差别定价又称区分需求定价、歧视定价。这一方法并非以成本差别为基础，而是根据交易对象、交易时间、地点等方面差异，定出两种或多种不同价格，以适应顾客的不同需求，从而扩大销售，增加收益。差别定价的主要形式有以下五种。

（一）按不同顾客定价

这种定价即同一种产品或劳务以不同价格售给不同顾客群。其中，有的是由于不同的消费者对同一商品的需求弹性不同；有的则是由于新老顾客、购买用途、购买习惯的不同，而在价格上加以区别。例如，公园门票对某些社会成员给予优惠。

小案例

iPhone 的国别定价

2014 年 10 月，iPhone6 和 iPhone6 Plus 正式在中国发售，有关 iPhone 手机在不同国家和地区的差别定价法再次成为消费者讨论的问题。有人以 16G 版本统计了 10 个国家和地区，发现价格最高的是法国，折合人民币 5619 元，紧随其后的就是德国和英国，分别折合人民币 5553 元和 5326 元，价格最低的依旧是美国（3982 元）和日本（3917 元，日本报价低很大程度上源于近两年日元大幅贬值）。而中国的定价为 5288 元，处于中间。针对不同国家消费者，成功区分客户，不同的有效需求弹性制定不同价格，苹果可谓将这一技巧在全球范围内发挥到极致。

请思考：

iPhone 国别定价背后的其他影响因素有哪些？

（二）按产品不同形式定价

产品的型号不同定价也不同，但是价格与每种型号的成本不成比例，只与顾客对不同型号的需要强度有关。比如，不同款式的手表可以定不同的价格，而价格的增加并不反映额外的生产成本，主要反映额外的心理需要，这种定价适用于吸引求新求异购买动机的顾客。

（三）按产品不同部位定价

按产品不同部位定价即对处于不同位置的产品或劳务定不同的价格，即使它们的成本并无差别，如影剧院、音乐厅、体育馆等，因位置的不同票价也有差别。

（四）按不同销售时间定价

同一产品在不同季节、不同日子，甚至不同时点制定不同价格。例如，夏季是皮夹克的销售淡季，可给予购买者以一定折扣；又如，某些鲜活商品“早晚市价不同”等。

（五）按不同形象定价

对同一产品给予不同包装和商标，通过促销活动塑造不同产品形象，从而制定不同价格。

为了使差别定价法奏效，必须具备以下条件：第一，该市场必须是可以细分的，且这些细分市场的需求强度不同；第二，该细分市场内支付低价的顾客无法将这个产品又高价转售给需付更高价格的细分市场；第三，对某些顾客实行高价时，竞争者不会以低价进行竞争；第四，细分市场和管理市场的成本不应超过从价格差别中获得的额外收入；第五，这种行为不应使顾客产生不满和敌对情绪；第六，这种价格差别的形式应是合法的。

五、心理定价策略

这一策略是指利用消费者在购买决策时的一些心理特点，通过制定迎合消费者心理需求的价格来促成消费者的购买行为。常用的心理定价策略有以下三种。

（一）整数定价和尾数定价

整数定价是指商品的定价往往不保留零头，以整数的形式表现出来。尾数定价恰恰相反，它是指给商品定价时，故意保留一个零头。

在很多消费者的心目中，以整数特别是以零结尾的价格代表一个更高的价格档次。例如，价格为 1000 元的产品，属于千元以上的商品，而定价为 998. 95 元的产品，则属于千元以下的商品，尽管两者之间差价不到 2 元，但是有很多消费者在心里仍然会认为这两种商品属于两个不同的档次。所以，对于一些需求价格弹性较弱的商品，企业经常使用整数定价，以让顾客感觉到购买的是更高档次的商品而对于需求价格弹性较强的日用品，企业则往往在定价时保持一个零头，这样不仅会给顾客造成一个“低价”的错觉，而且还会让顾客认为企业对商品定价非常认真、精确，无形中对商品及价格产生一种信任感。尽管顾客略加思考就能发现所谓的整数定价和尾数定价只是商家的一个数字游戏，但是在企业的经营实践中，很多企业确实通过使用这一简单的定价技巧而增加了一定量的销售。

（二）声望定价

声望定价是指利用产品高价格来树立产品及其品牌在消费者心目中的形象。因为在大众的目光中，高价总是与高质量联系在一起的，很多消费者在以高价购买了某一产品后，不但愿意相信产品具有高的质量，而且还会使他们的某些特殊欲望得到满足。例如，低价香水会被认为是劣质产品，而高价香水不但会被看成是质量高，还会是使用者身份的象征。

声望定价必须在企业的其他营销战略及策略的帮助下才能取得成功，与产品高价相适应的应该是产品实实在在的高质量及良好的服务保证而不仅是消费者心目中的高质量。另外，企业还需要一些其他营销手段，如严格控制产品的产量，实行限量销售等。

（三）招徕定价

企业常常利用消费者求廉的心理，故意降低几种商品的价格，以吸引顾客在购买“便宜货”的同时，购买其他正常价格的产品，这就是通常所说的招徕定价。使用招徕定价的企业一般应有较多的商品品种，因为只有保证顾客有足够的选择余地才能确保招徕定价的成功。所以这种方法在现代超级市场中得到了广泛运用。

第五节　价格调整

企业制定产品价格并不是一劳永逸的，由于市场环境及企业内部因素在不断地变化，所以企业必须对已制定的价格策略进行不断的调整。企业对价格进行调整可分为两种情形：一是调高价格，二是降低价格。

一、调整价格的原因

（一）提高价格的原因

虽然价格上涨会引起消费者、中间商和企业推销人员的不满，但是一次成功的提价活动却会导致企业利润大大增加，所以企业只要有机会，可以适当采用提价策略。导致企业提价的原因主要有三种。

1. 生产经营成本上升

在价格一定的情况下，成本上升将直接导致利润的下降。因此，在整个社会发生通货膨胀或生产产品的原材料成本大幅度上升的情况下，调高价格是保持利润水平的重要手段。

2. 产品供不应求

在供给一定的情况下，需求的增加会给企业带来压力。当某些产品出现供不应求的现象时，企业就必须调高价格，这不但能平衡供需，还能使企业获得高额利润，为企业以后的发展创造一定的条件。

3. 创造优质优价的名牌效应

为了企业的产品或服务与市场上同类产品或服务拉开差距，作为一种价格策略，可以利用提价营造名牌形象。充分利用顾客“一分价钱一分货”的心理，使其产生高价优质的心理定式，创造优质效应，从而提高企业及产品的知名度和美誉度。

（二）降低价格的原因

降低价格是企业在经营过程中经常采用的营销手段。导致企业降价的原因可能来自宏观环境的变化，也可能来自行业及企业内部条件的变化，往往在下述情况下采用。

1. 存货积压占用了大量资金

自然可能会因为对市场的预测不准确或是产品销售旺季已过等原因

出现了一定量的存货积压。为了解决企业对资金的迫切需求，尽快网笼资金，企业经常会将积压的存货降价处理。

2. 市场需求不振

在宏观经济不景气或行业性需求不旺时，价格下调是许多企业借以渡过难关的重要手段。比如企业需要筹集资金进行某项新产品开发时，可以通过对一些需求价格弹性大的产品予以大幅度降价，从而增加销售额以满足企业回笼资金的目的。

3. 应对竞争者的价格挑战

很多企业降低产品价格并不是出于自愿，往往是因为竞争对手率先降价而不得不跟进以保持现有的市场份额。例如，在中国的彩电市场上，当“长虹”率先将彩电价格下降30%，“康佳”“TCL”“海信”等其他企业为了保护市场份额不得不也采取了降价措施，从而引发了中国彩电市场的价格大战。

小案例

格兰仕的降价策略

在微波炉市场上，格兰仕素有“价格屠夫”之称，价格战可谓是其在激烈市场竞争中取得成功的关键武器。价格战必须以成本优势为基础，格兰仕做到了。格兰仕降价的特点之一是十分明确地以消灭散兵游勇为目标。规模每上一个台阶、价格就大幅下调。当自己的规模达到125万台，就把出厂价建在捉摸为80万台的企业的成本价以下。此时格兰仕还有利润，而规模低于80万台的企业，多生产一台就多亏台。除非对手能形成显著的品质技术差异，在某一较细小的利基市场获得微薄赢利，但同样的技术来源又连年亏损的对手又怎么搞得出差异来了当规模达到300万台时，格兰仕又把出厂价调到规模为200万台的企业的成本线以下，使对手缺乏追赶上其规模的机会，在家电行业创造了市场占有率达到61.43%的创举。格兰仕这样做就是要构成行业壁垒，要摧毁竞争对手的信心，让这个产业有市场但没有任何投资价值。格兰仕大打价格战，但反对没有基础的盲目降价，因此尽管利润极薄，但凭借着价格刚性指标，格兰仕始终处在经营安全防线之内。格兰仕以“价格武器”清理门户，令不少竞争者望而却步，从而牢牢占据霸主地位，坐享国内近70%、全球35%的市场份额。

请思考

格兰仕的降价策略凭借哪些优势？

4. 生产经营成本下降

企业在经营过程中很可能由于某些生产及管理技术的革新而降低了成本，获得了成本优势。为了利用这一优势扩大销售及市场份额，企业会主动地降低价格。降价引起的销售额增加会进一步地导致成本的降低，从而使企业进入一个良性的循环。

5. 宏观政治、法律、经济环境的影响

宏观环境的变化也会导致企业的降价行为。有时政府为了保护消费者利益，控制某个行业的利润，会通过政策和法令限制这个行业的利润率，从而导致该行业中产品价格的下调。此外，宏观经济环境的变化也会直接导致企业产品降价。在市场疲软、经济萧条时期，由于币值上升，价格总水平下调，企业的产品价格也会随之降低，以适应消费者的购买力水平。

二、价格调整中的市场反应

企业的任何价格变动必然会引起有关各方的反应，对于这些反应，企业必须予以充分重视，认真分析判断，并采取相应对策。

（一）消费者对价格调整的反应

消费者对价格变动的反应包括对降价和提价的反应。消费者可能对降价做出积极的反应，即增加购买；也可能做出消极的反应，如认为产品有缺陷，卖不出去，将为新产品取代；或认为该企业资金短缺，要转产，价格还会继续下降等。

消费者可能对提价做出不利反应，减少或停止购买也可能做出有利反应，如认为产品是热门货、是名牌、价格还会上升等。消费者对不同产品价格变动的反应也不同，对高价值和经常购买的产品价格最敏感，对不常购买的小商品价格则不注意。此外，消费者往往对产品价格不关心反而关心获得、操作和维修产品的总成本，销售商如果能说服消费者，使之相信总成本较低，便可能在价格高于竞争者的条件下扩大销售。

（二）竞争者对价格调整的反应

企业面对的竞争者往往不止一家，各自不同的竞争地位，会导致不同的反应。比如，如果竞争对手认为其实力强于本企业，并认定本企业的价格调整的目的是争夺市场份额，那么它必然会立即做出针锋相对的反应多反之则不反应，或采取间接的反应方式。一般而言，面对企业的降价行为，竞争对手的反应可能会有以下四种情况。

第一，如果降价会损失大量利润，竞争者可能不会跟随降价。

第二，如果竞争者必须降低其生产成本才能参与竞争的话，则可能要经过一段时间才会降价。

第三，如果竞争者降价导致其同类产品中不同档次产品间发生利益冲突的话，就不一定会跟随降价。

第四，如果竞争者的反应强烈，其一定会跟随降价，甚至有更大的降价幅度。

由于环境是复杂的，竞争者的反应又会对企业的价格调整产生重大的影响，因此企业在调价时必须充分估计每一个竞争者的可能反应。

（三）企业对竞争者价格调整的对策

在市场经济条件下，企业不仅可以用自己价格调整来参与市场竞争，同时也会面临着竞争者价格调整的挑战。如何对价格竞争做出正确、及时的反应，是企业价格策略中的重要内容。

企业在做出反应时，应该考虑以下问题：第一，竞争者调价的目的是什么？第二，竞争者调价是长期的还是短期的？第三，竞争者调价将对本企业的市场占有率、销售量、利润、声誉等方面有何影响？第四，同行业的其他企业对竞争者调价行动将会有何反应？第五，企业有几种反应方案？

在回答以上问题的基础上，企业还必须结合所经营的产品特性确定对策。一般来说，在同质产品市场上，如果竞争者降价，企业必须随之降价，否则必然会失去大部分的顾客；如果竞争者提价，本企业既可以跟进，也可以暂且观望。因为如果同行业中的大部分厂商都维持原价，率先涨价的竞争者很可能会受到损失。

在异质产品市场上，由于各企业的产品在质量、品牌、服务、包装等方面有明显不同，所以面对竞争者的调价策略，企业有更大的选择余地。

小案例

蔻驰，恐美人之迟暮

维克多·路易丝站在自己位于曼哈顿地狱厨房区的办公室里，眺望窗外。这是他出任蔻驰公司（Coach）CEO的第二年，他的前任李维斯·弗兰克担任这一职位达28年之久。在弗兰克福的带领下，蔻驰的发展毫无差错。事实上，在过去的几十年间，该品牌的皮包成为全美国乃至全世界女性梦寐以求的奢侈品，使这个拥有73年历史的公司收入飞速增长，从10亿美元提高到50亿美元以上。最为突出的是，公司10亿美元的盈利——20%的净利润——业绩骄人。蔻驰的销售业绩使它成为全美国皮包卖家的领头羊。该品牌的溢价和利润使公司成为华尔街的宠儿。

可是，路易丝接任CEO一职时，蔻驰的好运似乎开始逆转。虽然公司将产品扩展到了男士和全球市场，而且效果很好，但是它在美国的销售收入却连续4个季度下滑（美国市场占其业务总额的70%）。北美市场销售额与前一年相比，大幅下降了21%。曾经引领时尚潮流的蔻驰，在短短两年内市场份额迅速下降，并转移至更年轻也更敏捷的竞争者手中。投资者对此高度敏感，这导致蔻驰的股价在两年间下跌了近50%。蔻驰在辉煌数年之后，遭遇了困境。问题出在哪里？

分析人士指出，蔻驰溢价太高或是其陷入困境的主因是蔻驰试图取消其与奥特莱斯折扣店直接联系的优惠券促销，奥特莱斯店是公司最大的收入来源，而这也吸引消费者寻求更加省钱的购买。一位奢侈品零售专家说："因为持续的经济衰退，乐意和能够为像蔻驰这样的奢侈品品牌支付溢价的顾客越来越少。"但是，价格本身并不能解释为什么在蔻驰销售额下降的同时，其竞争者的却上升了。此外，值得注意的是，2013年蔻驰北美市场销售额下降的同时，其高端皮包（定价在400美元以上）的销售额实际是增长的。

一些分析者质疑蔻驰品牌过高的流行程度对其独占性形象的影响，因为奢侈品品牌的形象和顾客渴望度通常建立在只有少数人才能买得起这一事实之上。可是，蔻驰已经变得如此容易获得，任何想要拥有蔻驰产品的人都可以想办法买到。是蔻驰的奥特莱斯店促进了这种可获得性，这些公司自有的商店专门以很低的价格销售过季产品、次级或低质的产品线。大量消费者被低价吸引而来，蔻驰奥特莱斯店的收入现在占其总收入的60%。对有些单品而言，比例甚至更高。加之迅猛发展的二级市场，如eBay和其他网站，蔻驰再不复当年的独占性。

路易丝出任CFO之前已经在蔻驰工作了8年，他亲历了蔻驰的全球扩张。尽管弗兰克福已经退位，但仍然担任公司董事会主席一职。在这些经验丰富的时尚界高管的带领下，蔻驰制订了重振雄风的计划。首先，公司任用了新的创意总监，路易丝说："新总监能为品牌带来我们从未有过的时尚元素"。时尚界和投资界对蔻驰新产品设计翘首以待。除了改变创意和设计，为了重新赢得顾客，蔻驰将自己定位于生活方式品牌，进一步扩展到鞋子、衣服和配件等领域。此外，公司打算增加价格在400美元及以上的皮包产量，这一举措能提高蔻驰皮包的平均价格。当前蔻驰处于紧要关头，上述种种努力能使蔻驰重现昔日辉煌吗？

请思考

1. 阐述价格如何影响消费者对蔻驰品牌的认知。
2. 蔻驰现在提出的计划能否成功地减少其市场份额的损失？
3. 请你为蔻驰摆脱困境提出若干建议。

第十一章　渠道策略

营销环境中，大多数生产者并不是将其产品直接出售给消费者，而是需要经过不同的营销渠道。在由“生产者—渠道—消费者”构成的营销格局中，渠道选择对于生产者至关重要：渠道选择直接影响着企业价格、推销、广告等其他营销组合效果，由此最终决定了企业能否“多快好省”地将产品转移到消费者手中，赢得“伊人芳心”。渠道为王、终端制胜，在“互联网＋”强力助推背景下，渠道的设计、选择、评价与修正等决策向企业提出更高的要求。

第一节　分销渠道职能和类型

一、分销渠道的概念

分销渠道是指为促使产品或服务能够顺利通过市场交换，转移给消费者（用户）消费的整套相互依存的组织。它是独立于生产和消费之外的流通环节，同时又是连接生产与消费的桥梁。可以从广义与狭义两个方面理解分销渠道。

广义的分销渠道是指对厂商销售的产品，以及生产产品所需要的原料零件进行运输、仓储、分送、调剂的通路及相应为之服务的组织与环节。

狭义的分销渠道是指顾客购买商品的起点与场所，即商品所有权从厂家向商家、顾客转移的过程，期间经历了批发与代理等各种经销商、零售商等，也有不少商品不经过经销与零售等中间环节，直接销售给顾客。

分销渠道具有以下四个特征。

（1）分销渠道是一个流通体系。它一端连接生产，另一端连接消费，是实现产品从生产企业不断流向消费者（用户）的整个流通过程。

（2）分销渠道由一群相互依存的组织或个人组成，其成员通常包括生产者、中间商（批发商、代理商、零售商）和消费者，他们共同为解决产品流通问题发挥各自不同的营销功能，形成合作关系；同时，也会因不同的利益和其他原因发生矛盾和冲突，彼此之间需要相互协调和管理。

（3）分销渠道的实体是购销环节。产品在渠道中通过购销活动转移所有权，流向消费者。

（4）分销渠道是一个多功能系统。它不仅要通过在适当的地点，以适当的质量、数量和价格供应产品和服务以满足需求，而且要通过各成员的促销活动来刺激需求。分销渠道通过完成其系统功能，为最终消费者创造价值。

某企业的分销渠道如图 11－1 所示，能够帮助我们更直观地理解分销渠道的内涵。

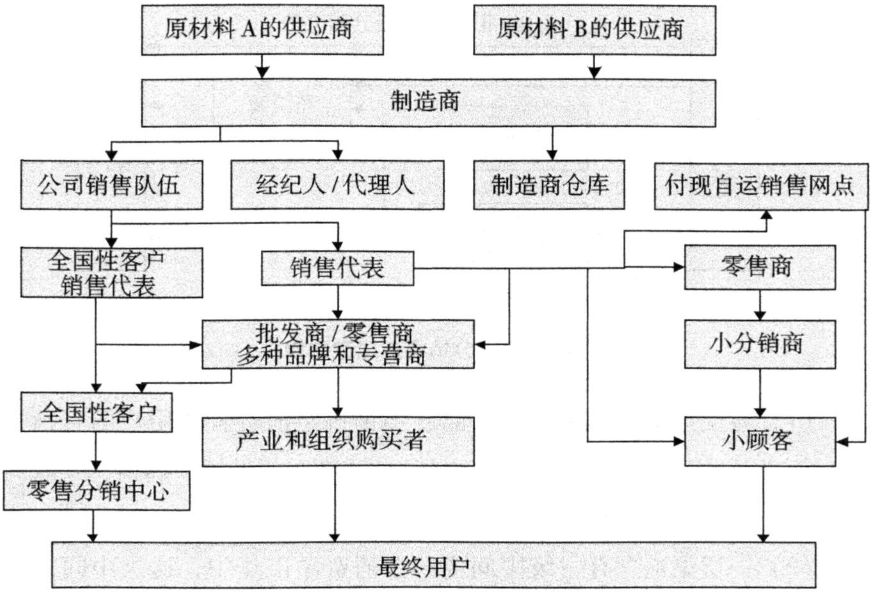

图 11－1 某企业分销渠道

二、分销渠道的类型

1. 按长度结构划分

分销渠道可以按渠道层次的数目来划分。每个中间商，只要在推动产品及其所有权向最终购买者转移的过程中承担若干工作就是一个渠道层次。由于生产者和最终消费者都承担了某些工作，他们也是渠道的组成部分。可以用中间商的层次数目来表示渠道的长度，即分销渠道可以分为零层、一层、二层和三层渠道，据此还可以分为直接渠道和间接渠道、短渠道和长渠道几种类型。渠道的长度结构如图 11－2 所示。

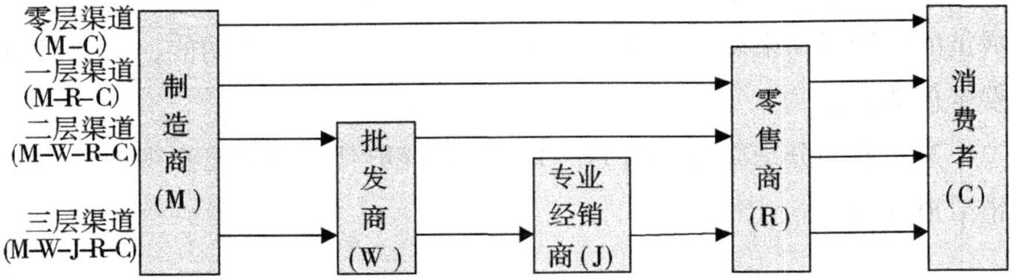

(a)消费者市场分销渠道

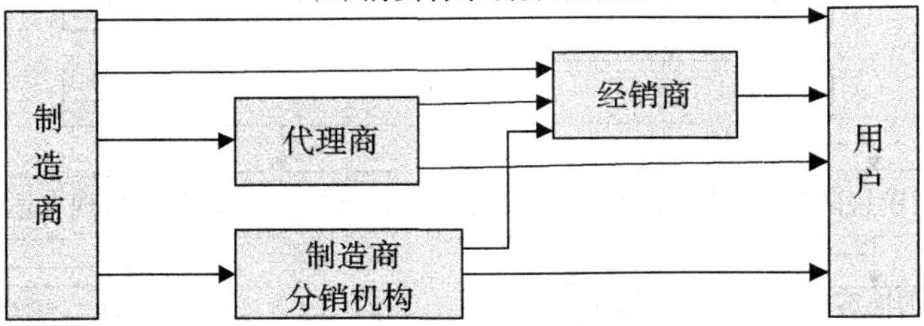

(b)工业品市场分销渠道

图 11－2　分销渠道层数结构

(1) 零层渠道是制造商将产品直接销售给消费者或用户的直销类型。其特点是没有中间商参与。常见的方式有上门推销、邮销、互联网直销及厂商自设机构销售。

(2) 一层渠道含有一级中间商。在消费品市场中，这级中间商通常是零售商，而在工业品市场中，它可以是一级代理商或经销商。

（3）二层渠道包含两级中间商。在消费品市场中，二层渠道的典型模式是经由批发和零售两级转手分销。在工业品市场中则多由代理商及批发经销商转手分销。

（4）三层渠道包含三级中间商。通常是在批发商和零售商之间增加一级专业性经销商，以便更好地为小型零售商服务。

层数更高的营销渠道也还有，但是不多。从生产者的观点看，渠道层数越高，控制越难，制造厂商一般和最近的一级中间商打交道。零层渠道也称直接渠道，二层、二层、三层渠道则统称为间接渠道。为分析和决策的方便，有些学者将间接渠道中的一层渠道称为短渠道，而将二层、三层渠道称为长渠道。显然，短渠道较适合在小范围中销售产品（服务）；长渠道则能适应在较大范围和更多的细分市场中销售产品。在当今市场，随着信息技术特别是电子商务的发展，分销渠道有逐渐缩短的趋势。

渠道的长度策略是指企业根据产品特点、市场状况和企业自身条件等因素来决定渠道的层数。

一般来说，技术性强的产品需要较高的售前、售后服务水平：保鲜要求高的产品需要较短的渠道；单价低、标准化的日用品需要长渠道。从市场状况来看，顾客数量少，而且在地理上比较集中时，宜用短渠道；反之，宜用长渠道。如果企业的规模较大，拥有一定能推销能力，则可以使用较短的渠道；反之，如果企业的规模较小，就有必要使用较多的中间商，则渠道就会较长。

此外，企业渠道层数的多寡还取决于企业的经营意图、业务人员的素质、国家政策法规的限制等因素。例如，美国施乐公司在全世界销售复印机都采用直接销售形式，但是在中国行不通，只能通过经销商分销。

2. 按宽度结构划分

渠道每一层级所使用同类中国商的多少形成分销渠道的宽度结构。由较多的同类中间商（如批发商或零售商）组成的分销渠道称为宽渠道；反之，则为窄渠道。分销渠道的宽度结构大致有以下三种类型。

（1）高宽度分销渠道，即制造商通过尽可能多的批发商、零售商经销其产品所形成的渠道。高宽度分销渠道通常能扩大市场覆盖面，或使某产品快速进入新市场，使众多消费者和用户能随时随地买到这些产品。消费品中的便利品（如方便食品、饮料、牙膏、牙刷）和工业品牌的作业品（如办公用品），通常使用高宽度分销渠道。

（2）中宽度分销渠道，即制造商按一定条件选择若干同类中间商经销其产品所形成的渠道。中宽度分销渠道通常由实力较强的中间商组成，能较好地维护品牌信誉，建立稳定的市场和竞争优势。中宽度分销渠道，多为消费品中的选购品和特殊品、工业品中的零配件等生产厂商采用。

（3）独家分销渠道，即制造商在某一地区市场仅选择一家批发商或零售商经销其产品所形成的渠道。独家分销渠道是窄渠道，独家代理（或经销）有利于控制市场，强化产品形象，增强厂商和中间商的合作及简化管理程序。独家分销渠道多由其产品和市场具有特异性（如专门技术、品牌优势、专业用户等）的制造商采用。

3. *按分销渠道系统的管理模式划分*

分销渠道不是一成不变的，新的批发零售方式、新的渠道系统总会出现，渠道的管理模式也会相应地随之变化。

（1）垂直型分销渠道。

垂直型分销渠道的出现是对传统分销渠道的挑战。传统分销渠道是由独立的制造商、批发商和零售商组成的比较分散的网络。每个渠道成员都是一个独立的经济实体，它们为追求自己的利润最大化而自行其是，不惜减少整个渠道的利润，没有一个渠道成员有能力控制其他成员。与之相反，垂直型分销渠道由制造商、批发商、零售商联合成一个统一体，其中的一个渠道成员拥有其他成员的所有权，或实行特许经营，或有足够的实力使其他成员愿意与之合作。

垂直型分销渠道是实行专业化管理和集中控制的网络，事先规定要实现的经济效益和最大的市场影响力。垂直型分销渠道通过控制渠道行为，消除各渠道成员为追求各自利益而造成的冲突。各渠道成员通过规模经济、合作和减少重复服务获得效益。垂直型分销渠道又分为三种类型：公司式、管理式和契约式。

①公司式垂直型分销渠道是由同一所有权下的生产和分销部门组成。这种垂直型分销渠道的垂直一体化能向后或向前一体化，能对渠道实现高水平的控制，如假日旅馆正在形成一个自我供应的网络。

②管理式垂直型分销渠道是通过某一规模大、实力强的成员，把不在同一所有权下的生产和分销部门联合起来的市场分销渠道。名牌制造商有能力从再售者那儿得到强有力的贸易合作和支持，因此，柯达、吉利和宝洁等公司能够在有关商品展销、货柜位置、促销活动和定价政策等方面获得其再售者强有力的贸易合作和支持。

③契约式垂直型分销渠道是指由不同层次的独立制造商和分销商在合约的基础上进行联合，以获得单独经营不可能获得的经济效益和销售业绩。有人称为“增值伙伴关系”。契约式垂直型分销渠道包括批发商倡办的自愿连锁组织、零售商合作组织和特约代营组织三种形式。

批发商倡办的自愿连锁组织。批发商组织独立的零售商成立自愿连锁组织，帮助他们和大型连锁组织抗衡。批发商制订一个方案，根据这一方案，使独立零售商的销售活动标准化，并获得采购经济的好处。

零售商合作组织。零售商可以带头组织一个新的企业实体来开展批发业务和可能的生产活动。成员通过零售商合作组织集中采购，联合进行广告宣传，利润按成员的购买量进行分配。非成员零售商也可以通过合作组织采购，但是不能分享利润。

特约代营组织。在生产分配的过程中，一个特约代营的渠道成员可能连续几个环节。特约代营是近年来发展最快和最令人感兴趣的零售形式。尽管其基本思想没有更改，但是有些特约代营的形式却是崭新的。其方式可分为三种：第一种是制造商倡办的零售特约代营系统，如福特公司特许经销商出售它的汽车，这些经销商都是独立的经销人员，但是同时满足有关销售和服务的各种条件。第二种是制造商倡办的批发特约代营系统，如可口可乐饮料公司特许各个市场上的装瓶商购买该公司的浓缩饮料，然后由装瓶商充二氧化碳、装瓶，再把它们出售给本地市场的零售商。第三种是服务公司倡办的零售特约代营系统，由一个服务公司组织整个系统，以便将其服务有效地提供给消费者。这种形式多数出现在出租汽车行业、快餐服务行业和旅馆行业。

（2）水平型分销渠道。

水平型分销渠道是由两个或两个以上的公司联合开发的营销机会。这些公司缺乏资本、技能、生产或营销资源来独自进行商业冒险，或发现与其他公司联合开发可以产生巨大的协同作用。各成员间通过暂时或者长期的合作，可以通过共享各自的资金、生产能力和市场资源实现原先单一公司无法实现的超常业绩。例如，许多储蓄银行都会把办公地点或自动柜员机设置在超市附近，以便以较低的成本迅速接近目标市场，而超市则可以因为在店内提供银行服务而获得更多客户的青睐。

（3）多渠道型分销渠道。

在过去，大多数公司只通过一条渠道进入一个市场，今天，随着细分市场和潜在渠道的增加，越来越多的公司采用多渠道市场营销。多渠道型分销渠道是指一家公司利用两个或两个以上的渠道到达一个或几个细分市场。例如，麦当劳公司虽然有许多独立的特许经营加盟店构成其主要的商业网络，但它也独自拥有近1/3的门店。

通过增加渠道，公司获得了三个好处：一是市场覆盖率提高；二是渠道成本降低；三是更好地满足了顾客的需要。为了进入原有渠道不能进入的市场，公司往往增加新的渠道（如增加农村代理商为分散的农户服务），或降低销售成本（如对小主顾来说，电话推销比人员推销更合适），或更好地满足顾客的需求（如使用专业推销员销售复杂的设备）。

从新渠道中获得利润，并不是没有代价的，新的渠道也会产生冲突和控制问题，当两个以上的渠道为同一细分市场服务时，渠道冲突就产生了而如果新渠道独立性较强、合作困难时，就会出现控制问题。但无论如何，渠道联合正在使企业从分散无序的“游击战”走向集约规模的“阵地战”。

第二节 分销渠道成员

营销渠道的主要成员包括制造商、渠道中介（批发商、零售商和特殊中介）及终端客户（企业客户或消费者）。一个特定渠道成员的出现或消失是由其执行必要的渠道功能而为终端客户提供价值增加的能力决定的。这些渠道成员间可以通过多种途径的组合方式形成有效的商品流通，渠道成员的类型和数量受到终端客户需求特征的影响。

一、制造商

制造商是指被销售产品或服务的生产者和创造者，既包括品牌生产商（如小米），也包括贴牌生产商（如台积电）。拥有强势品牌使制造商往往具有积极管理渠道的能力和欲望，自然会成为该产品营销渠道的主导者，通过对渠道成员的精心选择和严格培训来维持品牌形象，贴牌生产商对渠道的控制管理欲相对要薄弱得多。制造商管理生产运营的能力并不总是可以延伸为出色的执行其他渠道功能的能力，无法达到渠道中介承担特定渠道功能的出色绩效。

福建达利集团在打造良好的品牌基础上，还不断完善着企业的营销网络。在“渠道为王，终端制胜”的食品行业，达利有一个传统渠道、现代零售渠道、特通渠道、餐饮渠道和电商渠道多管齐下的黄金销售网络。达利与大型连锁集团建立合作伙伴关系，通过各大连锁集团旗下的连锁卖场，让达利的产品集中展示，迅速开拓电商渠道。在互联网时代，达利在各大电商平台建立旗舰店，网购用户数及销售额不断提升，让消费者足不出户，也能享受到达利的产品。

二、渠道中介

渠道中介是指除制造商和终端客户之外的所有其他渠道成员，包括批发商、零售商和特殊中介。批发商向其他渠道中介如零售商、企业终端用户销售产品，但不向个别的消费终端用户销售产品。零售商直接向消费终端进行个别销售，表现形式有多种形式，包括商场、超市、便利店、特许经营、网络零售商等。特殊中介介入渠道是为了承担特别的但不可或缺的渠道职能，一般甚少涉及产品出售的核心业务，包括保险公司、银行、广告公司、物流公司等。具体的中间商分类如表 11 - 1 所示。

表 11 - 1　中介商分类表

分类方法	类型	说明
是否拥有商品所有权	经销商	在从事商品交易中，拥有商品所有权的中间商就是经销商，他们独立经营，承担市场风险
	代理商	接受生产企业委托，不拥有商品所有权，从产品销售中提取一定佣金的中间商就是代理商
在流通领域中的作用	批发商	1. 批发商业务量一般比零售商大，业务覆盖的区域一般也比较广泛 2. 批发商所处位置的交通和通信条件非常重要 3. 批发商采用的销售方式一般为人员促销，较少用广告或者根本不用广告 4. 批发商在其所经销的产品线内，通常经销多种品牌甚至所有同类企业互相竞争的产品
	零售商	1. 零售商进货大部分来自批发商，较少来自生产企业 2. 零售销售网点应当接近消费者，分散于客户比较密集的区域 3. 在销售过程中，零售商借助商品陈列、展销宣传、营销推广等能够有力的促进商品销售 4. 在售前和售后，零售商承担存、运、调、加工、拆零、分包、分档商品的维护保养，以及分期付款等，即满足消费者的需求，又可弥补生产企业和批发商能力的不足 5. 零售商最了解市场动态，对消费者需求变化也最为敏感

“没有互联网，你会明珠暗淡。”“没有先进制造业，你是空中楼阁。”“那我们携手，让世界爱上中国造!”。2015 年 12 月 1 日，一则董明珠与刘强东的原声对白、卡通形象演绎的广告片突然出现在央视、东方卫视、江西卫视和广东电视台珠江频道的黄金广告段位，两个“萌萌哒”的企业家在中国红的衬托下，瞬间引爆人们的眼球。这则创意广告形象生动地阐述了先进制造业与互联网电商二者之间相互依存的关系，表明了家电业龙头格力牵手电商巨头京东，这则广告宣布了格力与京东联手打造诚信、责任、品质“中国造 + 互联网”的新型渠道合作战略。

三、终端客户

终端客户本身也是渠道的成员，这一观念是非常重要的，因为他们能够像其他成员一样承担某些渠道功能。例如，当消费者从家乐福或华润购买足够未来很长一段时间使用的快消品时，他们就承担了一定的库存和现金周转职能，面临着与所有权相关的成本，包括超过保质期或受损等。营销渠道的设计和管理工作必须以满足顾客便利性和安全性需求为核心。这样才能实现预定的战略目标。MINISO 名创优品奉行以每七天上一批炫酷新款、走低价新锐路线、定位快时尚休闲百货连锁的品牌核心优势赢得消费者们的青睐和热捧。MINISO 名创优品在实现优质生活百货的“快时尚”消费主张的同时，着力于营造全新的时尚休闲购物氛围，让顾客在消费者中体验快乐、时尚、健康的生活方式。

第三节　渠道设计及其过程

渠道的设计对生产企业或部分商业企业来说都是最复杂，也最具策略性的问题。无论是对渠道的功能的认识，还是对批发、零售等渠道的分析，最终都是为了正确地对企业的分销渠道加以抉择，选择出适当的分销渠道机构，并进行有效的渠道管理，以达到企业的营销目标。

渠道设计是指建立以前从未存在过的分销渠道或对已经存在的渠道

进行变更的营销活动。设计渠道一般包括分析服务产出水平、确定渠道目标、确定渠道结构方案和评估主要渠道方案四个方面。

一、分析服务产出水平

渠道的服务产出水平是指渠道策略对顾客购买商品和服务问题的解决程度。这是设计渠道的第一步，其目的是了解在企业所选择的目标市场中消费者购买什么商品、在什么地方购买、为什么购买、什么时候购买和如何购买。营销人员必须了解为目标顾客设计的服务产出水平。影响渠道服务产出水平的有五项。

1. 购买批量

购买批量是指顾客每次购买商品的数量。对于日常生活用品而言，小工商户喜欢到仓储商店批量地购物，而普通百姓偏爱到大型超级市场买东西。因此，购买批量的差异，要求厂家为他们设计不同的分销渠道。分销渠道销售商品数量起点越低，表明它所提供的服务产出水平越高。

2. 等候时间

等候时间是指顾客在订货或现场决定购买后，一直到拿到货物的平均等待时间。在现代社会，人们的生活节奏加快，更喜欢那些快速交货的分销渠道。分销渠道交货越迅速，表明其服务产出水平越高。

3. 便利程度

便利程度是指分销渠道为顾客购买商品提供的方便程度。一般地说，顾客更愿意就近完成购买行为，但是不同的商品，人们所能承受的出行距离是不同的。显然，顾客购物出行距离长短与渠道网点的密度相关。密度越大，顾客购物的出行距离越短，反之则长。所以市场分散程度较高，可以减少消费者在运输和寻找预购商品时花费的时间和费用，提高服务产出水平。

4. 选择范围

选择范围是指分销渠道提供给顾客的商品花色品种数量。一般地说，顾客喜欢能够提供较多的品种花色的分销渠道，因为这样更容易买到称心如意的产品。例如，非单一品牌崇拜者愿意到集中多个品牌的服装专业店或百货商店购买服装，而不愿意去专卖店购买服装。分销渠道提供的商品花色品种越多，表明其服务产出水平越高。

5. 售后服务

售后服务是指分销渠道为顾客提供的各种附加服务，包括信贷、送货、安装、维修等内容。消费者对不同的商品有不同的售后服务要求，分销渠道的不同也会使售后服务水平不同。

营销渠道的设计者必须了解目标顾客的服务产出需要，才能较好地设计出适合的渠道。当然，这并不是说，提高了服务产出水平就一定能吸引顾客。因为，高的服务产出水平，也就意味着渠道成本的增加和为了保持一定利润而制定的相对较高的价格。折扣商店的成功表明了在商品能降低价格时，消费者将愿意接受较低的服务产出水平。

二、确定渠道目标

渠道目标应表述为目标服务产出水平。无论是创建渠道，还是对原有渠道进行变更，设计者都必须将企业的渠道设计目标明确地列示出来。这是因为企业设置的渠道目标很可能因为环境的变化而发生变化，只有明确列示出来，才能保证设计的渠道不偏离企业的目标。

渠道目标因产品特性不同而不同。体积庞大的产品要求采用运输距离最短、在产品从生产者向消费者移动的过程中搬运次数最少的渠道。非标准化产品则由企业销售代表直接销售，因为中间商缺乏必要的知识。单位价值高的产品一般由企业推销员销售，很少通过中间商。

渠道策略作为企业营销组合策略的一部分，还必须注意渠道目标与其他营销组合策略目标之间的协调，以避免产生不必要的矛盾。

三、确定渠道结构方案

有效的渠道设计应该以确定企业所要达到的市场为起点，没有任何一种渠道可以适应所有的企业、所有的产品，尽管是性质相近，甚至是同一种产品，有时也不得不采用迥然不同的分销渠道。渠道设计的中心环节是确定达到目标市场的最佳途径，而分销渠道的设计与选择要受到诸多因素的影响。

1. 影响渠道结构的主要因素

影响渠道结构的因素很多，我们只讨论基本的影响因素。

（1）市场因素。渠道设计深受市场特性的影响，主要包括以下3点。

第一，市场规模。也就是市场潜在的顾客数目。市场规模直接决定着渠道的长度和宽度。一般而言，潜在的顾客多，市场大，需要中间商为之服务，渠道的长度和宽度相对也会更大些；反之，则可由企业直接供应。

第二，市场聚集度。市场聚集度是指消费者的集中程度。如果目标顾客集中，企业有条件采用短而窄的渠道销售。反之，目标消费者分布分散，涉及的空间范围广，企业采取短渠道的方式会花费大量的人力、物力，使分销成本增大，因而适合采取较长和较宽的渠道。

第三，购买数量。主要是指消费者一次购买产品的数量，常称为“批量”。消费者购买量越大，单位分销成本越低，因此有条件将批量性产品直接出售，即使间接出售，也不必利用太多的中间商。

（2）产品因素。产品因素是影响渠道结构的十分重要的因素，主要包括以下七点。

第一，产品价值。单位产品价值高低直接影响着产品价格高低。一般说来，产品价值越高，单位价格越高，比较适合选用短而窄的分销渠道，以抑制商品价格上升，否则会使商品单价太高，无人问津，渠道受阻反之，则可选用长而宽的渠道。

第二，产品易腐性。易腐败、保质期短的产品应尽量缩短分销渠道，迅速把产品出售给消费者。例如，鲜活产品一般都采用较短的渠道；反之，可长一些。

第三，产品体积重量。体积过大或过重的产品，如建筑机械、大型农机具、各种体积大、重量重的机器设备等，分销成本昂贵，运输、储存都很不便，可选择较短、较窄的分销渠道；反之，则可选择长而宽的渠道。

第四，产品时尚性。凡产品的式样或款式变化比较快的，一般宜采取少环节的短渠道。例如，家具、时装、玩具等产品，应尽量缩短分销渠道结构，减少中间环节，以避免由于时尚变化引起产品过时，造成积压。短渠道也有利于信息的反馈，使生产者及时了解消费者需求的变化，适时地调整产品结构。

第五，产品标准化程度。一般而言，渠道的长度与宽度是与产品的标准化程度成正比的。产品的标准化程度越高，渠道的长度也越长，宽度也越大；反之，则采用短而窄的渠道。

第六，产品技术度。凡技术性较强而又需提供售前、售中、售后服务的产品，企业应该选择短而窄的渠道，尽量直接卖给消费者，以便于企业销售人员当面介绍产品和专门技术人员提供各种必要的服务。即便需要中间商的介入，环节也要尽量地少。

第七，产品生命周期。对处于不同生命周期阶段的产品，渠道也应有所不同。对处在导入期的新产品，生产企业为了尽快打开销路，通常采用强有力的推销手段去占领市场。为此，企业可组织自己的推销队伍，通过试销门市部、专营店等各种零售方式与消费者直接见面，选择短而窄的渠道可能性大；而老产品则常常通过中间商来维持较为稳定的销量。

(3) 企业因素。企业在选择分销渠道时，还要考虑企业自身的状况。

第一，企业规模。企业的总体规模决定了其市场范围、客户规模和与中间商合作的能力。企业规模大，就可以自由地选择分销渠道；反之，则选择余地不大。

第二，企业的市场营销能力。企业的市场营销能力弱，可通过间接渠道或长渠道，利用中间商的营销能力销售产品；反之，企业的营销能力较强则可选用直接渠道或短渠道。

第三，企业的声誉与市场地位。生产者、经营者和消费者都在选择对方。声誉就是一个重要的条件。对生产企业或经营企业来说，声誉越高，设计的余地就越大，选择的实力就越强；相反的，声誉不高或没有地位的企业，设计的余地就比较小。

第四，渠道经验。企业过去的渠道经验也会影响渠道选择。以前曾通过某些中间商销售产品的企业会逐渐积累经验并形成渠道偏好，它们往往将这些选择渠道的经验作为下一次渠道选择的依据。

2. 设计渠道结构方案

明确了企业的渠道目标和影响因素后，企业就可以设计几种渠道方案以备选择。一个渠道选择方案包括三方面的要素，即渠道的长度策略、渠道的宽度策略和商业中介机构的类型。

（1）渠道的长度策略。由前一节可知，分销渠道长度是指渠道级数的数目多少。在设计渠道方案时，首先需要确定有多长，然后再确定具体形式。由于渠道长度不同，其优劣势存在着很大的差异，比如从零级渠道看，明显的优势是灵活性高、周转迅速、有较大的定价主动权。但这种渠道容易使顾客产生逆反心理，因为推销员主动上门有时会给人强行推销之感。而多层渠道由于借助中间商销售商品，使得交易次数大大减少，提高了全社会的分销效率。但企业对渠道的控制力也会随着级数的增加而减弱。由此可见，企业具体选择哪种形式进行分销，需要进行全面综合的分析。

（2）渠道的宽度策略。渠道的设计者除了要对渠道总的级数的数目做出决定，还必须对每个渠道级上使用多少个中间商做出决定，这就是渠道的宽度策略。根据我们在前一节给大家介绍的，渠道的设计者有三种基本的策略可供选择密集分销、选择分销和独家分销。

（3）中介机构的类型。渠道设计第三个需要解决的问题是渠道设计者如何对渠道内的中间机构进行具体的选择。企业应该弄清楚能够承担其渠道工作的中介机构的类型。比如，生产测试设备的企业可以在企业直接推销、制造代理商和工业分销商中间选择它的渠道。企业也可以寻找更新的营销渠道。

四、评估主要渠道方案

评估主要渠道方案的任务，是解决在那些看起来都可行的渠道结构方案中，选择出最能满足企业长期营销目标的渠道结构方案。因此，必须运用一定的标准对渠道进行全面评价。其中常用的有经济性、可控制性和适应性三方面的标准。

1. 经济性标准

企业的最终目的在于获取最佳经济效益，因此，经济效益方面主要考虑的是每一条渠道的销售额与成本的关系。一方面要考虑自销和利用中间商哪种方式销售量大，另一方面要比较两者的成本。一般说来，利用销售代理商的成本较企业自销的成本低，但是当销售额增长超过一定水平时，用代理商所费的成本则愈来愈高，如图 11－3 所示。

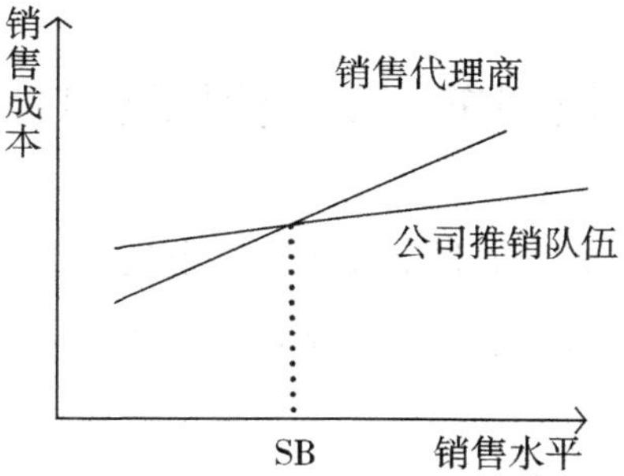

图 11－3　销售代理商与自销比较

图 11－3 上的 SB 点代表两条渠道成本相同时的销售额，当销售水平低于 SB 时，使用代理商合算，销售水平高于 SB 时则企业自销有利。因为代理商通常是收取较大固定比例的佣金，而企业自己的销售人员是固定工资加部分佣金。因此，当销售额不大时，企业利用销售代理商较

合算。但当销售额达到一定水平后，则易于设立自己的分销机构自销。

2. 控制程度

企业对渠道的控制力方面，自销当然比利用销售代理商更有利。因为销售代理商是独立的商业机构，主要关心的是能为它带来最高收益的顾客，因而有可能不按照企业的要求来销售产品，所以，当企业决定使用中间商分销产品时，必须谨慎选择那些能够按照企业的要求提供支持的中间商。

3. 适应性

市场需求和由此产生的各方面的变化，要求企业有一定的适应能力。渠道适应性就是考虑生产者是否具有适应环境变化的能力及应变力如何。每个渠道方案都会因某些固定期间的承诺而失去弹性。而且企业一旦选定某一中间商，便很难更换，这样会使渠道失去灵活性。所以企业在择定渠道结构时，要全面考察，用发展的观点分析，尤其是涉及长期承诺的渠道方案，只有在经济效益和控制力方面都十分优越的条件下，才可予以考虑。

第四节　分销渠道管理

企业对渠道进行管理的目的在于对渠道进行适当的控制，提高分销渠道的有效性，实现分销的目标和企业的整体目标。

一、选择渠道成员

企业在招募中间商时，常处于以下两种情况：一是企业轻易地找到特定的中间商并使之加入渠道系统；二是企业费尽心思才能找到期望的中间商。不论企业是否容易找到中间商，都要评价中间商的特性。主要包括中间商与目标市场接近度，财务状况，产品组合状况，市场覆盖率，推销产品的能力及储藏、运输能力等。

二、激励渠道成员

企业不仅要选择中间商，而且要经常激励中间商使之尽职。企业在处理与中间商的关系时应根据不同情况选择合作、合伙或分销规划的激励方式。

1. 合作

企业可采取“胡萝卜加大棒”的方法得到中间商的合作。积极的方法是采取各种正面鼓励措施，如让利、特殊优惠、各种奖金、合作广告津贴、商品陈列津贴、推销竞赛、免费旅游等。还可以建立风险推销基金，对中间商经销商品可能遭受的损失给予补偿。利用各种媒体开展广告和各种促销宣传，加快商品流通，减轻中间商的压力。消极的方法是减少让利、推迟交货或终止合作等。无论是积极的方法，还是消极的方法，都存在着缺陷。如果没有真正了解中间商的需要、困难、长处和不足，激励效果就会不明显、不持久。

2. 合伙

合伙即与中间商建立长期合伙关系。企业首先明确自己要从中间商那里得到什么，如市场覆盖面、销售量、市场开发、财务要求、技术建议、顾客服务和市场信息等，还要明确中间商的愿望与要求有哪些，就上述方面与中间商取得一致认识，并按照中间商的执行情况给付报酬。比如企业给中间商的销售佣金为25%，但不是一次支付，而是按照下列规定支付如能保持适当的存货水平付5%，如能完成销售定额再支付5%，如能向消费者提供有效的服务再支付5%，如能正确地提供市场信息再支付5%，如能适当地管理应收账款再支付5%。

3. 分销规划

企业与中间商进一步建立和发展更密切的关系就是分销规划。分销规划即建立一套有计划的、实行专业化管理的垂直渠道系统，把企业和分销商两者的需要结合起来。企业在市场营销部门内部建立一个“分销商关系规划处”、其任务是探求分销商的各种需要，制订推销方案，帮助每个分销商实现最佳经营水平。

小案例

三星的渠道激励

三星的P3与其渠道伙伴建立起密切的合作关系，渠道成员为自己的客户报供IT解决方案时会使用三星及其他厂商的产品。通过这一项目，三星提供了独家预售、销售及售后工具和支持17255家北美渠道伙伴，并将渠道伙伴分为银、金和白金三个层级。比如，白金合作伙伴，即每年售出50万台及以上三星电子产品的店家，会得到搜索网上产品和定价数据库及下载营销材料的权利。他们可以享受到专为合作伙伴提供的三星培训计划、特殊的研讨会及会议。一个P3的团队帮助合作伙伴找到最好的销售理念并帮助其达到基本销售量。随后，三星地区销售代表与每位合作伙伴密切会谈，提供内部信息和技术支持。最后P3会以折扣或优惠、红利、销售嘉奖的方式奖励表现好的合作伙伴。

请思考：

归纳三星渠道激励的主要方法及其可借鉴之处。

三、评估渠道成员

企业除了选择和激励渠道成员外还必须定期评估它们的绩效。通常是指评估销售配额的完成情况，平均存货水平，向顾客交货的时间，对损坏或遗失商品的处理，与企业促销和培训的合作情况。

测量中间商的绩效，主要有两种方法可供使用，一是将每一个中间商的销售绩效与上期的绩效进行比较，并以整个群体的升降百分比作为评价标准，对低于该群体平均水平的中间商，必须加强评估与激励措施；二是将各中间商的绩效与该地区基于销售潜量分析所设立的配额相比较，在销售期过后，根据中间商的实际销售额与其潜在销售额的比率，将各中间商按先后名次进行排列。

四、调整渠道

企业在设计了适当的分销渠道之后，还需要根据情况的变化及时调整分销渠道。分销渠道的调整，是企业根据分销渠道适应性、灵活性的要求在利润的驱动下和渠道处于不均衡状态或企业很有把握预测调整分销渠道会带来更大利润时，对中间商或者整个分销系统进行的调整。分销渠道调整内容一般有渠道成员的增减、渠道长短的调整、渠道宽窄的调整、中间商类型的调整、增加或减少某些市场营销渠道、更换或修正整个营销渠道等。

小案例

渠道冲突

理想状态下，由于个体成员的成功依赖于整个渠道的成功，所有的渠道成员应该通力合作接受自己的角色、协调各自的活动，相互协作以实现渠道的整体目标。尽管渠道成员彼此依赖，但它们经常根据自身的短期利益单独行事，目标、角色和回报的不一致容易产生渠道冲突（Channel Conflict）。

渠道冲突可分为水平冲突和垂直冲突两类，前者发生在处于同一渠道层级的企业之间；后者发生在同一渠道内处于不同层级的企业之间。现实中，相对水平冲突，垂直冲突更为常见。例如，联合航空试图通过直接向客户销售的办法刺激在中国香港的销售。它给予客户大量的里程奖励和价格折扣，却没有和当地的航空代理机构很好地协调，结果代理机构纷纷拒绝代售联合航空公司的机票以示抗议。面对着销售额的骤降，联合航空不得不转回原有的代理分销渠道系统。渠道内有些冲突是有好处的，没有竞争，渠道会变得过于消极和缺乏创造力。但是，严重的或者持久的冲突就会破坏渠道的有效性，并对渠道关系产生持久的损害。渠道冲突要求企业须对渠道进行有效激励和管理。

第十二章　促销－沟通策略

“即使花盛开，蝶儿未必来”。营销环境中，生产者和消费者对产品拥有的信息具有不对称性，仅凭借优质的产品、合理的价格和适当的渠道，并不会引起消费者的强烈关注。企业须采取广告、人员推销、营业推广和公共关系等一系列尽可能的促销手段，将产品的外观、功能、特色、使用方法等信息传递给目标顾客，以吸引他们注意，激发他们需求欲望，从而购买企业产品。由此，促销活动构成企业营销活动的重要组成部分，促销决策亦构成企业营销决策的重要内容。

第一节　促销与促销组合策略

现代市场营销理论特别强调企业与其现实的与潜在的消费者之间的沟通。每个企业都不可避免地身兼两种角色：信息沟通者和促销者。

一、促销的本质

市场交换活动是由买方和卖方共同实现的，这种商品交换活动的顺利进行，要求买卖双方相互沟通信息。卖方如果不了解买方的需求，就不可能生产和经营适销对路的产品，如果不了解卖方的供应信息，就不会采取购买行动。

促销（Promotion）是指企业通过人员推销或非人员推销的方式，将产品或劳务的信息传递给目标顾客，从而引起兴趣，促进购买，实现产品销售的一系列活动。

从概念中可以看出，促销包含以下三层含义。

第一，促销的本质是传播和沟通信息。企业提供产品或劳务等信息给消费者，引起消费者注意，并使其有可能产生购买欲望。

第二，促销的目的是引发、刺激消费者产生购买行为。在消费者可支配收入既定的条件下，消费者是否产生购买行为主要取决于消费者的购买欲望，而消费者购买欲望又与外界的刺激、引导密不可分。企业通过各种传播方式把产品或劳务等有关信息传递给消费者，以激发其购买欲望，使其产生购买行为。

第三，促销的方式有人员促销和非人员促销两类。人员促销是通过推销员或销售员用口头直接向顾客宣传介绍商品，达到销售目的的活动；非人员促销是通过一定的媒体传播商品的有关信息，以实现商品销售目的的活动，它包括广告、公共关系、营销推广和直复营销等。

无论是人员推销还是非人员推销，所有的促销活动都有以下三个基本功能。

（一）告知功能

促销活动能把企业的产品、服务、价格、信誉、交易方式和交易条件等有关信息告诉给广大消费者，从而引起消费者注意，激发其购买欲望，为实现销售和扩大销售做好准备。一般来说，消费者比较喜欢购买他们所了解的产品，他们对某一企业的有关信息知道得越多，选择该企业产品的可能性也就越大。

（二）说服功能

促销活动往往致力于通过提供证明、展示效果、解释疑虑和表示承诺等方法来说服消费者，加强他们对本企业产品或服务的信心，以促使其迅速采取购买行为。一般地说，消费者在购买决策犹疑不定的时候，很希望能有新的信息来帮助他做出决策。促销活动在这方面的信息沟通往往能恰到好处地促使消费者做出对本企业有利的购买决策。

（三）影响功能

促销活动通过对社会广泛经常的信息传播，往往能使消费者的印象不断加深，从而通过从众心理的作用，对目标市场的消费者产生舆论导向。尤其是新产品，上市之初消费者对它的性能、用途、作用、特点并不了解，通过促销沟通，使消费者建立起对新产品的认识，形成对新产品的好感。

二、信息传播的过程

促销的本质是传播和沟通信息，其主要手段就是通过各种形式进行信息传播活动。所以，要在激烈的市场竞争中，确保企业的竞争优势，就必须掌握信息传播的客观规律，努力提高促销活动中的信息传播效果，以强化促销的各种基本功能。

无论是哪种形式的促销活动，其信息传播的模式可用图 12 - 1 来表示。

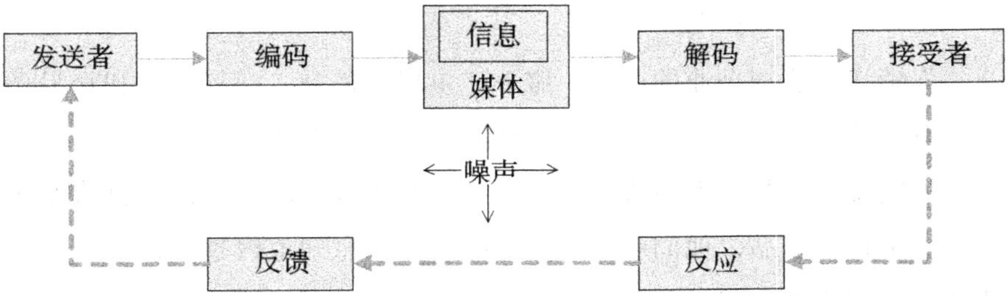

图 12 - 1　信息传播模式

该模式由九个主要的传播要素组成。这些要素及其定义如下。

（1）发送者：又叫信息源，在营销活动中，信息发送者一般是进行促销活动的企业。

（2）编码：将打算传递的事实或意图转换成可供传播的信号或符号。这信号可以是语言、文字、音像、图画等。

（3）信息：即发送者传送给接收者并使之理解的理念、感情或看法。

（4）媒体：指信息从发送者到接收者所经过的渠道或途径，即信息的载体，如报纸、广播、电视等。

（5）解码：又称译码，指信息接收者对发送者所传信号进行解释的过程。

（6）接收者：接收信息的一方，也称目标受众。在促销信息传递中则指目标市场上的现实和潜在的顾客。

（7）反应：接收者在受该信息影响后采取的有关行动，如目标顾客看到广告以后，决定购买某种产品。

（8）反馈：被返回给信息发送者的那部分信息接收者的反应。当然这反馈有些是信息接收者主动对发送者的反向沟通，如顾客向开展促销活动的企业提出对产品的意见和要求。

（9）噪声：指在信息传播过程中发生的意外干扰和失真，以致接收者收到的信息与发送者发出的信息不一样。

在上述九个要素中，发送者和接收者代表传播的双方，信息和媒体代表主要的传播工具，编码、解码、反应和反馈代表主要的传播功能，噪声代表外界的干扰。这一模式强调了构成有效传播的主要因素。发送者如果要把他们想要发出的信息传递给特定的受众，他们就必须熟悉如何编码，并考虑目标受众通常会如何解码。信息必须通过可以达到目标受众的有效媒体才能传递信息。发送者还必须广开反馈渠道，只有这样，他们才能真正了解到接收者对信息的反应。

三、促销组合决策

企业的促销活动是由一系列具体活动所构成的，一般可归纳为四种手段，即人员推销、广告、营业推广和公共关系。所以，所谓促销组合是指企业根据促销的需要，对广告、营业推广、人员推销和公共关系四种促销方式进行的适当的选择和综合编配。

四种促销手段各有特点，适合于不同企业、不同产品、不同时机、不同场合的促销需要。为此企业要对促销组合做出有效的决策。

（一）促销预算

企业在制订促销决策时，首先会遇到两个主要问题：一是应花费多少投资用来进行促销活动；二是这些投资应如何在众多的促销工具之间进行分配。

在促销方面花多少钱是企业面临的最难做出的市场营销决策之一。美国百货商店巨头约翰·沃纳梅克曾经说过："我知道我有一半的广告费是浪费掉了，但不知道是哪一半。我花了200万美元做广告，但不知道这笔钱是只够一半还是多花了一倍"。在行业与行业之间、同行业的企业之间，促销费用常常差距很大。一般来说，科学的促销预算方法有以下四种。

1. 量力而行法

这种方法要求企业必须在估量本企业所能承担的花费之后安排促销预算。这种方法忽视了促销对销售量的影响，导致年度促销预算的不确定性，给制订长期市场营销计划带来困难。

2. 销售百分比法

这种方法要求企业以其销售额或者售价的一定百分比为标准来确定其促销开支。这种方法消除了量力而行法的弊端，同时还可以计算促销成本、销售价格、单位利润等。但其不足之处在于它是把销售额看作促销的原因而不是结果，不仅不利于市场营销计划的顺利开展，而且还会阻碍大胆促销的试验。

3. 竞争对等法

这种方法是企业在确定其促销预算时以竞争者的促销费用来安排自己的促销预算。这种方法的目的是维持其市场占有率，保持竞争均势，防止发生促销战。但这种做法的不足之处在于它把竞争对手的促销费用开支作为自己促销预算的标准。没有任何理由认为竞争对手要比企业本身更了解自己应该在促销上花多少钱。企业之间的声誉、资源、机会和目标差别很大，因此，既不能用其他企业的促销预算作为自己必须遵循的标准，也没有理由认为以竞争对等为基础的预算可以阻止促销战的发生。

4. 目标任务法

这种方法要求企业通过确立其特定的目标和任务来估算所需费用，从而决定促销预算。首先，明确促销目标；其次，决定为达到这种目标而必须执行的工作任务；最后，估算执行这种工作任务所需的各种费用，这些费用的总和就是计划促销的预算。这种方法能真正为促销活动的开展提供足够的资金，同时也有助于合理地进行促销预算。但这种方法的不足之处是没有从成本的角度出发来考虑某一促销目标是否值得追求这个问题。

（二）影响促销组合的因素

确定促销组合实质上就是企业在各促销工具之间合理分配促销预算的问题。一般地讲，企业在将促销预算分配到各种促销工具或在确定促销组合时，需考虑如下四个因素。

1. 产品类型

产品类型主要是指产品是消费品还是产业用品。从西方国家市场营销发展史看，消费品与产业用品的促销组合是有区别的。广告一直是消费品市场营销的主要促销工具，其次依序为营业推广、人员推销和公共关系，而人员推销则是产业用品市场营销的主要工具，总的说来，人员推销往往用于那些复杂程度高、单价价值大、风险程度高、市场上买主有限或购买批量的商品的促销。

2. "推"与"拉"的策略

企业是采用"推"的策略还是"拉"的策略来扩大销售，在很大程度上影响着促销组合。"推"的策略需要有销售队伍和贸易促进，通过分销渠道把产品推出去，即生产者积极地把产品推销给批发商，批发商又积极地把产品推销给零售商，而零售商又积极地把产品推销给顾客。"拉"的策略则需要在广告和消费者促销上支出大笔经费以促进消费需求。这一策略如果行之有效的话，消费者将向他们的零售商指名购买这一产品，零售商再向他们的批发商指名购买这一产品，而批发商再向他们的生产商指名采购这一产品。

3. 购买者的准备阶段

促销手段在购买者不同的准备阶段各有不同的成本效应。购买者的准备阶段包括认识、理解、信任、订货、再次订货等几个阶段。在准备阶段，广告、公共关系比起销售人员的突然拜访，营业推广所起的作用要大得多，而顾客的理解主要受广告和人员推销的影响，顾客的信任大都受人员推销的影响，广告和营业推广对他们的影响则相对较少。销售成交主要受人员推销和强大的促销的影响，并且在某种程度上广告的提醒也起了一定的作用。很明显，广告和公共关系在购买者决策过程的最初阶段是最具成本效应的，而人员推销和营业推广在最后的阶段则最具效力。

4. 产品生命周期阶段

在产品生命周期的不同阶段，促销的效果也有所不同。在产品生命周期的导入期和成熟期，促销是一个十分重要的市场营销组合因素。这是由于新产品初上市时消费者对其不认识、不了解，必须通过促销活动来吸引广大消费者的注意力。

在导入期，广告与公共关系的配合使用能促进消费者认识、了解企业产品。

在成长期，社交渠道沟通方式开始产生明显效果，如口头传播。因此，所有的促销手段的成本效应都降低了。

在成熟期，竞争对手日益增多，为了与竞争对手相抗衡，保持住已有的市场占有率，企业必须增加促销费用。这一阶段可能发现了现有产品的新用途，或推出了改良产品，在这种情况下，加强促销能促使顾客了解产品，引发购买兴趣。运用赠品等促销工具比单纯的广告活动更为有效，因为这时的顾客只需提示式广告即可。

在衰退期，企业应把促销规模降到最低限度，以保证足够的利润收入。在这一阶段，营业推广的成本效益应继续保持较强的势头，广告和公共关系的成本效应则降低了，而人员推销的成本效益最低。

由上可知，在整个产品生命周期中，企业所应采取的促销组合依各个阶段的不同而有所不同。总的来看，在导入期和成熟期，促销活动十分重要，而在成长期和衰退期，则可降低促销费用支出，缩小促销规模，以保证足够的利润收入。

第二节 整合营销传播

现代营销不仅仅局限于开发一个好产品，制定出有吸引力的价格政策，还需要企业与顾客之间有着良好的沟通。对于企业而言，投入多少资源和采用怎样的顾客沟通方式在很大程度上影响着顾客感知价值。整合营销传播（Integrated Marketing Communication，IMC）强调将广告、促销、公关、直销、包装、新闻媒体等一切传播活动一元化，这种观念逐渐得到了营销理论界和企业实务界的广泛认同和接受。

一、整合营销传播的概念和发展阶段

随着通信技术的迅速发展，在全球市场上企业与消费者之间的关系表现为更为便捷的双向沟通，整合营销传播最重要的特征就是让企业通过各种方式与消费者接触，通过各种传播渠道向消费者传递信息，使过往分散独立的营销活动之间产生协同效应。整合营销传播的发展大致可以分为四个阶段，表现为从高度实用性的战术导向发展到更多地由对顾客及其行为的理解所驱动的战略导向。

（一）整合营销传播的概念

自20世纪90年代以来，研究机构和营销学者从不同的角度提出他们对整合营销传播的看法。美国效率和质量中心（American Productivity and Quality Center）将整合营销传播定义为一个战略性的业务流程，企

业利用这一流程在一定的时间内针对消费者、已有顾客、潜在顾客及其他有针对性的内外相关受众来规划、发展、执行和评估品牌的传播活动，使之协调一致、可以衡量，并且具有说服力。唐·舒尔茨认为整合营销传播是一种适合于所有企业中信息传播及内部沟通的管理体制，而这种传播与沟通就是尽可能与其潜在客户和其他一些公共群体（如雇员、立法者、媒体和金融团体）保持一种良好的、积极的关系。

整合营销传播是企业通过将传播目标和企业目标进行协同从而加速投资回报的一个业务流程。它既是一种营销手段、理念和营销模式，也是一种沟通手段和管理体制，对外具有整合各种信息综合传播企业信息和品牌的功能，对内则有通过各种沟通渠道和方式实现有效管理的作用。“一个观点、一个声音”和“全员参与”是它区别于传统的单一、分散的营销传播理念和模式的两项显著特征。

“三只松鼠”在电商企业同质化竞争中通过整合营销传播独树一帜，实现了在消费者心目中树立起了“萌”的鲜明形象，该企业利用松鼠和坚果的联想，用三只卡通松鼠作为品牌视觉形象，赋予每只松鼠名字、星座和鲜明的性格并代表一个产品子类。为迎合网购群体追求新鲜趣味的偏好，利用新媒体建立品牌中心，工作内容包括品牌形象的动漫运营、动漫编剧、游戏开发、APP 开发、UI 设计等，将单纯的品牌 Logo 发展成为一个完整的“萌”系品牌形象和故事，并根据不同节日或事件更新，与消费者的网络生活无缝接轨。不断强化品牌卡通形象，从线上店铺、官网、微博到线下的包装、赠品、周边、快递盒全都保持一致的萌系风格。

（二）整合营销的发展阶段

随着企业整合营销传播经验的积累，其营销传播的重心会变得更具战略性，覆盖范围也会更加广泛，涉及种类繁多的营销活动形式。在整合营销传播的早期阶段，绝大多数企业都会更多地以“如何做”和“什么时候做”之类的战术性问题对待营销传播活动，而在较为成熟的阶段则会更多地关注如何协调内外部的各项活动、确定活动的顺序、资源配置、财务整合及问责制度等方面。

1. 战术性传播工作的协调

在这一阶段，企业注重利用整合营销传播在其对外传播工作中实现“统一形象、统一声音和统一话语”的效果。在该阶段的具体目标是更有效地协调向市场所传递的各种信息及充分发挥每一种传播手段或技术的优势和强项，从而使整体结果远远大于各部分结果的简单相加，使传播信息实现最佳效果。

对营销传播工作范围的重新界定。

在这一阶段，聚焦于整合营销传播的企业会将其重心由原先简单的战术性协作转移到更为全面深入的传播活动中。这种转变具体体现在企业不再只是关注营销传播部门所负责的营销传播工作，而是开始致力于覆盖顾客与企业互动的过程中需要的信息和产生信息的所有接触点。企业试图更加广泛深入地理解其顾客和潜在顾客的感知和行为特征。企业各部门间协调一致，努力在各个顾客接触点上识别、理解和创造跨职能的传播机会。

3. 信息技术的应用

在这一阶段，企业会利用自身的力量和信息技术的巨大潜能来提升在整合方面的绩效。企业会利用一套或者多套数据库来收集、存储和管理有关现有顾客和潜在顾客的信息，尤其是关于顾客可能给企业带来的经济价值方面的信息。利用新兴技术改进企业如何，以及在什么时候向现有顾客、潜在顾客和其他目标对象传递信息。利用电子的传播手段促进内部针对顾客及与顾客相关的信息的传播，帮助企业内部不同业务部门及时了解企业在进行什么样的营销和传播活动。

4. 财务和战略整合

在这一阶段，整合营销传播更多与高层管理者所面对的问题而不是营销传播部门所面对的问题相关。营销传播管理者必须采取更有战略性的眼光来看待自己的传播行为，考虑如何更加有效地来投资和分配企业有效的资源。整合营销传播的工具和原则需要运用到企业总体战略目标中，并且有必要更新评估传播活动有效性的各个系统和流程。而哪些事物可以更好地进行传播，乔纳·伯杰对此有着独到的见解，见以下专论摘要。

小资料

疯 传

沃顿商学院的市场营销教授、病毒理论的提出者乔纳·伯杰森对这个问题写了一本书《疯传》。

他说，一切能疯传的事物都遵循了六个原则，分别是社交货币、诱因、高唤醒情绪、公共可视性、实用性和有故事的事件。

1. 社交货币

社交货币是指分享出去之后，能让别人觉得我更优秀、更优越的东西，这样的东西大家都愿意分享。有一个生产饮料的公司叫斯纳普，在瓶盖里面印了一些反常识的小知识，比如"据说袋鼠可以向后跳跃""据报道，每个人一生中都平均要花两周的时间等红绿灯"等。这样的小知识既开"脑洞"，又有趣，只要你买了饮料打开瓶盖就能看见。所以，就会有很多人买了饮料之后把瓶盖的内容分享出去，就形成了传播。

2. 诱因

诱因起到的就是激活你购买欲望的作用，而且大多数情况下你是无意识的，实验发现，超市里放法国音乐的时候，人们买法国红酒的概率较高；播放德国音乐的时候，买德国红酒的就多，也就是说，音乐能在无形当中影响商品的销售。

3. 高唤醒情绪

高唤醒情绪既包括积极情绪也包括消极情绪，敬畏、幽默、兴奋，生气、担忧都是典型的高唤醒情绪，这些情绪会自然而然地唤起人们传播、分享的冲动。有个典型例子，第一次参加英国"达人秀"节目的时候，苏珊就是个俗气、丰满的家庭主妇，并不是招人喜欢的类型，但是，当苏珊一开口，全场都被她的歌声震惊到了，不禁对这个土里土气的家庭主妇心生“敬畏”之情。果然，没多久网上就到处是苏珊的视频了。

4. 公共可视性

公共可视性是指事物必须能在公开场合讨论、看到。这样，一来增加了口碑传播的机会，二来有实物还能刺激人们购买。形状、声音，以及很多其他鲜明特色也有助于产品的自我宣传。品客薯片率先使用了圆筒状的包装；使用微软操作系统的计算机开机时会发出独特的音乐。法国高跟鞋设计师克里斯提·鲁布托曾一度觉得自己设计的鞋子缺少活力。有一天，鲁布托突然发现有位员工涂了香奈尔大红色指甲油，他立刻意识到这就是他想要的，并将之运用于鞋跟。如今，红色鞋跟已经成为克里斯提·鲁布托品牌的标志，顾客可以通过这一醒目标志立刻识别这个品牌。

5. 实用性

有用的东西大家都爱看，也都爱分享。例如，美国有个名不见经传的农民，没什么特别，唯一的特点就是只靠吃玉米为生，几乎吃遍了所有玉米能做的食物。网上有一个关于他的视频，点击量超过了500万次。视频的内容就是教你怎样用5分钟，毫不费力地去掉玉米上的玉米穗。这个视频是他的儿媳妇给他录的，一放到网上，就成为了热点视频。

6. 有故事的事件

如果你在网上买了一件衣服，没穿几天发现拉链坏了，就会问客服，如果翻修要多长时间、多少钱，这时候，一般人都会害怕对方说是自己弄坏的，不在保修范围。但是，如果对方立即跟你表示，没关系，我重新寄一套新的给你，免费，而且两天之后，你就收到了这件衣服，那你肯定会对这家店印象特别深刻，遇到朋友就给他讲这次愉快的购物经历。传播就这样开始了。

二、有效营销传播的步骤

一般而言，一项有效的整合传播工作包括五个基本步骤：确定目标受众、确定传播目标、设计信息、选择传播渠道、编制总营销传播预算。

（一）确定目标受众

营销传播者可以将企业产品的潜在购买者、目前使用者、决策者或影响者等作为目标受众，也可以将个人、组织或特殊群体等作为目标受众。从建立品牌资产的角度来讲，“印象分析”有助于营销者对目标受众展开更深入、详细的观察和了解，从而在此基础上有针对性地实施有效传播。印象（Image）是一个人对某一对象所具有的信念、观念和感情的集合体，评价受众对企业及其产品或竞争者的印象或信念就显得特别重要。印象分析包括企业对目标受众的总体印象分析，以及目标受众对产品和服务某特定属性的印象分析。目标受众在以下几个方面对传播人员的决策有着极大的影响：说什么、怎么说、何时说、何地说，以及由谁来说。

（二）确定传播目标

预期实现的传播目标可以是针对传播过程中的某一个阶段设定，也可以横跨多个阶段设定。罗西德和波奇针对传播过程模型的不同阶段列出了四项可能的营销传播目标：①品牌知名度，它和消费者在众多品牌中鉴别特定品牌的能力相关；②品牌态度，它只用当前相关需要的认知能力来评估品牌满足相关需要的能力；③品牌购买意图，它是指顾客决定购买品牌或采取购买行动的意愿；④类目需要，它是对满足潜在需求新产品或服务的传播内容信息的建设。

（三）设计信息

在明确期望受众后，营销者就开始考虑如何设计传播的信息了，信息的设计主要围绕着信息内容、信息结构、信息形式和信息源展开。

1. 信息内容

营销传播者需要挖掘出恰当的传播诉求或者主题，一般来讲，可以将诉求的信息划分为理性诉求、情感诉求和道德诉求三种基本类型。理性诉求强调的是产品或服务能够为目标受众带来的功能利益。恒大冰泉在广告中表述的水源地是3000万年长白山原始森林深层火山矿泉水的信息就是典型的理性诉求。情感诉求旨在试图激发目标受众的某种否定或肯定的感情以促使其购买。“劲酒虽好，可不要贪杯哟”的广告信息传播的内容更多地想要表达对消费者身体健康的情感关注。道义诉求用来指导目标受众有意识地分辨什么是正确的和什么是适宜的。它常常被用来规劝人们支持社会事业。

2. 信息结构

信息的有效性既依靠其内容，同时也依靠其结构。信息结构主要包含结论提出，单面与双面论证及表达次序等要素。早期的实验调查者认为将结论阐述给受众比让受众自己寻求结论更为有效，但也有研究者持相反的态度，认为最好的传播方式是提出问题，让读者和观众自己去得出结论。虽然单方面展示产品的优点，要比同时强调产品优点和暴露产品弱点的双面分析更有效，但双面信息在面向受过较高教育或最初反对的受众传播时将是必要的。信息表达的次序应与受众特征相结合，如意欲抓住新顾客的注意力和兴趣，最好采用渐降的信息排列。

3. 信息形式

营销管理者必须为信息设计具有吸引力的传播形式，如在印刷广告中，营销管理者需要决定标题、文稿、插图和颜色。如果传播信息在电台播出，营销管理者还须仔细选择用词、音质、音调。如果信息是通过电视或人员传播的，那么除上述因素外，还应考虑体态语言的设计，展示者须注意他们的表情、举止、服装、姿势和发型。如果信息由产品或其外包装传播，营销人员就必须注意产品或包装的颜色、质地、气味、尺寸和外形等。

4. 信息源

营销管理者选择信息源时需要考虑吸引力和可信度两个标准。有吸引力的信息源发出的信息通常可以获得目标受众更高程度的注意，留下更深刻的印象，这也是广告常常聘请名人作为代言人的原因。除了吸引力之外，信息源的可信度也是相当重要的，当信息由具有较高信誉的信息源进行传播时，就更有说服力。医药产品往往选择医生做其形象代言人是因为他们的专业性提升了受众对其传递信息的信赖程度。

（四）选择传播渠道

在确定明确的传播信息之后，下一步的工作就是选择有效的信息传播渠道来传递信息。传播渠道可分为人际传播和非人际传播两大类。

1. 人际传播

人的社会属性决定了人的生存和发展离不开和他人之间的交往，包括两个或者更多的人相互之间进行信息传播的方式即为“人际传播”。一般而言，人际传播渠道比较适用于下述两种情况：一种情况是产品价格较高，存在一定的购买风险且购买频率较低；另一种情况是该产品容易使人联想起使用者的状况或嗜好，此时，购买者会向其他人咨询，获取更多信息。值得指出的是，越来越多的企业开始注意口碑传播（Word of Mouth）的重要性，它被认为是市场中最强大的控制力之一。口碑传播是指一个具有感知信息的非商业传播者和接收者关于一个产品、品牌、组织和服务的非正式的人际传播。在互联网时代，目标受众的口碑借助互联网共享技术能够以数倍、数百倍于以往的速度得到迅速扩散，从而极大地影响企业的相关品牌形象。

跨境电商小红书现在已经发展为国内最大的海外购物分享社区之一，拥有1500万用户。小红书在2014年年底上线了电商板块“福利社”，把海外购物分享社区和跨境电商相结合，创造了社区电商模式。相比其他跨境电商，小红书花了一年时间去做社区，最开始切入的是海外购物场景，从而抓住了一批高质量和对生活品质有追求的核心种子用户，奠定了小红书社区的基础。社区的一个重要价值在于协助选择商品，社区积累了大量的商品口碑和用户行为，就好像全世界有几十万的用户在帮小红书主动使用和发现新出来的好东西，然后有几百万用户用自己的行为来投票，这些数据可以保证采购来的商品是受用户推崇的。

2. 非人际传播

非人际传播渠道指不直接面对某一位受众的传播渠道方式，包括大众媒体、购买环境/设施、事件/体验和公共关系等。非人际传播能够除了直接影响购买者的感知、态度和行为外，还可以通过大众传媒的舆论导向间接影响购买者。近年来，越来越多的企业通过策划、组织和利用具有名人效应、新闻价值及社会影响的人物或事件，引起媒体、社会团体和消费者的兴趣与关注，以求提高企业或产品的知名度、美誉度，树立良好品牌形象，并最终促成产品或服务的销售。事件营销主要通过借势造势、明星效应、体育赞助、新闻报道、筹办活动、概念宣传等方式以获得特殊的信息传播效果。

例如，RIO 作为预调鸡尾酒领导品牌，追求的是更高、更强的传播效应，因此也需要更广、更有影响力的传播平台。RIO 鸡尾酒赞助或冠名的节目大都是在综合覆盖率、收视率、影响力大的省级卫视频道上播出，其选择浙江卫视播出的“奔跑吧兄弟”，江苏卫视播出的“非诚勿扰”，江苏卫视和东方卫视首播的“何以笙箫默”，湖南卫视播出的“冰与火的青春”“我们都爱笑”等节目中植入广告，收到了较高的受众关注程度。

（五）编制总营销传播预算

营销传播预算是指企业在计划期内反映有关营销传播费用的预算。营销传播支出是一种费用，也是一种投资，营销传播费用过低会影响传播效果，费用过高又可能会影响企业的正常利润。在不同行业，营销传播费用的投入往往有着显著的差别，如在化妆品行业，营销传播费用可能达到销售额的 30% ~50%，而在机器制造业中仅为 5% ~10%，而同一行业中，各企业也会根据自身情况使用高低不等的营销传播费用。

目前经常使用的决定总预算或分预算的一般方法有：量入支出法是将营销传播预算水平与企业的经济负担能力相联系；销售额百分比法是依据特定销售额（当期或预期）的百分比决定企业营销传播预算；竞争平衡法是以主要竞争对手或平均的营销传播费用支出决定企业的营销传播预算；目标任务法要求企业营销管理者在明确企业特定营销目标的基础上，确定为实现这一目标所必须完成的各项营销传播任务，以及核算出完成这些任务所需要的总体费用，从而制订出合理的营销传播预算。

三、整合营销传播组合

公司在做完整合营销传播预算后就需要将这些预算分配给主要的营销传播工具，形成不同营销传播工具之间的有效整合，使企业的全部营销传播活动能够互相配合、协调一致，最大限度地发挥整体效果，从而顺利实现既定的营销目标。

（一）主要营销传播工具的特征

每种营销传播工具，即广告、销售促进、公共关系和宣传、人员推销和直接营销，都有其特点和相应成本，营销人员必须认识这些特点才能选择正确的工具。

1. 广告

作为最常用的营销传播工具之一，广告具有多种形式和用途。一方面，广告能够用于建立一个产品的长期形象；另一方面，广告能促进快速销售。总体来讲，不论何种形式的广告，通常具有以下四点特征：①公开展示，广告是一种高度公开的信息传播方式；②普及性，广告是一种普及性的媒体，它允许企业可以多次重复这一信息，允许消费者接收和比较各种竞争者的信息；③夸张的表现力，广告可以巧妙地运用印刷技术、声音和颜色，为企业及其产品提供戏剧化的展示机会；④非人格化，广告对目标受众只能进行独白而不是对话，目标受众并没有义务去对广告做出特别的反应。

2. 销售促进

优惠券、现场演示、免费试用等销售促进活动往往能够产生更强烈、更快速的短期销售效果，一般具有这样三个特征：①销售促进往往能够快速地引起消费者对该品牌产品的注意；②销售促进通常采取某些让步、诱导或赠送的办法给消费者以某些好处；③销售促进通常具有明确的邀请性，即明显地邀请消费者来进行目前的交易。

3. 公共关系

相比较其他营销传播工具，公共关系活动通常具有这样三个明显特征：①新闻故事和特写对消费者来讲要比铺天盖地的各类广告更可靠、更可信；②能够帮助企业接触到很多回避推销人员和广告的潜在顾客；③经过深思熟虑的一项公共关系活动，会具有一种能使企业或产品更加引人注目的潜能。

4. 人员推销

人员推销特别有助于在购买过程最后阶段建立购买者的偏好、信任和行动。概括来讲，它具有这样三个明显特性：①人员推销是在人和人之间的一种直接的和相互影响的关系中进行的，能够在近距离中观察对方的各种反应；②能够建立消费者和推销人员间的关系，这种关系可以是一种注重实际的销售关系，甚至可以是一种深厚的个人友谊；③人员推销会使消费者在开始销售谈话后产生某种继续听下去或者做出相关反应的责任义务感。

5. 直接营销

近年来日益兴起的直邮、电话营销、互联网营销等直接营销方式具有以下明显的四个特征：①目标顾客选择更精确，可以做到目标明确、沟通有针对性；②形成与顾客间一对一的双向沟通，与顾客形成并保持良好的关系；③能够激励顾客立即反应，并关注顾客终生价值和长期沟通。

（二）影响营销传播组合决策的因素

企业在选择、整合营销传播工具时，需要考虑以下三项因素，即买主准备阶段、市场及产品类型、产品生命周期阶段等。

1. 买主准备阶段

整合营销传播工具的效果往往因为买主处于不同的购买准备阶段而有所不同。首先，是广告和公共关系，在知晓和了解阶段能够起到主要的作用，比销售人员突然打来的销售电话更易让消费者接受。顾客的喜爱、偏好和信任则更多地受人员销售的影响，其次是广告。最后，交易主要是销售电话和营业推广达成的。显然，人员销售由于成本偏高，应当集中在顾客购买过程的后期阶段使用。

2. 市场及产品类型

一般情况下，如果目标市场地域范围广大，广告是最理想的营销传播方式，反之，则可以以人员推销为主。不同的产品性质会引起消费者不同的购买行为和习惯，因而企业所采取的营销传播组合决策也会有所差异。一般来说，广告被广泛应用于大多数消费品的促销，而对于组织采购市场则更多地运用人员推销。公共关系和销售促进通常无论对消费者市场还是对组织市场都处于较次要的地位。

3. 产品生命周期阶段

产品生命周期也会对企业的整合营销传播策略产生影响。在产品引入阶段，应广告宣传为重点使潜在顾客认知并熟悉产品。在产品成长阶段，营销重点应从提高产品认知率转移到提高产品的偏好度，除了选择将广告作为主要传播工具外，必须得配合使用一定程度的人员推销。在产品成熟阶段，销售促进和公共关系相对于广告而言地位愈发重要。当产品进入衰退阶段，则应大量削减原有产品的营销传播费用，仅针对某些老用户保持一定份额的营业推广开支，配合少量提示性广告。

第三节　广告策略

广告是企业促销组合中十分重要的组成部分，是运用得最为广泛和最为有效的促销手段。随着市场经济的发展，广告的重要作用将越加突出。

一、广告的构成要素

广告（Advertisement）是指广告主支付一定的费用，采取非人员推销形式，通过各种媒体把商品信息传递给广大目标顾客，广而告之，促进商品销售。

由上述概念可以看出，完整意义的广告包含以下四个要素。

（1）广告主。是指广告信息的发布主体，包括各类企业组织或个人，对广告的发布拥有委托权和决策权。

（2）广告媒体。是指传播广是信息的中介物。网络、电视、报纸、广播及杂志等都是常见的广告媒体。不同媒体对广告信息传播方式与传播能力不尽相同，对目标市场的吸引力和影响力也不相同。

（3）广告信息。包括企业产品或服务信息。例如，产品的成分、性能、质量、用途、价格、产地等有关信息。

（4）广告费用。与社会公益广告不同，广告主通过媒体发布信息，目的是扩大产品销售，则要为此支付费用。广告费用由企业规模、媒体性质和效果、代言人知名度与美誉度等不同因素决定。

二、广告的策划

广告促销作为企业促销组合的一部分，其面临的首要任务是针对目标市场顾客的特点确定广告目标，然后制订相应的广告预算，再根据广告预算的大小制定广告策略，最后还应对广告效果进行评价。

（一）确定广告目标

所谓广告目标是企业借助广告活动，在规划期内所期望达到的最终效果。广告目标对广告总体活动具有指导意义，也是制订广告战略和进行广告策划的首要步骤及准则。

广告目标的确定，首先取决于其经营目标和市场状况，然后再根据广告活动的目的来选择和确定。一般而言，企业的广告目标有以下3类。

1. 通知广告

通知广告是用于一种新产品刚导入市场时，将产品主要信息告诉目标顾客，使之知晓并产生兴趣，促成初始需求。例如，说明产品名称、效用、价格、使用方法及企业提供的各项附加服务等。

2. 劝说广告

产品的成长期运用劝说广告较多，这个时期需求的特点是选择性需求，即顾客对某一种产品有需求，但还没有形成品牌偏好，可在不同的品牌中进行选择。此时企业的主要广告目标应是劝导顾客购买自己的产品，突出产品特色，介绍本产品优越于其他产品之处，促使顾客形成品牌偏好。

3. 提示广告

提示广告适用于产品成熟期，广告目标是提示顾客购买，保持顾客对产品的记忆。例如，可口可乐是众所周知的产品，早已处于成熟期，它的广告目标就不再是介绍和劝说人们购买，而是提示人们购买。

（二）决定广告预算

因为广告是企业促销组合的组成部分之一，所以，对于广告预算的决定，必须结合企业的促销组合策略和企业促销预算的多少来进行。如果企业促销效果函数已经确定，那么，根据最佳促销组合策略的确定方法，广告预算的大小就可以由此求出。但是，在实际中，对广告在整个促销活动中所起作用的大小很难进行单独衡量，另外，企业也并不知道它所花的哪一部分广告费用真正在起作用。因此，对于广告预算的决定，目前使用较多的还是前述的促销预算的确定方法。但是，具体确定广告预算时，还必须考虑顾客基础规模与市场占有率、竞争与干扰、广告频率、产品的生命周期阶段、产品的替代性等因素。

（三）制定广告策略

广告策略的制定主要包括广告信息、广告媒体两方面政策。

1. 广告信息

广告是传送产品和服务信息的手段，那么必然面临传送什么信息和怎样传送信息的问题。这就涉及广告信息的选择和设计。

（1）广告信息的选择。广告信息的选择主要是涉及企业想告诉目标受众哪些事情。因为对于一种产品和服务来讲，能够吸引消费者的因素是很多的，所以在进行广告宣传之前，必须对所要传播的信息进行认真地选择，从各种能反映产品和服务优势的要素中，挑选出一种对消费者最有吸引力，对竞争对手最有竞争力的要素，将其作为进行传播的主要内容。

（2）广告信息的设计。广告信息的设计是营销人员根据企业所要传递的商品、服务信息，结合企业营销的内外部环境，运用广告艺术手段来塑造形象、传递信息的创作活动。广告设计的基本内容包括主题设计、文稿设计、图画设计和技术设计四个部分。

广告的主题必须明确，应当以广告的诉求为取向。因为，只有明确的诉求才能达到说服受众的目的。广告的文稿是表现广告主题和内容的文字材料，它是传递广告信息的主要部分，一般由广告标题、口号和正文组成。广告的图画是广告艺术化的突出反映，它以线条、色彩等组成图案对广告主题进行表达。技术的设计是由广告设计向广告制作的过渡，是将广告设计中的所有元素进行最佳组合，使广告效果尽可能地理想化。

广告设计除遵循真实、合法、简明等基本要求外，在追求创新性、艺术性等更高质量要求时，企业要充分考虑所运用的元素是否触犯了一些国家的主流价值观、民族风俗或禁忌，是否存在种族、地域、性别或其他方面的歧视等。

小案例

某网站“逼婚”广告弄巧成拙被抵制

春节被逼问婚事想必是广大单身一族最无法承受之痛，有些婚恋网站趁着这个良好的时机重磅推广自己的婚恋交友平台网站。但某网站的一则广告却弄巧成拙，被网友大骂“道德伦理绑架犯”。

这部广告片主打亲情牌，讲述了一个美女与她外婆之间的故事。广告中，女主角回忆起，从大学时代开始，每次见到外婆，外婆都会殷切的问她“结婚了吗?”岁月流逝，外婆慢慢变老，躺在病榻之上，最关心的问题仍然是外孙女的终身大事。这让她歉疚，因此她发誓，为了外婆，一定要结婚，而不再慢慢挑了。最终，在外婆的病床头，女主角穿着婚纱、挽着丈夫，含泪告诉外婆，“我结婚啦”。广告最后，以一句“因为爱，不等待”点题。

广告播出后引起了网友极大反感，甚至有网友发起仇万人抵制该网站活动，要求该网站删除该广告。网友认为，该网站广告制作过于惊悚，用陈旧的伦理道德绑架用户，已达到禁止片级别，严重伤害了“剩男剩女”的心灵。

请思考：

近年来婚介网发展如火如荼，你认为婚恋网广告应该突出哪些元素，回避哪些元素?

2. 广告媒体

所谓广告媒体，就是企业与广告宣传对象之间起连接作用的媒介物。如果没有广告媒体，广告所要给予消费者的信息是无法传出的，也就不可能使消费者认识和了解商品，更不可能导致购买商品的行动。因此，选择并决定采用何种广告媒体把商品信息传向市场，就显得非常重要。

（1）广告媒体的类型。广告媒体的种类很多，常用的媒体有印刷媒体、电子媒体、户外媒体、交通媒体、包装媒体等。在各类媒体中，报纸、杂志、广播、电视是公认的四大广告媒体，它们的共同特点是传播面广，表现力强，持续性好，影响力大，所以往往成为企业最常用的广告媒体。

（2）广告媒体的选择。不同的广告媒体有不同的特性，这决定了企业从事广告活动必须对广告媒体进行正确的选择，否则将影响广告效果。正确地选择广告媒体一般要考虑产品的性质、消费者接触媒体的习惯、媒体的传播范围和媒体的费用等问题，尽可能选择使用效果好、费用低的广告媒体。

小资料

植入式广告形式多样

植入式广告是近年来随着电影、电视、游戏等娱乐形式的发展而兴起的一种广告模式，商家在影视剧情、游戏中刻意嵌入其产品或服务，以达到潜移默化的宣传效果。植入性广告形式多种多样，可以是HBO《明星伙伴》剧集中桌上的星巴克咖啡，《美国偶像》评委所喝的可口可乐。同样也可能将产品编入节目的主题之中，如剧集《办公室》总常光顾Chili餐厅等。

（四）评价广告效果

就本质而言，广告活动是一种经济活动，它是以大量的广告费用为代价的，因此任何企业都不能漠视广告的效果。广告效果的测定，可以从广告引起的销售效果和广告的传播效果两个方面来进行。

1. 广告销售效果

广告销售效果以广告对商品促销情况的好坏来直接判定，以广告费用的支出和销售额的增加这两个指标为主要测量单位。由于广告的目的在于推销商品，因此销售效果是衡量广告效果大小的主要依据。广告销售效果通常用广告效果率来衡量：

广告效果率 = 销售额增加率/广告费用增加率 × 100%

此时要注意排除本企业广告以外的其他因素作用，应该尽量记录有关其他因素的变动情况，在分析广告效果时予以修正。

2. 广告传播效果

广告传播效果不是以销售情况好坏作为直接评定广告效果的依据，而是以广告的收视收听率、产品的知名度、记忆度、理解度等广告本身的效果为依据。当然，广告本身的效果最终也要反映在产品销售上，但它不以销售额多少作为衡量指标，而是以广告所能产生的心理性因素为依据。具体包括注意度测定、记忆度测定、理解度测定、购买动机形成测定等内容。

小案例

恒源祥广告让观众难忘

2009 年春节期间，有一则恒源祥公司的广告。广告画面由北京奥运会会徽和恒源祥上标组成并且一直静止不动，一个男声说："恒—源—祥，北京奥运会赞助商。"一个童声紧跟着喊道："鼠！鼠！鼠！"与此同时画面上跳出几只老鼠。紧接着，老鼠跑走，"恒—源—祥，北京奥运会赞助商。牛！牛！牛！"画面上又跑出几只牛。如此反复，12 个生肖被挨个点名，整个广告历时 1 分钟。

这则广告在中国 6 个频道播出，包括具有影响力的上海东方卫视和更具娱乐性的湖南卫视。总体来说，尽管这则广告在全中国收到的负面回应多于正面回应，但恒源祥的品牌知名度因此提升了 3 倍，并且媒体覆盖率比 2008 年提高了 81%。

恒源祥广告的成功引发了人们的讨论。在这些赞成或者反对的声音中，Rand han 的评论值得注意：首先，在中国的一线城市这则广告并不流行。结果这则广告也造成了对品牌的负面影响。其次，恒源祥将自己的产品定位于低收入和低教育人群，而这部分群体对广告的美感漠不关心。最后，为了获得媒体的关注和向消费者进行信息轰炸，恒源祥进行了些粗暴的举动。但不可否认，这则广告使恒源祥在观众脑海里留下了不可磨灭的印记，这个印记有助于推动他们去购买恒源祥的产品。

请思考：

为恒源祥设计一则你认为既可让消费者“难忘”又不至于“抓狂”、时长约1分钟的电视广告。

第四节 推销策略

一、人员销售的概念和特点

（一）人员销售的概念

人员销售（Personal Selling）是指公司代表与客户或潜在客户直接沟通，以介绍相关产品和服务的信息的过程。这个过程包括：建立关系，发现需求，根据需求匹配合适的产品，通过告知、提醒或劝说等方式沟通利益。现在，人员销售越来越多地被视为一个增加价值的过程。销售人员要建立双赢的互利的关系，诊断顾客的需求，定制合适的产品来满足这些需求。

（二）人员销售的特点

1. 人员销售具有针对性

销售人员、销售对象和销售品是人员推销的三个基本要素，其中后两者具有非常明显的针对性。例如，销售对象在年龄、性别、职业、文化程度、生活环境、消费习惯等个性化差异会导致其选择和购买产品的不同。同时，产品也是具有多样性的，销售人员应该找到与独特客户需求相匹配的产品。销售人员可根据产品的定位或用途找到相应的客户群体，针对每个客户的不同特点采取不同的销售方法，达到销售品与销售对象的完美结合，实现成功销售的目的。

2. 人员销售具有灵活性

在一般状况下，销售活动具有共同的一些流程，包括接近客户、讲解产品、磋商议题、解答异议、提供服务和支付购买等环节。但是，在销售活动中充满了许多不确定因素，如价格商讨、付款方式等可能会和销售前所拟定的计划有些出入，因此，销售人员不能僵化地照搬固定的推销模式，而要灵活机动地实施销售活动，促成交易。另外，销售人员要不断完善自己的知识结构，根据实际情况调整销售策略和方法，灵活地运用销售技巧，这样才能提高销售效率。

3. 人员销售具有双向性

人员销售在本质上是一种沟通的过程，销售人员和销售对象都在向对方传递着信息。一方面，销售人员把产品的相关信息传递给销售对象，吸引销售对象，促使其购买。另一方面，销售对象在接收信息的同时，也在向销售人员进行信息反馈。这样销售者也就可以及时地了解销售对象的需求和购买习惯，及时地调整销售策略和方式。销售对象反馈的信息对企业准确地把握市场走向，调整营销决策也具有重要意义。

4. 销售具有说服性

销售人员是整个销售活动的主体，由于客户对其销售的产品不熟悉或一无所知，所以，销售人员应该主动接触，运用适当的方法向顾客讲解产品的性能、特点、价格或者示范使用方法，逐步引导和说服顾客认可他推销的产品，引发顾客的购买欲望，促成购买。

二、人员销售的过程

（一）寻找与发展顾客

对销售人员来训，开始工作的第一步就是寻找顾客。如果找不到购买产品的顾客，推销工作将无法继续进行。日本推销之神原一平说过：“作为推销员，客户需要我们自己去开发，而找到自己的客户则是搞好开发的第一步，只要稍微留心，客户便无处不在”。找到潜在顾客的渠道是多元化的，必须不断地探索和总结。例如，普遍寻找法，雅芳公司赴美国最大的化妆品公司，它的成功得益于行之有效的“直接访问推销法”。连锁介绍法是向现有顾客了解潜在顾客信息的方法，产品展示法是销售人员利用产品展示机会吸引和发现顾客的方法。除此之外，还包括参加行业洽谈会法、资料查阅法、电话寻找法等。最后、对找到的众多顾客要进行评估，从中发展具有购买意愿、能力和权利的销售对象。

（二）约见与接触顾客

约见是指销售人员设法征得顾客的允许和同意与其相见的过程。约见顾客是为了方便顾客做好接触的心理准备，为接下来的顾客接触奠定基础。约见前期的准备工作包括收集顾客资料、准备产品资料和自身准备三项工作。接下来，制订一个详细而周密的约见计划非常关键，它可以使销售人员在接触过程中把握交流的主动权。销售人员通过与顾客的接触能够快速地拉近双方的心理距离，直接关涉到后面销售洽谈活动的成败。在现实商业活动中，利用赞美和利益吸引往往可以较快速地打动顾客的有效途径。Jimmy Choo 曾邀请其在英国境内消费额前 80 名的顾客一起前往该品牌的创始人之一 Tamara Mellon 位于伦敦的私人寓所，进行新季货品的预览，并当场为他们搭配服装，这趟展示为 Jimmy Choo 带来了高达 5 万英镑的销售额。

（三）进行销售洽谈

完成约见与接触顾客的任务后，就进入到了实质性的推销洽谈阶段。这一过程是整个推销工作的关键环节，是能够说服顾客达成交易的关键环节。销售洽谈的目的有两个：一是强化功能，即通过与顾客的互动沟通，强化顾客对产品的了解和兴趣；二是转化功能，即促使顾客对产品的兴趣转化为欲望，进而产生购买行为。销售人员和销售对象之间的洽谈主要围绕着商品质量、价格、购买数量、担保、服务等条款展开。销售洽谈反映的是一种交换关系，即信息、思想和情感的交流与沟通。例如，读书郎学生电脑的销售人员在向销售对象介绍商品功能时会强调其软件兼容各个版本的小学到高中教材，并且专门针对小学基础学科学习需要，采用生动有趣的动漫式课堂讲解。

（四）处理顾客异议

在销售过程中，顾客会向销售人员提出各种各样的问题、意见和看法，他们常会以此作为拒绝购买产品的理由。销售人员应该将顾客异议视为一种正常的现象，使用恰当的方式处理好这些异议，只有这样能将顾客引入积极、正确的购买思维，促成交易。在面对顾客异议时，销售人员应该坚持尊重顾客、认真倾听、仔细分析、巧妙应对的原则。例如，在面临顾客价格异议时，应更多地强调产品的价值，引导顾客树立比较顾客总成本的观念，而不仅仅是追求货币成本的降低。

（五）促使交易成功

成交是指顾客接受销售人员的推销建议，做出购买决策并实施购买行为的过程，它是整个销售过程的核心环节。销售人员应该学习并掌握一些能够及时捕捉成交信号、抓住成交时机、促成交易完成的策略。销售人员可通过几种有效的技巧完成销售过程，如请求成交法、假设成交法、选择成交法、优惠成交法、试用成交法、最后期限成交法等。最后，销售人员要确保商品货款的及时获取，它涉及企业的可持续运营和销售人员的业绩。

（六）完善售后服务

现代销售活动比较推崇满足顾客的全面需求。对顾客而言，既能买到称心如意的产品，又能享受到优质的售后服务，才是需求被全方位满足的真实体现。售后服务是产品整体销售的一个重要组成部分，它直接影响着顾客需求的满足程度，不仅可以巩固现有的顾客，让他们持续、重复地购买产品，同时可以争取到更多新顾客，售后服务是赢得市场竞争优势的一项重要武器。售后服务主要包括送货、安装、三包、回访、顾客投诉处理等内容。

三、管理销售团队

（一）销售人员的招聘和甄选

谨慎地招聘和甄选销售人员是非常重要的，但这项工作在具体执行过程中却是一项比较困难的任务。在销售人员招聘之前，管理者需要对销售岗位有清晰的了解，确定需要招聘哪种类型的应聘者，应聘销售的人员在知识、技巧、能力和行为方面应达到怎样的高度。一旦识别了符合资格的应聘者，下一步就是甄选最佳人选，通常，合格的销售人员要具备对工作的高度兴趣、热忱及很好的自我激励能力，销售人员必须具备积极主动的工作精神。另外一项很重要的素质是诚实。

（二）销售人员的培训

选择了最佳销售人员之后，为确保他们能够成为高绩效员工，还需要对其采取相应的培训工作。首先，应该让新加入销售团队的员工了解企业的历史、经理理念、业务政策、薪酬计划等重要信息。其次，要开展围绕销售业务的专项培训，培训的内容包括三个方面，即产品线、公司市场营销战略、区域信息和行业趋势的知识；对待公司、公司产品和服务，以及所服务的客户的态度；运用人员销售的原则和行为的技能，即销售培训的实战部分。例如，麦当劳建立了汉堡包进修大学，每位经理在晋升前都要到汉堡包大学进修，他们既要学习餐厅管理的理论知识，也要参加相关是实战演练。

（三）销售人员的激励

企业除了甄选和培训销售人员之外，还必须制定合理的报酬制度和人事管理制度去不断地激励销售人员，调动他们的工作积极性，使他们的能力和创造性得到充分的发挥，进而为企业和客户创造和更多的利润和价值。另外，区分内在激励和外在激励是十分有用的。内在激励是履行了职责或完成任务之后的内在奖励。如果销售人员乐于拜访客户、解决客户问题，那么这个活动本身就是一种奖励，当销售职位为个人的成就和发展提供了机会时，内在激励就可能产生。外在激励是他人的行动对销售人员的奖励和肯定。例如，当销售人员完成销售计划时，公司给予的现金或旅游奖励。这两种激励方式应该结合起来使用。

（四）销售人员的考核

销售人员的考核是指企业对销售员一段时间内的销售工作进行的检查、衡量和评价活动。考核的目的一方面是为了调动销售人员的工作积极性，另一方面可以帮助他们总结工作经验和教训，从而改进工作方法，取得更好的销售业绩。企业对推销人员的考核内容分为定量和定性两类标准。定量考核内容主要包括对销售人员销售结果的考核，比如销售量、销售额、回款率、利润额和销售费用等；定性考核内容则主要是对推销员推销行动的考核，如顾客访问完成率、顾客访问成功率、态度、个人仪表、团队合作等。

小案例

从“能量校园，手机换红牛”看快消品校园场景化营销创新

这是一个“消费即娱乐，娱乐即消费”的时代。现阶段的营销思维已经从灌输式传播转变为注重娱乐互动的数字营销，品牌营销的传播核心更倾向于对消费者进行品牌精神和情感的传达，同时创造即时的互动体验。

功能性饮料品牌红牛在创新营销形式上一直勇于大胆尝试。红牛联手全国10余所高校举办的“能量校园，手机换红牛”活动，鼓励学生专注课堂，专注当下，以新颖好玩的互动形式上演了一场校园场景化营销创新的初体验。

1. 锁定社群直击90后“能量”新生代，契合品牌精神

“90后”的在校大学生，正是“积蓄能量，随时迸发”的新生一代。他们敢于尝试和挑战新鲜事物、玩转新媒介、乐于分享，“真真儿的手机控”，对好玩有趣的活动有强烈的参与感。今天的在校大学生就是明天社会消费的主力，红牛正是看中了“90后”的这些特点，将其锁定为潜在目标消费人群。

同时，红牛还捕捉到他们在课堂上很容易受到手机等外界因素的干扰而分散课堂注意力。课堂之上正是需“专注”和补充“能量”的时刻，这些恰好与红牛本次“能量校园，手机换红牛”活动所倡导的精神和品牌主张高度契合。

抓住这样的时机，通过特定的“课堂情境”，其中“90后”目标社群的需求痛点，进行品牌精神活化，能够更大程度地调动活动参与积极性。当所有的互动行为都是在消费者最需要的时候准时出现，此时的场景营销，堪称直达诉求本质的人文关怀。如此彰显品牌个性，“红牛专注能量”的认知划痕，将伴随“90后”的成长日积月累愈加深刻。

2. 创造体验情感代入和品牌共鸣，激发行动意愿

构建校园营销的场景化设计，一个贴心、自然的过程是十分重要的，生硬的销售目的，很容易引起学生的排斥和反感。采用亲切的沟通方式和满足人性化情感需求的即时互动形式，能够更好地实现从营销到销售的转化。

在新媒体时代，“手机控”是难以避免的，强制要求学生放下手机着实困难。再多的说教，也比不上让学生产生一点实际行动。

情感代入式的场景化营销，为学生带来极其深刻的互动体验，产生品牌共鸣，当同学们放下手机坚持一堂课后，能够切身地感受到专注带来了什么收获，得到什么样的能量鼓舞。这样的感同身受，最大限度地发挥无限的创造力和激情来制作线上红牛“能量书签”，并散播传递出去，为整座校园乃至更多人群注入能量。

3. 重在连接创新交互营销，赢得品牌认同

场景营销的好处是，能够及时触发消费者在情境中对产品的需求，形成品牌与消费者之间的快速连接和交互，进而让消费者真实地感受到品牌或产品对自己的价值。而对于校园场景下的品牌活动，一定要考虑到校园的特殊性，否则会背道而驰。

此次“能量校园，手机换红牛”活动，能够得到在校大学生和老师们的一致认可，主要在于品牌找到了跟学生有利的契合点，利用课堂情境融合击中需求困惑，并借由线上线下营销的交互创新方式进行引导解决。

线下“手机换红牛”活动的参与及线上能量书签的表达与传递，大大激发学生对红牛品牌活动微信公众号的长期持续关注，活动效果远远超过营销预期，更引发了高校学生的大量传播与分享，甚至衍生一系列的自主营销活动，如一些参与活动的高校以“手机换红牛”活动为契机自发开展“关于大学生课堂手机使用情况”的调研等。这对红牛来说，收获的不仅仅是可观漂亮的活动效果数字，更是目标消费群对品牌的关注和认同，以及在目标消费者心智中留下深刻品牌印记的长远意义。

4. “能量校园，手机换红牛”活动

上课前，红牛将为参与活动的班级提前悬挂好“能量袋”。学生进入教室时，可自愿将手机放入“能量袋”中换取一罐红牛和一枚“能量书签”。在“专注”听完一堂课后，取回手机，扫描“能量书签”上的二维码，即可关注红牛能量校园微信公众号，点击进入校园活动“能量大声嗥”主题界面，即可参与在线“能量书签”制作，“嗥”出青春的态度，写下个性语录。只要内容够精彩，能量够充足，即可能选入红牛能量书签计划，“90后”的创意与话语，将被设计师重新包装，印刷制作出来，并随着“能量袋”传递到全国高校，其个性化能量宣言将激励更多朋友。

案例思考：

1. 红牛为什么把场景化营销的目标顾客群锁定为大学生？

2. 红牛通过怎样的方式实现与顾客之间品牌情感的共鸣的？

3. 红牛的交互营销对企业与顾客之间的互动有哪些启示？

第五节　销售促进策略

销售促进简称促销，是营销组合要素中的一个重要组成部分。广义的促销是指企业从事的所有以创造消费者需要或欲望为目的活动。而狭义的促销仅指制造商或者销售商用以吸引中间商和消费者购买一个品牌产品，以及鼓励销售人员积极销售的激励措施，本节所要讨论的是狭义的促销。

一、销售促进的目标

销售促进的总体目标是提供购买的刺激。具体地讲，销售促进的作用主要表现在以下五个方面。

（一）有效缩短新产品的市场投入期

促销借助提供给消费者当前的实惠来打动和激励消费者和中间商，销售促进其实是一种“加速工具”，能够使品牌利益加速在消费者中得到传播。消费者一般对新产品或者对新卖者的产品具有抗拒心理，不愿意冒风险对新产品进行尝试。但是，有些销售促进工具，如免费赠送样品，可以降低消费者的这种风险感知，促使他们去接受新产品。

（二）增加产品销售量

销售促进就是在特定时间内针对目标顾客提供了一些额外利益，如价格优惠、现金或利润返还等。因受这些额外利益的驱动，中间商往往会大量进货并且积极销售，从而减轻制造商的库存压力、增加产品销售、加速资金回笼、分散经营风险。消费者因受额外利益的刺激，往往会积极购买和消费，从而促进产品的销量增长。当消费者初次购买和使用了产品以后，如果基本满意，可能会产生再次购买和使用的意愿，但这种意愿在初期一定是不强烈、不可靠的。如果制订并实施一个持续性的销售促进计划，可强化他们的这种意愿，鼓励他们再次和多次购买，从而形成习惯。

（三）保持竞争中的主动性

销售促进可以有效激励中国商进货和销售，可以有效鼓励潜在顾客和竞争者的顾客试用，吸引其他类型的顾客选购。所以，销售促进是成功进行市场渗透、抢占竞争者市场份额的有效武器之一。同样，销售促进也是抵御和击败竞争者的有效武器。当竞争者开展大规模促销进攻时，当然最好是在预计竞争者将要大规模开展促销活动时，及时采取针锋相对的促销情施，可有效阻击竞争者的进攻。

（四）促进其他相关产品的销售

对一种产品开展销售促进活动，不仅可以促进该产品的销售，还可以带动其他相关产品的销售。比如，很多超市经常针对某一种商品开展特低价促销活动，而被吸引的消费者在购买特低价商品后，往往还在该超市内选购其他生活必需品，而他们花在其他商品上的钱往往要比促销产品多。

（五）培养消费者的品牌偏好

销售促进不仅能促进销量迅速增长，而且还能起到宣传品牌、塑造品牌良好形象的作用。例如，某些化妆品品牌为了鼓励消费者使用，采取免费试用的方法，以解除消费者初次使用的顾虑，并许诺消费者如果用后效果满意，即可成为该品牌的会员用户，企业将为其建立美容化妆档案，可长期获得美容咨询和相应的优惠折扣等。这样不仅锁定了顾客，而且可以获得顾客的数据库，使其成为忠诚顾客。如果赠送的礼品选择适当，赠品本身就可传播品牌信息，加深消费者对品牌的美好记忆和联想，增强他们对品牌的情感依赖。

二、销售促进的主要工具

销售促进的方法应服务于销售目标和销售对象。通常情况下，销售促进的对象有三种：消费者、中间商和销售人员，而销售目标是根据销售对象设定的。因此，在本书中把销售促进的基本方法也按照销售对象加以分类。

（一）针对消费者的销售促进

针对消费者的促销主要是为了达到鼓励消费者对新产品试用、鼓励老顾客多次购买或改善品牌形象等目的。通常采取的方法主要有以下五种。

1. 折价券

这是一种最古老的促销手段。基本方式是以其代替一部分款项，约定在购买产品时，可以获得一定的折价抵扣。折价券既可以引导消费者试用新产品，也可以用作强力的促销策略，以对抗竞争者的推广活动，如许多企业用在日常促销上以鼓励消费者再次消费等。折价券的制作和分发花样繁多，常见的有通过报纸等有形媒体发放、通过邮寄发放、通过消费附赠等方式。

2. 样品赠送

大多数新产品在其推出之初营销的一个重要目标就是获得试用，由于一般的潜在消费者使用老品牌有一定的消费惯性，对新品牌有着本能的抵制，因此样品赠送不失为一个极有成效的做法。关键是要针对产品的特点和消费者的特点设计适当的样品，既有足够的量让消费者感到产品的质量，又能最大限度地节省成本。一般的赠送对象都是潜在消费者。赠送的方法一般是邮送样品、上门发送、包装附赠、店堂赠送等。

3. 包装变化

这是指利用包装来激发购买。常见的包装促销方式有以下几种：①

酬谢包装，即采用比原来标准更大量的包装，如常见的在外包装上注明“加量不加价”的包装；②赠品包装，即在包装中赠送赠品，如咖啡包装上赠一个咖啡杯，方便面外包装上赠送一个碗等；③容器包装，即将产品放在一个漂亮的容器中吸引消费者，特别是年轻人有时候会为了得到外边的包装而买产品。

4. 减价销售

减价销售是为鼓励消费者购买而对商品采取的一种价格让利措施，如节日减价、季节性减价、每日特定商品减价。价格是一把双刃剑，虽然是一种能够有效地调节库存，提高现金周转，甚至扩大市场份额的手段，但是也常常会给企业造成难以弥补的损失，如家电行业曾经打价格战的做法使行业中的企业面临困境，另外，频繁地使用减价措施，也容易破坏企业形象和产品定位，失去消费者的信任。

5. 抽奖活动

抽奖是一种具有刺激性的、能引起消费者兴趣的促销方法。这种方法的优点是可以让消费者牢记产品的品牌，激发其试用的意图。但对于企业而言，主要目的是利用抽奖来提升销售，所以在设计抽奖活动时要考虑到获奖的密度和奖额的大小。

此外，集卡兑奖、顾客竞赛、参观展示、讲习推广，以及会员俱乐部等都是常用的纠一对消费者的促销措施。

（二）针对中间商的促销

促销的对象不同，目标和方法也会有所差异。一个产品要实现销售规模化，必须借助于中间商，对中间商的促销目的主要是使中间商多进货，并且能够在商品展示上给予好的位置。因此，对中间商的销售促进主要有以下五种。

1. 优惠折扣

优惠折扣是指在中间商正常的批发折扣之外的进一步折让。为了充分调动中间商的积极性，企业通常在给予批发商正常的批发价之后，再根据销售量的多少，给予不同的返利或是优惠。这种方法能够极大地调动中间商的热情，但是也可能造成市场的价格混乱，如有的商家为了争取更大的返利，低价倾销，使得小零售商无利可图。优惠折扣通常有三种形式：①减价，凡进货达到一定的数量，在价格上适当地下降；②津贴，可以使销售推广津贴，也可以是年终返利，或广告贴补等；③赠货。

2. 合作广告

通常是制造商出资，根据中间商和零售商的需要进行相应的刊播。

3. 店面宣传

现代销售是一个开放的自助选购系统，制造商为了充分地利用消费者在购买决策时的随机性，利用店头宣传，引导消费者做出购买自己的商品的决定，常常出资在各销售网点进行产品宣传活动。

4. 销售竞赛

销售竞赛是指生产商提供价格昂贵的激励品，以刺激中间商和零售商。

5. 订货会

为了更大范围、更大力度地吸引、鼓励中间商，生产商会在每年的销售淡季，举行促销的订货会。会议一般介绍企业及产品情况，进行一定的产品示范和专业展示，会后常常举办旅游娱乐等活动，以促使与会的中间商签订订货意向书或合同。

（三）针对公司促销人员的促销

为了更好地实现销售目标，明确企业的销售重点，调动一切销售力量，妥善协调各种关系，企业常常在内部举行针对销售人员的促销活动，一般有以下三种。

1. 销售会议

销售会议的内容主要是向销售人员介绍公司及产品的销售计划、市场目标及一些政策，以达到统一目标，密切配合。许多生产企业的销售会议被认为是企业最重要的会议，也是花钱最多的会议，为了鼓励企业促销人员，企业经常在高档酒店举行此类会议。

2. 人员培训

培训内容一般包括培养其敬业奉献精神，强化其促销意识，增进其有关商品和服务的知识。

3. 宣传资料

包括产品手册、广告招贴、价目咨询等。

三、销售促进的控制

销售促进是一种效果显著的促销方式，但是如果使用不当，不仅会影响销售、达不到预期的效果，而且会损害企业形象。因此，企业在运用销售促进方式时，必须进行适当的控制。

1. 方式适当

销售促进具有形式灵活、短期见效且目标明确等特点，因此在选择销售促进的方式时，促销方式需要具备新颖、实惠和合适的特征。企业一定要仔细研究商品的特点、促销对象的特点及地域文化等，以确定适当的促销方式。

2. 期限合理

销售促进一般时间较短，因为时间过长会使消费者感到习以为常，失去了刺激需求的作用，但是时间过短使消费者来不及接受销售促进的好处，收不到最佳的促销效果。促销的基本目标是改变一个公司产品的需求曲线，让商品在价格上升时，需求数量下降较少，而当价格下降时，整体销售收入有较大提升。

3. 以信誉取胜

销售促进的对象是潜在消费者，但是在销售促进的活动过程中受利益驱使，中间商、零售商、促销人员可能会弄虚作假，不仅达不到促销的效果，而且损伤企业长远利益。因此，弄虚作假是营业推广中的大忌。为了企业长久的利益，企业在确定促销方案时就应该以诚信作为必须恪守的原则，在促销活动实施过程中也要认真履行宣传时许下的种种诺言。

4. 注重顾客沟通

企业的促销行为与顾客的需求方面可能存在很大的差异，强化与顾客的沟通，了解顾客的真实心理需求，选择符合其特征的促销方式。深入地与顾客沟通一方面是有利于换起消费者的购买欲望，更重要的是可以换来社会公众对企业的良好口碑，增强企业的良好形象。

第六节　公共关系策略

一、公共关系的概念和特征

（一）公共关系的概念

目前，人们对于公共关系的理解和定义的表达是多层次的，公共关系有其独有的特征，了解和把握公共关系的基本概念，是学习和应用这一营销传播工具的基础。所谓公共关系（Public Relations），是指一个组织运用有效的传播手段，使自身适应公众的需要，并使公众适应组织发展需要的一种思想、政策和管理职能。

公共关系是一个组织与其公众之间的关系，这种关系是一个组织在与公众的相互作用和相互影响中形成的。公共关系是一种特殊的思想和活动，作为一种思想，它渗透在一个组织的全部活动之中，作为一种活动，它又具有区别于组织其他活动的特殊性。公共关系是现代组织管理的独立职能，公共关系的主要任务就是协调组织与公众的相互关系，是组织适应公众的要求，使公众有利于组织的成长与发展。公共关系用以协调组织与公众的主要手段就是信息沟通。

（二）公共关系的特征

公共关系是社会关系的一种表现形态，科学形态的公共关系与其他的组织管理关系不同，它有自己的特征，了解这些特征有助于加深对公共关系概念的理解。

1. 人情性

公共关系是一种创造美好形象的艺术，它追求人和的境界，为组织的生存、发展或个人的活动创造最佳的软环境、公共关系期望的是以普遍人性、共同情感为基础的人与人关系的新境界；提倡处处为公共利益着想，以协调主体自身的行为规范，满足公众需要为出发点；强调的是相互理解、相互信任、相互支持与帮助、共同发展。因此人情性是公共关系最明显的特征之一。

2. 双向性

公共关系是以真实为基础的双向沟通，而不是单项的公众传达或对公众舆论进行调查、监控，它是主体与公众之间的双向信息系统、组织一方面要听取人情民意以调整决策，改善自身，另一方面又要对外传播，使公众认识了解自己，达成有效的双向意见沟通。因此，以双向沟通过程为特征的传播活动是公共关系最实质性的方面。

3. 广泛性

公共关系的广泛性包含两层含义，一层是指公共关系存在于主体的任何行为和过程中，及公共关系无处不在、无时不有，贯穿于主体的整个生存和发展的过程中。另一层是指其面向的公众的广泛性，因为公共关系的对象可以是任何个人、群体和组织，公共关系对自己的客体有一种无限扩展的趋势和倾向。

4. 整体性

无论是企业或个人，公共关系的宗旨是使人们全面地了解主体，从而建立起主体的声誉和知名度，它侧重于一个组织机构或个人在社会中的竞争地位和整体形象，使人们对主体产生整体性的认识。它并不是要单纯地传递信息，宣传自己的地位和社会威望，而是要通过全面的传播活动，使人们对主体形成真实的、内容丰富的整体良好形象。

5. 长期性

公共关系的管理职能应该具备经常性与计划性的特征，任何组织都应该在平时的公共关系工作上做出持续的努力、这样做会使组织在发展过程中，无论遇到怎样的困境和麻烦，都能在公众的理解和支持下渡过难关。公关活动应被列入组织的战略规划中，做到时时有公关，处处有公关。

6. 创造性

公共关系面对纷繁复杂的社会环境，其对象又是层次多样、心态各异的公众，只有不断创新，才能适应变化中的环境和公众的要求，公共关系才有生命力。要使公共关系体现创造性特点，从事公共关系活动的人员就必须具备强烈的创新意识、按照科学精神办事，同时，要善于思考、富有激情，思维高度敏锐，工作作风细致踏实。

7. 全员性

公共关系只有动员和组织全体成员参与才能有效地完成活动目标。任何组织都是由其成员构成的有机体，公众对成员的印象影响者他们对组织的形象判断。只有发挥每个与公众有联系的员工的工作热情和技能，才能推进良好的公关沟通效果。员工在具体工作中容易体察到组织在公众心目中的地位和双方的情感连接，能够提出有益的管理建议。

二、公共关系的作用

公共关系是一门“内求团结，外求发展”的经营管理艺术，是一项与企业生存发展相关的事业。其作用主要表现在以下五个基本方面。

（一）搜集信息，监测环境

企业公关需要采集的信息包括以下 4 个方面：①产品形象信息，即消费者对本企业产品的各种反应与评价；②企业形象信息，包括公众对企业组织机构的评价，对企业经营管理水平的评价、对企业人员素质的评价和对企业服务质量的评价；③企业内部公众信息，即企业内部职工的意见及他们对企业的期望；④来自于外界的有关社会经济信息，如投资者的意向，竞争者的动态，顾客的需求变化及国内外政治、经济、文化、科技等方面的重大变化。

（二）咨询建议，决策参考

公共关系的这一职能是利用所搜集到的各种信息，进行综合分析，考察企业的决策和行为在公众中产生的效应及影响程度，预测企业决策和行为与公众可能意向之间的吻合程度，并及时、准确地向企业决策者进行咨询，提出合理可行的建议。

（三）舆论宣传，创造气氛

这一职能是指公共关系作为企业的“喉舌”，将企业的有关信息及时、准确、有效地传送给特定的公众对象，为企业树立良好形象创造良好的舆论气氛。例如，公共关系能提高企业的知名度、美誉度，给公众留下良好印象；能适当地控制和纠正对企业不利的公众舆论，及时将改进措施公之于众，避免扩大不良影响，从而收到化消极为积极、尽快恢复声誉的效果。

（四）交往沟通，协调关系

企业是一个开放的系统，不仅内部各要素需要相互联系、相互作用，而且需要与系统外部环境进行各种交往、沟通。企业不仅要协调与外界的关系，还要协调企业内部关系，包括企业与其成员之间的关系、企业内部不同部门成员之间的关系等，要使全体成员与企业之间达到理解和共鸣，增强凝聚力。

（五）教育引导，社会服务

公共关系具有教育和服务的职能，即通过广泛、细致、耐心的劝服性教育和优惠性、赞助性服务，诱导公众对企业产生好感。对企业内部，公关部门代表社会公众，向企业内部成员输入公关意识，引发企业内部各部门及全体成员都重视企业整体形象和声誉。对企业外部各界，公关部门代表企业，通过劝服性教育和实惠性社会服务，使社会公众对企业的行为、产品等产生认同并乐于接受。

三、公共关系的主要工具

公共关系的工具是组织与广大公众进行沟通，塑造自身良好形象、扩大社会影响、并提供组织声誉的途径和方式。组织需要根据具体的情况，策划、实施各种不同主题的公关活动，可用的公关关系工具包括赞助活动、庆典活动、新闻发布会、开放组织、展览会、举办专题会议等。

（一）赞助活动

赞助活动是指组织以不计报酬的捐赠方式，出资或出力支持某一项社会活动及事业，开展赞助活动是组织对社会做出贡献的一种表现，越来越多的组织认识到自身的发展离不开社会的支持，作为社会的一员，自己也应对社会的发展承担一定的责任和义务，为社会贡献一分力量。赞助活动可以表现为对社会体育、文化、教育或社会福利和慈善事业的支持和帮助。实践表明，公关赞助活动能够有效提高企业的知名度、树立企业在公众心目中的美好形象。Facebook 创办人扎克伯格的女儿 Max 诞生后，他在社交网页上公布了一封写给女儿的信，宣布捐出自己持有的 Facebook 公司 99% 的股份做慈善，市值约 450 亿美元。扎克伯格还成立了一个以自己及太太姓氏为名的基金会“Chan Zuckerberg”，旨在提倡平等及儿童权益，也为女儿打造一个更美好的世界。

（二）庆典活动

庆典活动是指组织在其内部发生值得庆祝的重要事件时，或围绕重要的节日而举行的庆祝活动，一般将其作为一种制度和礼仪传承。它可以是一种专题活动，也可以是大型公共关系活动的一部分。随着社会的发展，能够举办庆典的节日越来越多，这必然使社会各界举行庆典活动的机会越来越多。庆典活动总的要求是有喜庆的气氛、隆重的场面、高昂的情绪和灵活的形式，当然还需要有较高的规范性和礼仪要求。庆典活动在形式上包括开幕庆典、闭幕庆典、周年庆典、特别庆典和节庆活动等形式。圆满的庆典活动安排能够有效地扩大组织知名度和美誉度。

（三）新闻发布会

新闻发布会又称记者招待会，是指以某一社会组织的名义邀请新闻机构的记者参加，由专人宣布有关重要信息，并接受记者采访的具有传播性质的特殊会议。通过新闻发布会，组织可以将有关信息迅速传播扩散到公众中去。通过新闻发布会，不仅可以公布组织的一些重大新闻，如方针、政策、措施等方面的新举措，加强公众对组织的认可，而且可以利用新闻发布会的影响力妥善处理一些棘手的问题以达到澄清事实、说明原委，减少误会、求得谅解等效果。这种公共工具的最大优点是所公布的信息真实性和可信度高，容易实现组织与公众间良好的沟通效果。例如，北京时间2014年9月10日凌晨，苹果公司在美国加州召开发布会，苹果公司CEO蒂姆·库克正式介绍了两款新一代iPhone产品iPhone 6及iPhone Plus，以及苹果智能手表Apple Watch。

（四）开放组织

开放组织活动是将组织内部的有关场所和工作程序对外开放，让公众亲眼看见组织的物理环境、生产工艺、管理制度、员工面貌，了解企业的过去、现在甚至未来，它是公共关系活动中的重要手段之一。它是组织通过直接的人际接触来传递组织信息，谋求社会公众的好感与信任的有效工具。组织利用开放的机会接待来访者，直接向来访者展开直传攻势，证实组织存在的价值，同时最直接地了解公众的看法。这样不仅可以得到公众的理解、信任和好感，而且可以做到双向沟通，是提高美誉度的最好契机。

（五）展览会

展览会是指组织通过集中的实物展示和示范表演，配以多种传播媒介的复合传播形式，来宣传产品和组织形象的专门性公共关系活动。展览会是较为重要的公共关系专题活动之一，它以极强的直观性和真实感，给参观者以较强的心理刺激，不仅可以起到教育公众、传播信息、扩大影响的作用，还可以使组织找到自我、宣传自我并增进效益。

（六）举办会议

会议是指有组织、有目的的言语沟通活动方式，是围绕一定的目的进行的、有控制的集会，有关人士聚集在一起，围绕一个主题相互交流信息，表达意见，讨论问题和解决问题。筹划和召开各种会议，利用会议形式来传递信息，沟通意见，协调关系是公共关系常用的一种传播方式。会议的形式有例行工作会议、布置工作和总结性会议，还有各种座谈会。公共关系人员筹办好一场会议的前提是要制订出完善、周密的会议计划，为会议提供充分的物质准备。

第十三章　市场营销计划、组织与控制

制订优秀的营销计划（包括营销战略计划或组合策略计划）只是成功营销的开始，营销活动执行是将营销计划转化为具体实践行动的过程，是一项涉及诸多部门和因素的系统工程，是实现既定营销计划目标的关键。营销活动执行具体包括营销组织设定及其职能定位、营销计划实施，以及针对营销计划在实行过程可能出现的意外、偏差或错误予以纠正、控制或审计等。营销活动最终效果取决于能否将营销计划组织到位、实施到位、控制到位。

第一节　市场营销计划

一、市场营销计划的分析方法

制订市场营销计划前，应先对宏观环境、微观环境、市场、消费者、竞争者、行业动向、公司本身状况等进行调研、分析、预测。一般常选用的分析方法和工具如下。

（1）宏观环境分析：PEST 分析法、SWOT 分析法。

（2）企业自身分析：对业务组合的分析可采用波士顿矩阵法，对投资策略的分析可采用多因素矩阵评价法，对企业的优劣势、环境机会与威胁的分析可采用 SWOT 分析法，对企业市场地位的分析主要研究企业的品牌、企业形象、市场占有率等方面。

（3）消费者分析：消费者行为分析。

（4）竞争者分析：主要运用波特模型。

（5）行业动向分析：主要运用波特模型。

（6）市场分析：目标市场分析、市场定位。

二、市场营销计划的内容

（一）计划概要

市场营销计划的概要是对本计划的目标和内容做简要概述。该项内容无须过于细致复杂，因为具体目标与内容在计划的其他部分会有更具体的描述。

（二）目前市场营销形势

目前的市场营销形势应提供有关市场、产品、竞争、分销及宏观环境方面的有关背景数据。

（1）市场形势：提供目标市场的数据。

（2）产品形势：过去几年产品线中主要产品的销量、价格、边际收益、净利润等。

（3）竞争形势：明确主要的竞争对手及其规模、目标、市场份额、产品质量、营销战略及其意图和行为特征。

（4）分销形势：提供有关各分销渠道规模与重要性的数据。

（5）宏观环境形势：与产品线未来有关的宏观环境趋势，即人口统计、经济、技术、政治、法律、社会文化。

（三）机会与问题分析

机会与问题分析主要包括产品线面临的主要机会与威胁、优势与劣势和主要问题。

（1）机会与威胁分析：明确业务所要面临的主要机会与威胁。

（2）优势与劣势分析：明确产品优势与劣势。

（3）问题分析：利用前面发现的情况确定计划中必须强调的主要问题。

（四）目标

实现营销目标是营销计划的最终目的，是营销计划所有内容的服务指向。目标分为财务目标和营销目标两类，这两类目标都必须明确量化。

（1）财务目标：投资收益率、净利润、净现金流量等。

（2）营销目标：销售额、销售增长率、销售量、市场份额、品牌知名度、美誉度、分销网点、销售价格等。

（五）营销战略与策略

营销战略与策略提供将用于实现计划目标的主要营销手段。它们的制订并非仅仅是营销计划制订者的任务，而是需要组织各个部门、领域的人员共同参与，如采购人员、制造人员、销售人员、广告人员、财务人员等，否则，等到产品下线才为其准备营销策略，会给企业带来灾难性的后果，如产品缺乏市场需求或出现定位偏差等。

一般而言，营销战略在营销计划中常常以下列条目来加以描述目标市场、产品定位、产品线、产品定价、分销网点、销售队伍、广告、营业推广、产品研发、市场调研等。

（六）行动方案

营销战略表明了企业为实现营销目标而明确的总体思路与措施，而行动方案则是开展营销行动的具体手段与途径，是实现营销战略与目标的根本保证。营销计划中的行动方案主要解决将要做什么、谁去做、什么时候去做、怎么做、费用是多少等问题。

（七）促销方案

促销方案包括针对经销商和针对消费者的两部分促销方案。

（八）预计盈亏报表

预计盈亏报表包括预测计划中的预期财务开支，还应从收入和费用两方面预计，其中收入主要预计销售量、平均实现价格费用主要考虑生产、物流、营销成本。

第二节 市场营销组织

一、市场营销组织的含义

市场营销组织是指企业内部涉及营销活动的各个职位及其结构。有时，市场营销组织也被理解为各个营销职位中人的集合。由于企业的各项活动总是由人承担的，所以，对企业而言，对人的管理比组织结构的设计更为重要。有的组织看起来完美无缺，运作起来却出现了问题，这主要是由于有人的因素介入。正是在这种意义上，判断市场营销组织的好坏主要是看人的素质，而不单单是组织结构的设计。这就要求营销经理既能有效地制订营销计划和战略，又能使下级正确地贯彻执行这些计划和战略。

二、市场营销组织的演变

企业的市场营销部门是执行营销计划、服务购买者的职能部门。市场营销部门的组织形式主要受宏观营销环境、企业营销管理哲学，以及企业自身所处的发展阶段、经营范围、业务特点等因素的影响。

企业的市场营销部门是随着营销管理哲学的不断发展演变而来的，大致经历了单纯的销售部门、兼有附属职能的销售部门、独立的营销部门、现代营销部门和现代营销企业五个阶段，如图 13－1 所示。

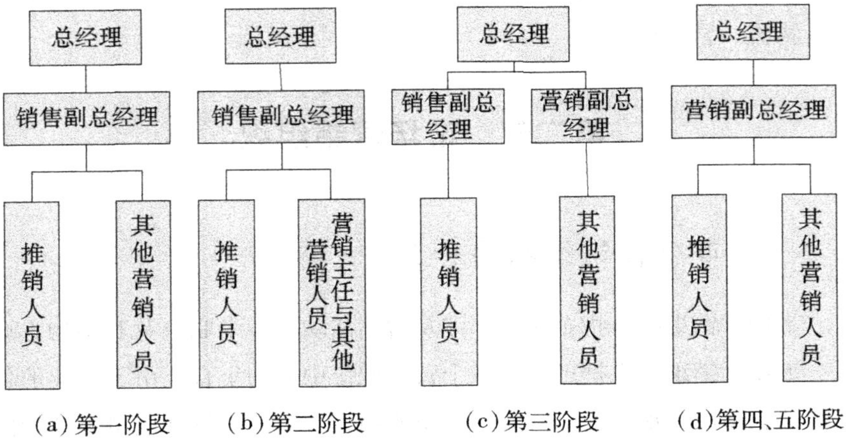

图 13－1　市场营销部门的演变

（一）单纯的销售部门

20 世纪 30 年代以前，西方企业以生产观念作为指导思想，大部分都采用单纯的销售部门的形式。一般来说，所有企业都是从财务、生产、销售和会计这四个基本职能部门开始发展的。财务部门负责融资，生产部门负责制造，销售部门通常由一位副总经理负责，管理销售人员，并兼管若干营销调研和广告宣传工作，如图 13－1（a）所示。在这个阶段，销售部门的职能仅仅是推销生产部门生产出来的产品。产品生产、库存管理等完全由生产部门决定，消费部门对产品的种类、规格、数量等问题，几乎没有任何发言权。

（二）兼有附属职能的销售部门

20 世纪 30 年代经济大萧条以后，市场竞争日趋激烈，大多数企业以推销观念作为指导思想，需要进行经常性的营销调研、广告宣传及其他促销活动。这些工作逐渐变成专门的职能，当工作量达到一定程度时，便会设立一名营销主任，负责这方面的工作，如图 13－1（b）所示。

（三）独立的营销部门

随着企业规模和业务范围的进一步扩大，营销调研、新产品开发、广告促销和客户服务等营销职能的重要性日益增强。于是，营销部门成为一个相对独立的职能部门，作为营销部门负责人的营销副总经理同销售副总经理一样直接受总经理的领导，销售和营销成为平行的职能部门，如图 13－1（c）所示。但在具体工作中，这两个部门是需要密切配合的。这种安排常常被许多企业采用，它向企业总经理提供了一个全面的、从各角度分析企业面临的机遇与挑战的机会。例如，销售出现问题后，总经理会询问销售经理解决问题的办法，销售经理常常会推荐雇用更多业务员，提高销售费用，开展销售竞赛或降低成本以利于产品销售，而总经理从营销经理那里得到的答案则可能与销售经理大相径庭。营销经理常常从消费者角度而不仅仅是从当前产品的价格和销售人员的角度入手分析解决问题的办法，如企业的市场定位是否正确，和竞争者相比较目标市场的消费者是怎样看待本企业及其产品的，在产品的特点、风格、包装、服务、配送及促销手段等方面是不是有变化，这些变化是否合理。显然这样分析对解决问题更为有效。

（四）现代营销部门

尽管销售副总经理和营销副总经理需要配合默契和互相协调，但是他们之间实际形成的关系往往是一种彼此敌对、互相猜疑的关系。销售副总经理趋向于短期行为，侧重于取得眼前的销售量；营销副总经理则多着眼于长期效果，侧重于制订适当的产品计划和营销战略，以满足市场的长期需要。销售部门和营销部门之间矛盾冲突的解决过程，形成了现代营销部门的基础，即由营销副总经理全面负责，下辖所有营销职能部门和销售部门，如图 13－1（d）所示。

需要注意的是，营销人员和销售人员是两个截然不同的群体，尽管营销人员多来自销售人员，但还是不应将他们混淆，并不是所有的销售人员都能成为营销人员。事实上，在这两种职业之间有着根本的不同。从专业性而言，营销经理的任务是确定市场机会，准备营销策略，并计划、组织新产品进入，促使销售活动达到预期目标；而销售人员则是负责实施新产品的进入和销售活动。在这一过程中常出现两个问题：如果营销人员没有征求销售人员对于市场机会和整个计划的看法和见解，那么在实施过程中可能会导致事与愿违；如果在实施后营销人员没有收集销售人员对于此次行动计划实施的反馈信息，那么他很难对整个计划进行有效控制。

（五）现代营销企业

一个企业若仅有现代营销部门，还不是现代营销企业。现代营销企业取决于企业内部各种管理人员对待营销职能的态度，只有当所有的管理人员都认识到企业一切部门的工作都是“为顾客服务”，“营销”不仅是一个部门的名称而且是整个企业的经营哲学时，这个企业才能算是一个“以顾客为中心”的现代营销企业。

三、市场营销组织的形式

为了实现企业目标，营销经理必须选择合适的营销组织。营销组织大体可分为专业化组织和结构性组织两种。

（一）专业化组织

专业化组织包括以下四种类型。

1. 职能型组织

职能型组织是最古老也是最常见的营销组织形式。职能型组织强调营销的各种职能如销售、广告和调研等的重要性。如图 13－2 所示，该组织把销售职能当成营销的重点，而广告、产品管理和调研职能则处于次要地位。当企业只有一种或很少几种产品，或者企业产品的营销方式大体相同时，按照营销职能设置组织结构比较有效。但是，随着产品品种的增多和市场的扩大，这种组织形式就暴露出发展不平衡和难以协调的问题。既然没有一个部门能对某产品的整个营销活动负全部责任，那么，各部门就会强调各自的重要性，以便争取到更多的预算和决策权力，致使营销经理无法对营销进行协调。

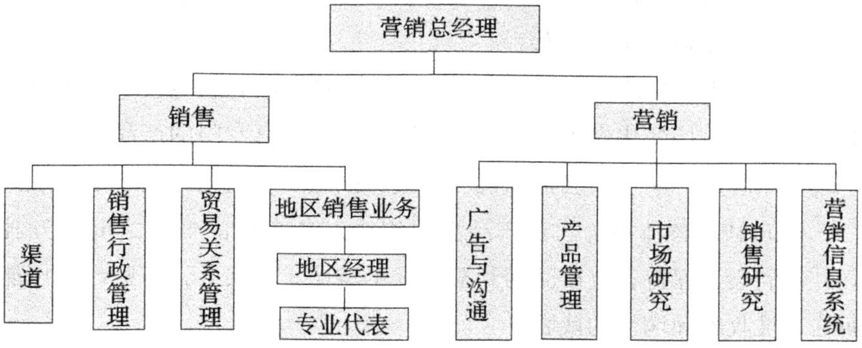

图 13－2　职能型组织

2. 产品型组织

产品型组织是指在企业内部建立产品经理组织制度，以协调职能型组织中的部门冲突。在企业所生产的各产品差异很大、产品品种太多，以致按职能设置的营销组织无法处理的情况下，建立产品经理组织制度是适宜的。其基本做法是，由一名产品营销经理负责，下设几个产品大类经理，产品大类经理之下再设几个具体产品经理去负责各具体的产品，如图 13－3 所示。

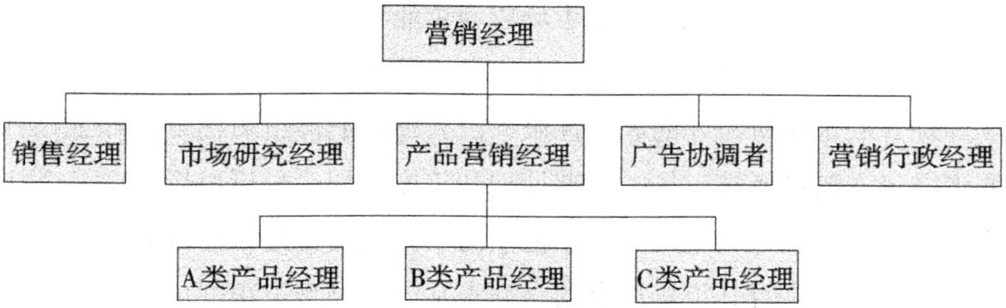

图 13－3　产品型组织

产品营销经理的职责是制订产品开发计划，并付诸实施，监测其结果和采取改进措施。具体可分为以下六个方面：①发展产品的长期经营和竞争战略；②编制年度营销计划和进行销售预测；③与广告代理商和经销代理商一起研究广告的文稿设计、节目方案和宣传活动；④激发推销人员和经销商经营该产品的兴趣；⑤搜集产品、市场情报，进行统计分析；⑥倡导新产品的开发。

产品型组织形式的优点在于产品营销经理能够有效地协调各种营销职能，并对市场变化做出积极反应。同时，由于有专门的产品经理，那些较小品牌的产品也不会被忽视。不过，该组织形式也存在不少缺陷。

（1）缺乏整体观念。在产品型组织中，各个产品经理之间相互独立，他们会为保持各自产品的利益而发生摩擦，事实上，有些产品可能面临着被收缩和淘汰的威胁。

（2）部门冲突。产品经理未必能获得足够的权威，以保证他们有效地履行职责。这就要求他们得靠劝说的方法取得广告部门、销售部门、生产部门和其他部门的配合与支持。

（3）多头领导。由于权责划分不清楚，下级可能会得到多方面的指令。例如，产品的广告经理在制订广告战略时要接受产品营销经理的指导，而在预算和媒体选择上则要受制于广告协调部门。

3. 市场型组织

当企业拥有单一的产品大类，面对各种不同偏好的消费群体，以及使用不同的分销渠道时，建立市场型组织是可行的。许多企业都在按照市场系统安排其营销机构，使市场成为企业各部门服务的中心。

市场型组织的基本形态是一名市场主管经理管理几名市场经理。市场经理开展工作所需要的职能性服务由其他职能性组织提供并保证。其职责是负责制订所辖市场的长期计划和年度计划，分析市场动向及企业应该为市场提供什么新产品等。他们的工作成绩常用市场占有率的增减来判断，而不是看其市场现有的赢利水平。市场型组织的优点在于营销活动可以按照满足各类不同顾客的需求来组织和安排，这有利于企业加强销售和开拓市场。其缺点是权责不清和多头领导，这与产品型组织很类似。

4. 地理型组织

如果一个企业的营销活动面向全国，那么企业会按照地理区域设置其营销机构。该机构设置包括一名负责全国销售业务的销售经理，若干名区域销售经理、地区销售经理和地方销售经理。为了使整个营销活动更为有效，地理型组织通常是与其他类型的组织结合使用。

（二）结构性组织

专业化组织只是从不同角度确立了营销组织中各个职位的形态，至于如何安排这些职位，还要分析组织结构与职位之间的相互关系。企业设计组织结构不是最终目的，而只是实现营销目标的一种手段。既然各个企业有着不同的目标、战略、目标市场、竞争环境和资源条件，那么就可以建立起不同类型的组织结构。

1. 金字塔形组织

金字塔形组织是一种较为常见的组织结构形式。它由经理至一般员工自上而下建立垂直的领导关系，管理幅度逐步加宽，下级只向自己的上级直接负责。按职能专业化设置的组织结构大都是金字塔形组织。其特点是上下级权责明确，沟通迅速，管理效率较高。不过，由于每个员工尤其是下层员工权责范围有限，往往缺乏对总体营销状况的了解，因而不利于员工的晋升。

2. 矩阵型组织

矩阵型组织是职能型组织与产品型组织相结合的产物，它以按直线指挥系统为职能部门组成的垂直领导系统为基础，又建立一种横向的领导系统，两者结合组成一个矩阵，在营销管理实践中，矩阵型组织的产生大体有两种情况。

（1）企业为完成某个跨部门的一次性任务（如产品开发），从各部门抽调人员组成由经理领导的工作组来执行该项任务，小组的有关人员一般受本部门和小组负责人的共同领导。任务完成后，小组撤销，其成员回到各自的岗位。这种临时性的矩阵型组织又称为小组制。

（2）企业要求个人对于维持某个产品或品牌的利润负责，把产品经理的位置从职能部门中分离出来并加以固定，同时，由于经济和技术因素的影响，产品经理还要借助于各职能部门实施管理，这就构成了矩阵。

矩阵型组织能加强企业各部门之间的协作，能集中各种专业人员的知识技能又不增加编制，组建方便，适应性强，有利于提高工作效率。但是，由于双重领导，过于分权，稳定性差和管理成本较高的缺陷又抵消其一部分效率。

（三）网络经济下企业营销组织结构的新变化

进入21世纪以来，营销环境发生了巨大的变化。计算机和无线通信的不断进步，全球性竞争的日趋激烈，消费者和企业购买经验的日益丰富，服务性企业的迅速发展等，都要求企业重新考虑该如何组织自己的业务。为适应这些变化，许多企业将自己的业务重心放在主要业务或有竞争力的业务上，也有不少企业将业务拓展到其他不熟悉的领域以求新的发展。其中有的成功了，但多数还是失败了，即使所投身的是一个新兴行业或极具发展潜力的行业。究其原因，大多是由于企业缺乏在该领域的激烈竞争中应具有的技能和知识。

随着网络经济干企业营销的新特点及营销组织的环境、战略、职能等权变因素的变化，企业营销组织在结构上必然有与之相适应的变化。企业营销组织结构的变化主要体现在管理层次与幅度、分工形式、关键职能、集分权程度、规范化程度、制度化程度、工业化程度及人员结构等特征因素上，总的来看有以下特点。

（1）企业营销管理信息化、网络化。在企业内部网或企业电子商务系统的平台上，构建企业营销管理子系统和营销数据库，并与互联网连接，各业务单元可以通过网络进行快捷的交流与沟通，组织结构处于网络化状态。同时，营销组织也可借此与客户方便地实现双向沟通。

（2）企业营销结构扁平化。在网络环境下，高层管理人员可以通过网络及时而准确地获得更多的直接信息。扁平化、网络状的组织结构有利于企业抓住市场时机，更果断地决策。

（3）企业营销组织结构无边界化。由于信息技术的广泛应用，以及企业营销组织管理网络化，使人们能够跨越组织界限进行交流和工作转换，导致营销组织内部与企业内其他业务部门之间的界限逐渐被打破，企业营销组织与客户之间的障碍被消除。

（4）企业营销组织虚拟化。在网络环境下，企业营销组织更有条件在掌握营销的核心能力的基础上，依靠其他组织来进行产品的设计、制造、分销、物流配送等非核心营销业务。掌握核心营销能力或者核心营销资源，如企业品牌、营销传播等，可以使企业营销组织将营销资源集中到高附加值的业务上，从而使企业的信息流支配企业的物流成为可能。

（5）企业营销组织分权化。为适应多变的市场需求，营销组织将过去高度集中的决策组织改变成分散的多中心决策组织，决策常由多部门、多组织单元共同参与制定，而网络技术的发展也为分权化提供了技术上的保障。

（6）企业营销结构柔性化。在网络环境下，由于技术水平和人员素质的提高，导致了工作单元的合并以及业务流程的并行处理。为了与动态的环境相匹配，常常成立一些临时性的、以任务为导向的团队式组织，快速有效地围绕目标与任务合理配置各种资源，充分地体现企业营销组织的灵活性，并由此导致组织结构的柔性化。

第三节　市场营销控制

一、市场营销控制的原则

市场营销控制原则的核心内容是适度，使组织营销活动的目标和规模与组织的资源相协调，既充分发挥现有资源的创造力，又把营销风险控制在合理的水平上，保持组织平稳与持续地发展。

（一）目标匹配原则

目标匹配原则是指营销规模要与营销目标相匹配。营销目标是组织目标体系中的一部分与组织的整体目标是一致的、协调的。组织整体目标体系决定了营销目标的水平，而营销目标的水平又决定了营销规模的大小。在给定了营销目标水平下，营销规模过小，不易达到组织目标而营销规模过大，会形成资源浪费，甚至给组织经营造成混乱，破坏组织形象。

小案例

广州麦当劳餐厅促销

2001年5月，广州的麦当劳餐厅推出了一个促销活动，凡是购买麦当劳套餐者，即可获得一个“史努比狗”玩具。在促销期间连续6天购买套餐者可以获得全套6个“史努比狗”玩具。这种“史努比狗”玩具是麦当劳特别定制的，在市场上买不到，一些父母为了给孩子买到“史努比狗”玩具，一大早就在麦当劳店外守候，并且许多人是请假来排队的。但是到了第四天，场面变得非常混乱。麦当劳各个分店开门仅一个多小时，就告诉消费者当天的促销“史努比狗”已经送完了。排在后面的消费者非常气愤，认为麦当劳应该多做一些促销“史努比狗”，还有的消费者连跑了4家店都没有买到“史努比狗”，而排在前面的人有的一下买了几十份套餐，得到几十只“史努比狗”。其中有的以10元的促销价买到“史努比狗”后，当场以50元的高价出售。为了达到促进销售的目的，麦当劳的营销力度太强，致使促销品价值高又易获得而促销品数量少，因此引起混乱和招致消费者不满，破坏了麦当劳的形象；另外，营销规模大而经营规模有限影响了需要用餐的正常消费者，降低了服务质量。

还有的组织过度依赖广告的作用，没有把精力放在生产质量与服务质量上，使广告规模与组织生产能力和服务能力、广告力度与组织生产质量和服务质量不匹配，这样的组织最终会被市场抛弃。20世纪90年代以来，这样的例子在中国市场上并不少见，以广告起家的人，并不能靠广告生存下去。所以，营销规模一定要与营销目标一致，与组织的生产能力、服务能力和其他资源条件相一致。

（二）现金流动原则

现金流动原则是指组织营销活动所需要的资源支持应符合组织当前可以承担的财务能力，而不是依赖组织的总财产状况做出营销决策与营销计划。现金流动原则也是许多其他组织活动决策的主要依据之一。比尔·盖茨曾说过，只要微软有足够的现金支付员工一年的工资，他就不用担心公司的生存问题。只有现金才是当前营销活动的经济基础，变现力弱的资产是不可以作为现阶段营销活动的资金保障的。因此，组织总资产多并不表示其可以支持大规模的营销活动，而组织总资产少、现金多，却可以支持现阶段规模较大的营销活动。

（三）例外事件原则

强调“例外”可使组织保持灵活性，能提高组织各级管理人员和营销人员的工作效率。例外事件原则产生的根本原因是管理者不能对未来营销计划的执行环境进行充分、完全地预测。一些例外事件是可以包容于既定的营销计划之下的，不会削弱组织达到目标的能力，而一些例外事件却会使组织营销活动走上与目标不一致的道路。处理这种事件的方法是在计划制订的初期确立标准时，留下应付未来事件的足够的空间。组织可以预测营销活动可能面对的最好与最坏的结果作为波动空间的上下限。合理的决策权分配可以帮助组织有效地处理例外事件，如果例外事件的影响力较小，不会对组织目标产生较大的影响，就可以由较低层的管理人员自主处理如果例外事件的出现已经严重影响了组织的营销活动，就要上报给高层管理人员，由他们来处理问题。这种分权可以处理所有的意外事件，也能提高各级管理人员的工作效率，节约高层管理者的时间，使其有更多的时间来解决更为复杂的、全局性的问题。

（四）持续发展原则

营销活动需要持续不断地进行，各个时期都要有营销活动，并且需要营销创新。各个营销活动既可以是相互衔接的，也可以是相互独立的。例如，建立一个品牌的过程就是一个持续营销的过程，通过一系列的广告宣传和树立形象的活动，组织品牌逐渐为消费者所熟悉和认知，并建立对品牌的忠诚。与营销活动的持续发展相适应，营销预算也是持续的，各个时期都要有一定的营销预算。从总体来看，组织可按照一定的标准，如销售额、利润额的百分比或者竞争对等法等，制定组织的总营销费用，然后，按照每年的营销活动计划，把营销预算分配给各个营销活动。不同类型的组织对营销活动持续性的需求是不一样的，商业领域和日用消费品领域的经营者需要不断地进行各种营销活动。例如，在劳动节、国庆节及元旦等节日，营销活动是必不可少的。另外，在组织生命周期的不同阶段，营销活动有不同的特点。在成熟的组织中，营销活动有许多经验借鉴，但先前的经验也是一种束缚，而且随着组织规模的扩大，营销反馈机制、反馈速度等也有不同，因此，持续的营销创新是很重要的。

（五）标准合理原则

市场营销控制标准应该是合理的，即营销人员通过一定的努力是可以达到的。若营销目标过高，营销人员压力过大，挫折感会较强，从而会抑制营销人员的工作积极性和工作热情；反之，若营销目标过低，且不具有挑战性，则不能激发营销人员的斗志，不能起到鼓励他们的作用。一套合理的标准应该是富有挑战性，并能鼓励员工表现得更好，而不是让人感到沮丧或动力不足。

（六）多重目标原则

管理者和营销人员都希望自己的工作成绩看起来更好，因此，除了努力工作提高绩效外，也会用其他方式对工作成绩进行修饰。如果使用多重的市场营销控制市场标准，营销人员就难以对工作成绩进行修饰，这样可以防止其做表面文章。另外，在实际工作中，使用单一的工作标准也是不客观的，只有用多个控制标准才能对实际工作绩效进行全面的衡量。

二、市场营销控制的主要方法

（一）年度计划控制

任何企业都要制订年度计划，然而，年度市场营销计划的执行能否取得理想的成效，还需要看控制工作进行得如何。所谓年度计划控制，是指企业在本年度内利用控制手段，检查实际绩效与计划之间是否有偏差，并采取改进措施，以确保市场营销计划的实现。许多企业每年都制订相当周密的计划，但执行的结果往往与之有一定的差距。事实上，计划的结果不仅取决于计划制订得是否正确，还有赖于计划执行与控制的效率如何。可见，年度计划制订并付诸执行之后，做好控制工作也是一项极其重要的任务。

年度计划控制的主要目的包括：①促使年度计划产生连续不断的推动力；②控制的结果可以作为年终绩效评估的依据；③发现企业的潜在问题并及时予以妥善解决；④高层管理人员可借此有效地监督各部门的

工作。

年度计划控制系统包括以下四个主要步骤。①制定标准，即确定本年度各个季度（或月）的目标，如销售目标、利润目标等；②绩效的测量，即将实际成果与预期成果相比较；③因果分析，即研究发生偏差的原因；④改正行动，即采取最佳的改正措施，努力使成果与计划相一致。

企业经理人员可运用五种绩效工具以核对年度计划目标的实现程度，即销售分析、市场占有率分析、市场营销费用与销售额对比分析、财务分析、顾客态度追踪分析。

1. 销售分析

销售分析方法主要用来衡量造成销售差距的不同因素的影响程度。

例如，一家企业年度计划某种产品第一季度销售 4000 件，单价为 10 元，总销售额为 40000 元。季末实际售出 3000 件，售价降为 8 元，总销售额为 24000 元，比计划销售额少 40%，差距为 16000 元。这既有售价下降的原因，也有销量减少的原因。二者各自对总销售额的影响程度又是多少呢？计算过程如下：

售价下降的差距 = （10 - 8） ×3000 = 6000（元）

售价下降的影响 = 6000/16000 = 37.5%

销量减少的差距 = （4000 - 3000） ×10 = 10000（元）

销量减少的影响 = 10000/16000 = 62.5%

从上面的计算过程可以看出，有近 2/3 的差距是由于销量下降所造成的，所以，该企业应该在销量方面进行更多的研究。

此外，还可进行微观销售分析。微观销售分析可以找出未能达到预期销售额的特定产品、地区等。假设企业在三个地区销售产品，其预期销售额分别为 1500 万元、500 万元和 2000 万元，总额为 4000 万元。实际销售额分别为 1400 万元、525 万元、1075 万元。就预期销售额而言，第一个地区有 7% 的未完成额，第一个地区有 5% 的超出额，第三个地区有 46% 的未完成额。主要问题显然在第三个地区。造成第三个地区不良绩效的原因有以下可能：一是该地区的销售代表工作不努力或有个人问题，二是有主要竞争者进入该地区，三是该地区居民收入下降。

2. 市场占有率分析

销售额说明了一个组织经营的绝对量水平，市场份额则说明了一个组织经营的相对水平，即与其他竞争者相比组织的经营水平。假设在某时期，组织的销售额上升了。上升的销售额并不能充分说明组织的状况得到改善，因为组织的市场份额可能会下降，组织在更弱的市场位置上，相对经营状况变差。

（1）分析市场份额的第一步是根据组织的目标来选择合适的市场份额衡量标准。市场份额衡量标准有 4 种，即总体市场份额、服务市场份额、相对（与 3 个最大竞争者相比）市场份额和相对（与最大竞争者相比）市场份额。

①总体市场份额，指组织的销售额或销售量占总体市场销售额或销售量的百分比。在这种市场份额的计算方式下，组织市场份额的绝对值与组织所确定的总体市场有关。例如，一个保健品公司要计算自己的市场份额，可以保健品市场为总体市场，也可以把保健品市场与滋补市场两个市场作为总体市场。显然，在前一种计算方式下得出的市场份额比在后一种计算方式下得出的市场份额的数值要大。

②服务市场份额，指组织的销售额或销售量占其所服务市场的总体销售额或销售量的百分比。一般来说，组织的服务市场份额要大于组织的总体市场份额。

③相对（与 3 个最大竞争者相比）市场份额，指组织的销售额（或销售量）除以 3 个最强大的竞争者的综合销售额或销售量的百分比。假设某公司的年销售额为 100 万元，最强大的 3 个竞争者同期的年销售额分别为 500 万元、200 万元、200 万元，那么该公司的相对市场份额就是 11%。

④相对（与最大竞争者相比）市场份额，指组织的销售额或销售量占最大的竞争者的销售额或销售量的百分比。如果这个相对市场份额

超过100%，则表明公司是市场的领先者；如果这个相对市场份额正好是100%，则意味着公司与最大的竞争者在市场中的实力相当；如果公司相对市场份额在上升，则表示公司正在占领最大的竞争者的市场。

总体市场份额比较容易计算，因为只需要总的行业销售额，这一资料可以从政府或贸易机构、出版部门得到。服务市场份额比较难计算，因为不仅受公司产品线和地区市场分布及其他因素变化的影响，而且波动比较大。相对市场份额计算更难，因为公司需要具体的竞争对手的销售额，但竞争者对公司的销售额等关键数据是严加保密的。

（2）分析市场份额的第二步是解释市场份额的变动。市场份额的变动可以通过产品线、品牌、顾客类型及地区等因素来观察。根据菲利普·科特勒的研究，分析市场份额变动的公式。

总的市场顾客＝顾客渗透率×顾客忠诚度×顾客选择性×价格选择性

顾客渗透率＝选择购买组织产品的顾客/所有顾客×100%

顾客忠诚度＝顾客购买组织产品的数量/他们从其他竞争者那里购买的产品数量×100%

顾客选择性＝顾客购买本组织产品的平均量/他们购买其他一般组织产品的平均量×100%

价格选择性＝组织产品的平均价格/所有公司产品的平均价格×100%

根据上面的公式，如果某组织的市场份额下降了，可能有四种原因：一是组织失去了部分顾客；二是顾客的忠诚度下降了；三是组织保留的顾客规模下降了；四是组织的价格竞争力减弱了。以上任何一个因素都可能导致组织的市场份额下降，也可能是几个因素的共同作用导致了组织市场份额的下降。

3. 营销费用与销售额对比分析

营销活动在达到组织目标时，是否投入了过多的成本？营销成本过高，即使营销活动是有成效的，却也是低效率的。判断营销活动效率的标准有很多，如推销队伍与销售额之比、广告与销售额之比、促销与销售额之比、营销调研与销售额之比和销售管理费用与销售额之比等。营销活动管理者需要对营销支出进行控制，当这些支出在正常范围内波动时，或者只有偶然异常时，可以不做重大调整，但是如果波动幅度超过了正常范围就应该进行严格控制，并做出相应的调整。

4. 财务分析

营销费用与销售额之比应该放在组织总体财务框架之中进行分析，用来帮助组织决定如何支出，以及在哪些方面投资。现在营销管理者经常使用财务分析来发现更有价值的利润增长点。管理者通过财务分析来研究影响组织资本净值报酬率的各种因素，资本净值报酬率与两个比率有关，它们是资产报酬率和财务杠杆率。

5. 顾客态度跟踪分析

前面 4 个控制工具侧重于数量标准和财务分析，除此之外还需要一些定性的分析，如顾客态度分析。组织应该建立专门的机构对顾客、经销商和营销系统中的其他参与者的态度进行跟踪分析，在这些顾客的态度发生变化之前采取措施。几种常用的顾客态度追踪的方法有：①意见和建议制度；②顾客固定样本调查小组；③顾客调查。

营销管理者也需要对顾客做以下一些检测：①目标市场意识；②目标市场偏好；③相对的产品质量；④相对的服务质量。

最后，营销管理者需要对利益相关者进行检测，包括员工、供应商、银行、分销商、零售商和股东等。当某个利益相关者出现不满意时，管理者应该采取相应的措施。

（二）赢利能力控制

赢利能力控制是指企业需要衡量各产品、地区、顾客群、分销渠道和订单规模等的获利能力。市场营销赢利能力分析显示了不同渠道、产品、地区或其他市场营销实体的相对盈利能力。它既不证明最好的行动方案是放弃没有赢利能力的市场营销实体，也不是说，如果放弃这些刚好够本的市场营销，实体就一定会有可能提高利润。赢利能力分析的目的在于找出妨碍获利的因素，以便采取相应措施排除或削弱这些不利因素的影响。企业可采用的调整措施很多，必须在全面考虑之后做出最佳选择。

营销赢利能力分析的主要步骤如下。

（1）测定每一项活动需要的费用，确定功能性费用。

（2）测定通过每种渠道销售产品各自所需要的功能性费用，将功能性费用指定给各市场营销实体。

（3）为每个市场营销实体编制一份损益表。

评价赢利能力的主要指标有销售利润率、资产收益率、净资产收益率、资产管理收益率等。

（三）效率控制

日常生活中关于效率控制的例子很多。当某企业发现其在若干个产品、地区或者市场中的赢利不好时，它是否有有效的办法来对相关营销活动的推销员队伍、广告、促销及分销渠道等进行管理。一些公司有市场营销控制员，专门帮助营销人员提高营销效率。大公司的市场营销控制员用一种复杂的方法来计算营销支出与营销效果，他们检查营销活动与营销赢利计划是否一致，帮助品牌经理制订预算，测量促销效果，分析媒体成本，评估消费者和地区赢利，以及培训营销人员理解营销计划的财务意义。

1. 销售队伍效率

各级销售经理应该掌握其销售队伍的工作效率。控制指标包括：①每个推销员平均每天的推销访问次数；②平均每次推销访问所需要的时间；③平均每次推销访问的收入；④平均每次推销访问的成本；⑤平均每次推销访问的交易费用；⑥订货单数与推销访问次数之比；⑦每一时期新增加的顾客数；⑧每一时期失去的老顾客数；⑨推销队伍成本占总销售额的百分比。

只要组织利用控制指标进行调查，总会发现可以改进的地方，从而提高营销效率。

2. 广告效率

广告效率是难以具体衡量的，但是可以通过以下指标来判断：①每一媒体的广告成本、广告注意率、阅读率；②消费者对广告有效性和广告内容的意见；③测量广告前后消费者对产品态度的改变；④由广告引发的消费者咨询次数，以及每次咨询成本。

管理者可以通过一系列步骤来提高广告效率，如对产品做更好的定位、明确广告目标、预试广告信息、利用计算机技术来选择广告媒体、寻找较好的媒体和做广告反馈调查。

小案例

丰田公司的销售管理

“有路必有丰田车”这句广告词已是尽人皆知，但对于拥有近10万员工的丰田销售军团，恐怕知之不多。丰田汽车驰骋神州，除产品质量上乘之外，其独特的销售策略也功不可没。

在丰田公司，人们信奉“用户第一，销售第二，制造第三”，为贯彻这一销售理念，丰田公司制定了一系到的配套措施。

在丰田汽车销售公司下设“计划调查部”，配备了数学、统计、机械工程等方面的专家，准确及时地汇集、筛选各地的调查资料，为决策提供依据。调查内容多达60多项，不仅对丰田汽车本身的销售数量、品种、油耗、部件等动态需求做周密调查，对其他公司的车辆类别、颜色、车型、销售情况也十分关注，同时还对社会情况，如城市设施、道路状况、人口、户数、机关团体、工厂、企事业数、收支情况等，都做出了广泛的调查。

丰田公司将汽车产品全部批发给丰田销售公司，销售公司用银行贷款和一部分期票进行结算，而销售公司再用销售现状和用户支票进行抵押，取得银行贷款，完成资金短期拆借与还款，使汽车生产和销售顺利进行。

为确保客户满意，丰田汽车公司制定了与众不同的规定：一是每售出一辆汽车，都要相应建立“车历卡片”，登记汽车故障等各种资料，并迅速反馈到制造公司，促使其改进制造技术，提高质量；二是新车售出后，规定保修期为2年或5万千米，修理费用全由制造部门负责，同时，在保修期内还为客户提供代用车辆，尽量避免因检修停驶给客户带来的不便和损失；三是每当一种新型汽车上市，在售出后的3个月之内，必须挨家挨户进行质量调查，听取用户意见。

为了让丰田汽车深入到社会各个阶层以至每个家庭，销售人员挖空心思在人们经常接触到的小物件上做文章，比如在香烟、火柴盒、打火机、小玩具上，印上设计精美的“丰田标志”，作为销售人员联系客户的馈赠礼品；买车时为用户拍板照片留作纪念等，花样繁多，不胜枚举。

丰田汽车公司的销售人员主要以大学毕业生为主，也有少量具备特殊推销能力的高中生，录用后，销售人员在进入公司的3天前，先被送进丰田汽车公司的培训中心培训，以后每年的4~6月份定期参加培训，在培训期内，销售人员要吸收从推销入门到交货全部过程的知识，随后进入实践阶段，此时不规定销量，主要工作是每天必须拜访20~30位客户，把访问内客写在“销售日记”上。如此1个月之后，开始下达一个月销售1辆车的指标。到了第二年，增加到每月销售2辆车，从第三年起，每月目标增加为3辆，此时，销售人员才算可以独当一面。经过3年，仍未能保持每个月平均销售3辆汽车的销售人员，则会自动辞职。与此同时，从第二年起，销售人员要编制“客户卡”。这类卡片分为三级：第一级只知道顾客姓名、住址和使用车辆，采用红色卡片；第二级还要知道客户眷属的出生日期，采用绿色卡片；第三级要加上现在所使用汽车的购买日期、前一部车的种类、下次检车时间、预定何时换车、要换哪种车、现在汽车是从哪家经销商处购买等更详细的资料，使用金色卡。

正因为丰田汽车深谋远虑的销售策略和精明干练的销售队伍，为丰田公司创造了“无债经营”“有路必有丰田车”和“零库存”产销的神话。

讨论：

（1）丰田公司采用了哪些计划分析的方法？

（2）丰田公司对销售活动进行控制时，采用了哪些控制原则？

（3）丰田公司的销售管理活动给你带来了哪些启示？

（4）请根据丰田公司的销售模式，试画出营销组织结构图。

第十四章　市场营销的新领域与新概念

第一节　网络营销

一、网络营销概述

随着网络信息技术的发展以及在社会各个领域的广泛运用，网络营销呈现出发展迅速、生命力强等趋势。以电子商务为例，据统计，1994年全球的网上交易额仅为2000万美元，1995年达到4亿美元，1996年上升至28亿美元，1997年则一跃变为134亿美元。而到了2016年，中国天猫“双十一”活动仅一天的交易额就超过了1207亿元（约合177.55亿美元），且无线成交占比为81.87%。网络营销正以强大的力量影响着人们的生活，也影响着企业的营销工作。

（一）网络营销的内涵

网络营销是指企业以现代营销理论为基础，利用数字化的信息和网络媒体的交互性来辅助企业开展营销活动，以便精准地满足顾客的需求和愿望，从而实现企业营销目标的一切营销活动。

（二）网络营销的特点

1. 营销是网络营销的本质

网络营销的本质是营销，它的基本营销策略还是STP、4PS等。也就是说，企业不管是从事传统营销活动，还是开展网络营销，都需要从市场细分、市场定位、目标市场选择等策略开始，在此基础上进一步组合产品、定价、渠道、促销等策略，以更好满足顾客的需求，实现企业的营销目标。

2. 互联网是网络营销的介质

虽然网络营销的本质是营销，但它不同于传统营销活动，它是传统营销理论在互联网环境中的应用和发展。网络营销与传统营销最大的区别就是一切营销活动都是以互联网为介质，借助互联网技术与平台，实现更为多样的营销手段。正是因为有互联网，所以企业的网络营销具有跨时空性，企业有更多的时间和更大空间进行营销，可每周 7 天、每天 24 小时随时随地提供全球性营销服务。

小案例

互联网上的“汽车之家”

互联网时代为我们提供了一个全名创业的时代，有些人在互联网中淘金掘银，有些人在互联网中两手空空。“80 后”的李想就属于前者，他在 2005 年创立了“汽车之家”网站，这是一个高度专业的汽车信息服务平台，它解决了人们购买汽车时可能遇到的种种问题，如品牌选择、车型选择、价位选择、汽车保养、汽车维修等，因此具有极高的网络营销价值。“汽车之家”网站建立至今，获得了很好的社会效益与经济效益，目前已成为全球访问量最大的汽车网站，市值已超过 10 亿美元。

请思考：

“汽车之家”网站的创立及其定位对我国其他企业及创业者有哪些启示？

3. 顾客是网络营销的核心

网络营销虽然借助互联网开展营销活动，但网络技术、电脑设备、软件程序或网页内容并不是重点，它们只是开展网络营销的支持工具而已，是为开展网络营销活动服务的。网络营销的核心还是为了更有效地满足顾客的需求。

网络营销在满足顾客需求方面比传统营销更精确、更有效。互联网最大的特点是可以实现用户之间一对一、多形式的有效互动。借助互联网，企业形象以及产品信息都可以被设计成便于传输的多媒体形式，如文字、声音、图像等，这样，一方面可以充分发挥营销人员的创造性和能动性，另一方面可以促使营销交易信息传递与交换变得更有效。另外，互联网的信息查询、主题论坛、问题咨询等互动式功能，也可以帮助企业在了解客户需求、引导顾客消费等方面有较大的作用，从而能够使网络营销更好的满足顾客需求，实现精准化营销，并与顾客建立长期良好的关系。

4. 数据是网络营销的关键

网络营销借助互联网技术，最大的优势就是可以获取大量的顾客信息数据，这是传统营销活动所远远无法比拟的。计算机可储存大量的信息，可传送的信息数量与精确度都是非互联网时代所无法企及的。在这些大数据的基础上，借助统计分析工具和各种计算算法，能够实现对消费者的精确化营销，从而满足消费者日趋小众化与个性化的需求。另一方面，互联网使用者数据快速成长并遍及全球，这其中很大一部分群体是购买力强且具有很强市场影响力的潜在顾客，如果没有大数据支撑，没有基于大数据的市场分析能力，企业将很难满足这些量大面广的顾客需求。反之，如果有大数据分析，企业就可能具备一对一的营销能力，而这正是网络营销中定制营销与直复营销的需要。

（三）网络营销的职能

与传统营销相比，网络营销的职能主要包括以下三个方面。

1. 品牌推广

互联网最大的特点就是信息量大、信息传播速度快、受众面广。借助互联网的特性，网络营销最基本也是最重要的职能就是在互联网上建立并推广企业的品牌，使企业的线下品牌得以在线上延伸和拓展，增加企业品牌的曝光率，更好地传递企业信息、塑造企业形象，吸引新顾客，提高网络用户的转化率。企业通过网络营销进行品牌推广的方法很多，其中比较经济有效的是通过对合作伙伴网站友好，彼此进行合理的网站链接、内容资源交换、广告交换等，实现成本较低但效果较好的品牌推广。

2. 维系客户

互联网不仅仅是单纯传递信息的平台，更是一个社交平台。企业可以充分利用网络社交平台的优势，在网络营销过程中加强与客户之间的互动与联系，开发新客户，维系老客户。良好的顾客关系是企业网络营销取得成效的必要条件，互联网提供了方便多样的在线顾客服务手段与途径，从最早的邮件沟通、FAQ 咨询、论坛讨论、QQ 聊天，再到现在几乎每个智能手机都有的微信群聊或公众号留言沟通等，这些多维度的沟通途径可以实现企业与顾客之间全方位的互动联系，从而增加顾客黏性，维系客户感情，更好地稳定并扩大顾客队伍，为网络营销的全方位顺利开展铺垫扎实的客源基础。

3. 促进销售

网络营销与传统营销都是属于企业市场营销的范畴，区别在于前者借助了互联网的信息传递快于沟通互动好等优势，能够更好更准确地实现与目标顾客的沟通联系，从而精确迅速传递企业与商品信息，进销售。在企业的市场营销现实中，大部分网络营销方法都与直接或间接促进销售有关，促销活动提醒、月消费情况账单、补充购买提醒、可费需求购买建议等，通过或邮件、或微信、或个人账户等途径，时常地提醒顾客，从而达到有针对性促销的目的。但促进销售并不只是限于促进线上销售，事实上，网络营销在很多情况下对于促进线下销售也十分有价值。总之，促进销售是企业网络营销的又一重要职能。

随着网络信息技术的发展，网络营销渠道众多，网络营销涵盖的方法极其广泛。接下来我们将重点介绍三种常见而又重要的网络营销实战方法，包括搜索引擎营销、微博营销和微信营销。

二、网络营销实战技术

（一）搜索引擎营销

搜索引擎是对互联网上的信息资源进行搜集整理，然后供用户查询的系统。在互联网发展的初期并没有搜索引擎，但随着互联网上信息越来越多，人们越来越被海量信息所困。1994 年 7 月，世界上出现了最早真正意义上的搜索引擎——Lycos。同年 4 月，美国斯坦福大学的两位博士生 David Filo 和美籍华人杨致远共同创建了“Yahoo!”，并成功地使搜索引擎的概念深入人心，从此搜索引擎进入了快速发展时期。目前互联网上的搜索引擎数量达到数千个，能检索的信息量与以前相比也不可同日而语。

1. 搜索引擎营销的内涵

搜索引擎是一种基于互联网的信息查询系统，它根据一定策略、运用特定的计算机程序从互联网上收集信息，在对信息进行组织和处理后，将用户处理的相关信息展示给用户。近年来，随着网络的发展以及人们对网络的依赖越来越高，搜索引擎逐渐成为被企业认可的网站推广手段之一。以网络营销服务商百度推广为例，其基于服务费数十万中小企业的经验而宣称的服务理念。“百度推广，让营销更有效率”和“您的客户，正在百度上找您”，或许道出了搜索引擎营销被企业认可和顾客接受的事实。

搜索引擎营销已成为企业网络营销的一种重要模式，它利用网络服务商的搜索技术、流量资源等领先优势，将企业营销信息以丰富多彩的样式以及迅捷有效的速度展现给有需求的顾客，并促使其与企业产生更多互动，最终达成交易，从而有效地帮助企业拓展客户。搜索引擎营销的基本思想就是让用户发现信息，并通过点击进入网页，进一步了解所需要的信息。

随着中国互联网的迅速发展，搜索引擎是网民除即时通信外使用率最高的互联网应用。作为基础应用，搜索引擎用户规模随着网民规模的扩大而持续增加，搜索引擎正日益成为人们网络生活中的重要组成部分，因此搜索引擎营销也成为中国企业主要网络营销手段之一。中国目前搜索引擎营销最活跃的群体是中小企业，搜索引擎营销服务市场以关键词广告和网站登录广告等形式的搜索引擎广告产品销售为主。根据艾瑞网的调查报告显示，2005 年中国搜索引擎市场的规模为 9.4 亿元，2009 年达到 69.6 亿元，而 2014 年更是达到了 558.2 亿元的市场规模。从 2005—2014 年，平均年增长率超过 50%。数据表明当前中国的搜索引擎营销进入了一个稳定高速发展的阶段，但现实中也存在一定的问题。例如，搜索引擎竞价排名在一定程度上使搜索结果集合的相关度失真，而付费搜索广告也助长了恶意点击及发布虚假广告的可能，从而影响用户对检索结果中所含信息的准确判断与获取，给搜索引擎营销带来消极的影响。同时，中国搜索引擎市场的垄断情况也比较严重，有关数据显示，百度、360 和搜狗三家搜索引擎占据了中国搜索引擎市场 98% 的份额，这将不利于中国搜索引擎市场的多元化竞争，也将影响中国企业搜索引擎营销的发展。

2. 搜索引擎营销的策略

搜索引擎营销主要是利用人们的网络搜索依赖和习惯来促进销售的，所以其营销目标一般有 4 个层次：一是被搜索引擎（分类目录）收录；二是在搜索结果中努力排名靠前；三是提高用户对检索结果的点击率；四是将浏览者转化为顾客。但在信息海量的今天，要做到网页能够被网络用户所看到并能够被点击开来是很难的，而实现顾客转化率更是不易。因此，如何用最小的投入在搜索引擎中获得最大的访问量并产生商业价值，这是企业开展搜索引擎营销需重点考虑的问题。

搜索引擎的基本工作原理包括如下 3 个过程：首先，在互联网中发现、搜集网页信息同时对信息进行提取和组织建立索引库；其次，由检索器根据用户输入的查询关键字，在索引库中快速检出文档，进行文档与查询的相关度评价；最后，对将要输出的结果进行排序，并将查询结果返回给用户。因此，一般来说搜索引擎营销的策略主要包括搜索引擎优化、竞价排名、精准广告以及付费收录等，下面主要介绍前面两种策略。

（1）搜索引擎优化。

利用搜索引擎进行营销，关键是实现搜索引擎优化，即充分利用搜索规则，来提高企业网站在有关搜索引擎内的排名。根据搜索引擎营销目标层次性原理，作为搜索引擎营销的一种方式，搜索引擎优化的目的在于让网站尽可能多的网页被搜索引擎收录、在用户检索时这些网页排名靠前、检索的摘要信息对用户具有价值，在此基础上吸引用户到网站里获得进一步的信息、以实现网站推广的基本目的，为最终赢得用户奠定基础。

搜索引擎优化的做法主要包括优化网页标题、及时更新和优化网页内容、选好域名与服务器等。另外，企业还可以通过开通搜索引擎竞价，让用户搜索相关关键词，并点击搜索引擎上的关键词链接进入企业网站获取更多的信息，以实现企业营销目标。

（2）竞价排名。

竞价排名，顾名思义就是网站付费后才能被搜索引擎收录并靠前排名，付费越高者可能排名越靠前；竞价排名服务，是由企业客户为自己网页购买关键字排名，按点击计费的一种服务。企业客户可以通过调整每次点击付费价格，控制自己在特定关键罕搜索结果中的排名；并可以通过设定不同的关键词捕捉到不同类型的目标访问者。

国内最流行的点击付费搜索引擎有百度和 Google。值得一提的是，即使是已经选择点击付费广告和竞价排名，最好也应该对网站进行搜索引擎优化设计，并将网站发布到各大免费的搜索引擎中。

现实中，企业在开展搜索引擎营销工作时，不管是购买搜索引擎广告还是搜索引擎优化，这都不是企业营销的终极目标，而是应该将搜索引擎营销的应用层次提升，使搜索引擎营销成为企业营销战略的一个组成部分最终才能真正实现企业的营销目标，取得营销工作的胜利。随着网络信息技术的发展，具体的搜索引擎工作都由专业的网络服务提供商来完成，因此对于企业而言，如何选择服务商，如何向服务商提出自己搜索引擎营销服务需求，如何围绕着平台选择、竞争分析和效果管理等角度展开有效管理，才是企业搜索引擎营销工作的重点。

（二）微博营销

微博即微型博客，是一种通过关注机制分享简短实时信息的广播式社交网络平台。2007 年，中国最早的微博由饭否网推出，2009 年饭否网停止运营微博，但同时新浪微博、腾讯微博等相继推出。之后、微博逐渐被中国网民所喜爱，并也逐渐成为企业网络营销的渠道之一。自 2012 年 12 月后、新浪微博推出企业服务商平台，为企业开展微博营销给予专业的帮助，这些都大大促进了企业微博营销工作的开展。据新浪微博发布的 2016 年第四季度及全年财报显示，截至 2016 年年底，微博月活跃用户全年净增长了 700 万元，增至 3.13 亿元，移动端占比达到 90%。2016 年，新浪微博全年总营收同比增长 45%、达 43.83 亿元、全年净利润大幅增长 180%，这些冰山一角的数据信息已足够说明了中国企业微博营销的现状与发展潜力。

1. 微博营销的内涵

微博营销的媒介是微博平台，商家通过每天（或经常）更新微博内容、发布大家感兴趣的话题等来实现与粉丝的交流互动，发现并满足潜在顾客的各类需求，从而创造企业商业价值乃至粉丝个人价值的一种营销方式。随着信息技术网络化、智能化，微博也随之火热发展起来。同时，一方面微博一直坚持社交开放平台服务，让第三方企业有更多的机会积极研发应用来帮助企业进行商业整合营销，另一方面由于微博营销方式注重价值的传递、内容的互动、系统的布局、准确的定位，从而使其营销效果显著，因此，微博营销已成为众多企业必选的网络营销新配工具之一。

企业微博按照营销性质的不同可以分为互动类微博、品牌推广类微博、内容型微博、业务微博和管理者微博等类型。其中，互动类微博主要是为了增加互动与反馈，提高产品与用户的黏性，很多企业都有互动类微博品牌微博则侧重企业品牌推广与曝光，同样也有很多企业拥有自己的品牌微博，如梦洁家纺官方微博、中国妇女报、OFO小黄车官方微博等内容型微博通常以回答问题为主，或提供心灵鸡汤文章等；管理者微博就是企业高管利用个人魅力推出的个人微博，它是企业微博的有力补充，典型的管理者微博如聚美优品CEO陈欧的个人微博，其粉丝数达到4577万，其微博特点是信息更新频繁、互动非常活跃。但不管是哪一种类型的企业微博，其微博营销工作主要还是包括实名认证、有效粉丝、开放平台、整体运营等，而从微博发布的内容上看，大致包括体验分享、促销活动、劲爆话题、产品信息等。

2. 微博营销的特点

微博营销是以传播学理论为基础，借助微博平台，将营销学经典理论给予崭新的网络表现。一般来说，微博营销的特点主要有以下四点。

（1）操作便捷快，发布成本低。

微博具有媒体属性，能将信息广而告之。与其他媒体相比，微博注册免费，操作界面简洁，信息发布、转发、评论等操作方法简易，多媒体信息呈现形式多样，因此对于企业来说，无须花太多成本就可以架构个企业微博账号，也无须过多的计算机网络技术来运营操作，方便实现“自营销”。

（2）社交互动强，顾客维系易。

微博是一个社交平台，能与粉丝实时互动沟通、及时获得顾客的反馈信息等是微博的主要优势。正因为有这个优势，一方面，企业可以通过微博实现精准化营销；另一方面，企业可以通过微博发现新客户、维系老客户。微博营销的针对性强，关注企业或产品的粉丝都是本企业的消费者或潜在消费者，因此可以大大提高营销的精准度与有效性。同时，借助社交平台，企业与顾客之间的关系大大拉近，因为企业微博的拟人化，使微博账号富有“人”的态度、性格与情感，易在互动中获得顾客的认可，从而建立并维系一种“友情”关系，提高企业品牌的忠诚度和美誉度。这个互动过程。即是企业品牌的塑造过程，也是实现口碑营销的绝佳途径。

（3）覆盖范围广，传播影响大。

微博的内容可以无所不包，企业微博可以根据自己的营销目标，选择目标顾客可能感兴趣的话题与素材，或是具有某些专业领域的特征，或是一些生活趣味的汇集，或是提供娱乐信息，或是对社会热点有明晰的评论与态度，或是仅仅靠语言个人魅力打动人……微博内容可以覆盖面很广，从而便于与粉丝的交流。

微博中的社交关系是现实社交关系链的扩张性虚拟迁徙。微博影响力一般由活跃度（原创微博、转发次数、评论次数、私信数）、传播力（原创被转发与被评论数）和覆盖度（即粉丝数）等共同决定。如果企业微博拥有大量粉丝人气和较高影响力，其营销传播影响力将很大。如果企业微博暂时没有过多的粉丝，也可以借助其他高影响力的微博主平台，一则可以和更多的潜在用户接触，达到广而广之的效果；二则扮演意见领袖的人往往也具有消费引导的功能，总之，微博是无可争议的自媒体，一旦粉丝数量大，其传播影响力将不可低估。

（4）更新速度快，文笔要求高。

前面提到的成本低，是指操作成本低。而事实上，如果考虑时间成本，微博营销的成本并不低。因为微博里的内容更新速度太快，所以如果所发布的信息没有被粉丝及时关注到，那就很可能会被淹没在海量的信息中或者粉丝的咨询问题没有得到及时回复，也会大大降低顾客对企业的满意度。而要适应微博“更新速度快”的特点，企业需要由专人花时间专门来完成该任务。另外，微博的140字限制，对营销策划人员的文笔也将是不小的挑战。如何用140字在保证趣味性、可读性、真实性的前提下将企业所要传达的商业信息淋漓尽致地表达出来，这对文笔的要求是很高的。

3. 微博营销的策略

虽然每家企业都可以进行微博营销，但要把微博营销开展好，还是需要讲究策略的。现实中，每家企业在微博营销具体策略选择上也是丰富多彩、各显神通的，但一般来说，企业开展微博营销，重点还得关注以下几个策略。

（1）明确微博的营销定位。

关于微博定位，就是要明确企业准备营销什么产品，目标顾客是谁，能够帮助目标顾客解决什么问题。这些问题的思考，就是为了最终决策企业的微博类型、如何运营以及达到什么目的，如表 14－1 所示。产品类型决定了其是否适宜广泛传播，如比较私密性的产品是不会有太多人乐意经常转发的。而目标顾客有没有刷微博的习惯，更是决定了企业是否适宜选择微博营销这个渠道。如果目标顾客有经常浏览微博的习惯，那企业的微博营销已经有了一个好开端，如果没有，那企业应该更注重线下渠道的选择拓展。最后，产品能够帮助解决顾客哪些问题，这决定了微博内容的选择与设计，能抓住顾客兴趣点、满足顾客需求的微博内容，才能吸引听众的关注，从而才有微博营销效果可言。

表 14－1　微博定位决策内容

微博类型	微博运营	微博目的
互动类微博	小规模推广	快速获得种子用户
品牌推广类微博	咨询问题的回答	购买转化
内容型微博	娱乐、鸡汤内容	获得大众参与
业务微博	人性化运营	扩大、获得新的垂直用户
管理者微博	销售产品	维系老客户活跃度

（2）关注微博的有效流量。

微博的有效流量就是那些能够对你的产品产生商业价值的流量。当微博粉丝想要购买、分享企业产品，愿意对企业产品加以反馈，这就是有效流量。一个微博粉丝数量的多少固然重要，但这并不直接等同于有效流量。企业进行微博营销，粉丝的数量和质量都是非常重要的。企业要想能够快速增加粉丝数量和质量，应该注意首先注重微博的原创性一味地转发只会降低粉丝的兴趣其次是对微博数量进行控制，一般一天不同时段坚持发 5 条左右的微博较适宜多把握发微博的时间，有统计表明，午间和晚间是用户集中使用移动设备的时段，微博上线人数现对较多，因此这些时段发布微博效果最好；利用好微博的排名策略，因为在微博中也有关键词搜索功能，可以把企业营销的主题关键词融入自己发布的微博内容里，这样便于被搜索到，也就可以有较好的排名，从而能够更好吸引粉丝的眼球。

（3）形成微博的稳定引流。

网络用户最大的特点就是容易被新奇信息所吸引，“喜新厌旧”特点明显。如果企业微博经常输出没有太大意义的内容，那粉丝不再关注企业微博也是迟早的事情。因此，企业在微博营销的全过程都要注意形成稳定的微博引流。引流，字面上可以理解为“把某种事物用一些方法引导他们去你指向的地方”，从微博运营的角度，就是考虑如何给粉丝提供长期稳定的价值，让粉丝习惯企业微博的存在、使关注企业微博成为粉丝的生活方式之一。一般地说，微博内容做得越垂直越专业，越能让用户形成依赖使用的习惯，如将同一类型的内容长期在固定时间提供。例如，一些销售运动用品的商家、他们在运用企业微博营销时，更注重培养粉丝的运动习惯，通过宣传运动对身体健康的好处、输出相关运动学习视频、塑造运动明星偶像等、努力使粉丝能经常甚至是天天关注企业微博，在此基础上，再悄悄植入运动产品信息，于是产品的销售也就成为可能。

（4）协同微博的多维营销。

微博营销应坚持 PRAC 运营法则，即包括平台管理（Platform）、关系管理（Relationship）、行为管理（Action）、风险管理（Crisic）等微博运营体系中的 4 个核心板块。其中，在平台管理层面，可以形成多账号的微博矩阵营销模式。微博矩阵是指在一个大的企业品牌之下，开设多个不同定位的微博，与各个层次的粉丝进行沟通，达到360度塑造企业品牌的目的。例如，以品牌微博。客户微博为主平台，补充添加运营领导员工微博、粉丝团微博、产品微博及活动微博等，这样可以在保持整体协作的企业形象的同时，便于针对不同的产品听众进行精准营销。另外，在针对企业微博营销时一直困惑的用户关系处理问题方面，可以形成以粉丝关注者、媒体圈、意见领袖为主的关系管理多维群体，同样便于多层级多角度维系客户关系，提高客户满意度。总之，协同微博的多维营销，就是企业内部资源在微博上的最优化布局以达到最理想的营销效果。

小资料

新浪微博APP的价值

2017年1月12日，国内移动大数据服务商QuestMobile发布中国"2016年度APP价值榜"，数据显示，2016年12月，新浪微博月活跃用户数再次实现46%增长，在所有APP中排名第8位、其中高价值用户比例高达76.3%。QuestMobile报告首次炼了包括在线视频、微博社交、网络购物等十大领域用户规模、户黏性、商业价值潜力的No.1，这些APP在所在赛道中拔得头筹，未来前景值得关注。在微博社交领域，新浪微博当之无愧保绝对领先的优势，获得No.1的殊荣。截至2016年12月，新浪微博活跃用户数超过排名在第2～9位APP的总和，新安装用户14日留存率全行业最高，高价值用户比例高达76.5%。这意味新浪微博不仅在这一领域内保持着领先，并且依然持续着强劲的增长势头。用户增长是衡量企业价值的重要指标，在2016年，新浪微博股价较年初上涨近2倍，包括摩根士丹利、高盛、汇丰、瑞穗等多家国际著名投行均大幅上调新浪微博目标股价至50美元以上。其中摩根大通指出，受到KOL经济，广告主预算向移动、社交、视频等领域迁移的影响，微博未来几年将继续吸引广告主预算。摩根大通将2017年6月的目标股价调高至74美元。

（三）微信营销

2011年1月，由腾讯公司推出的微信社交媒体，已不只是一个充满创新功能的手机应用，它覆盖90%以上的智能手机，是人们生活中不可或缺的日常使用工具。根据企鹅智酷公布的《2017微信用户&生态研究报告》数据显示，截至2016年12月，微信全球共计8.89亿活跃用户，全年直接带动了信息消费1742.5亿元；2016年人均使用微信市场在4小时以上的用户占比33.9%，而每天使用时长大于1小时的用户已突破了70%，人均月度使用时间在2016年12月达到了1967分钟，超出第二名一倍以上；在微信用户好友规模方面，2016年个人好友数量在200人以上的接近45%。从这组数据可以看出，微信的用户数量庞大，用户黏性强，人与人之间的强关系是微信的本质和核心竞争力，微信的潜在营销价值深深地吸引着每一户商家。

1. 微信营销的内涵

微信营销是网络经济时代企业营销模式的一种创新，是伴随着微信APP的火热而兴起的一种网络营销方式。微信不存在距离的限制，一旦加入微信好友之后、就可以实现强关系、私密性的联系。随着智能手机的普及，以及微信功能的不断多样化、升级化，微信已在社交媒体中遥遥领先。同时，作为关系链的核心枢纽，微信群也成为职业社交的重要载体，微信社交关系也从熟人社交“泛社交”转变。据企鹅智酷公司的统计信息，2016年超过80%用户在微信上有过工作行为，约有70%的个体经营者使用过微信进行转账，微信大群成为承载工作的主要渠道之一、这些都为微信营销铺垫了扎实的关系基础。

2. 微信营销的特点

（1）信息送达准确率高。

评价营销效果好不好，很大程度上取决于信息送达的准确率。与手机短信群发和邮件群发被大量过滤屏蔽不同，微信公众号所群发的每一条信息都能完整无误地发送到终端手机，到达准确率高达100%。另外，与微博信息很快就被淹没在微博动态滚动里的情况相比，微信信息拥有更高的曝光率。微信是由移动即时通信工具衍生而来，天生具有很强的提醒力度，比如铃声、通知中心消息停驻、角标等，随时提醒用户收到未阅读的信息，曝光率极高。这些都是微信营销所被关注的优点。

（2）营销推广精准度优。

微信拥有庞大的用户群，借助移动终端、天然的社交和位置定位等优势，每个信息都是可以推送的，且信息送达准确率高。另外，由于公众号的粉丝用户都是主动订阅而来，信息也是主动获取，不存在垃圾信息招致抵触的情况，这些特点都可以帮助商家实现点对点的精准化营销。特别是那些拥有粉丝数量庞大且用户群体高度集中的垂直行业微信账号，是真正炙手可热的营销资源和推广渠道。例如，烘焙行业知名公众号“烘焙公会”，是全国工商联烘焙业公会的官微，拥有数十万名由烘焙厂家、烘焙原材料供应商、烘焙营销机构和烘焙经销商等构成的粉丝，再加上一些慕名而来的烘焙爱好者，这些精准用户粉丝相当于一个盛大的在线烘焙会，每一个粉丝都是潜在的业内客户，营销推广精准度极优。

（3）用户网络关系化强。

微信的点对点产品形态注定了其能够通过互动的形式将普通关系发展成强关系，从而产生更大的价值。通过互动聊天的形式与用户建立联系，或解答疑惑、或讲故事，甚至可以卖萌。用一切形式让企业与消费者形成朋友的关系，你不会相信陌生人，但是会信任你的朋友。微信关注的是人，人与人之间的交流才是这个平台的价值所在，微信营销的这种强关系网络赋予其极高的商业价值，其基于朋友圈的营销，能够使营销转化率更高。

3. 微信营销的策略

开展微信营销，可以采取的策略很多，每户商家都在不断地推陈出新，且随着微信功能被不断赋强，具体的营销策略也是不断增加。下面就具体介绍四种常见的微信营销策略，具体包括二维码策略、“查看附近的人”策略、公众号策略和小程序策略。

（1）二维码策略。

微信中的“扫一扫”功能，是二维码策略得以实现的手段。用户可以通过扫描识别二维码身份来添加朋友、关注企业账号、完成移动支付等。商家则可以设定自己品牌的二维码，在能够使用到的宣传推广材料上都可以附上二维码，也可以用活动的方式吸引目标消费者参与，从而达到预期的推广目的。以签到打折活动为例，商家只需制作附有二维码和微信号的宣传海报和展架，配以专门的营销人员现场指导到店消费者使用手机扫描二维码。消费者扫描二维码并关注商家公众账号即可收到一条确认信息（在此之前商家需要提前设置好被添加自动回复），凭借信息在买单的时候可以享受优惠。为防止顾客消费之后就取消关注的情况，商家还可以在第一条确认信息中说明后续的优惠活动，使得顾客能够持续关注并且经常光顾。这样，一方面可以为公众号增加精准的粉丝，另一方面积累了一大批实际消费群体，对后期商家微信营销的顺利开展至关重要。

（2）“查看附近的人”策略。

微信中基于 LBS 的功能插件“查看附近的人”可以使更多陌生人看到这种强制性广告。用户点击“查看附近的人”后，可以根据自己的地理位置查找到周围的微信用户。在这些附近的微信用户中，除了显示用户姓名等基本信息外，还会显示用户签名档的内容。所以商家用户可以利用这个免费的广告位为自己的产品和服务打广告。具体地说、商家的营销人员在人流最密集的场所后台 24 小时运行微信，如果“查看附近的人”使用者足够多，这个广告效果就会随着微信用户数量的上升，使这个简单的微信签名栏变成移动的“黄金广告位”，从而提高商家品牌知名度，促进销售。

（3）公众号策略。

在微信公众平台网站上，每个用户都可以用一个号码打造自己的微信公众账号，并在微信平台上实现和特定群体的文字、图片、语音的全方位沟通和互动，因此，公众号是一种更加细化和直接的营销渠道。微信公众号的定位是“为媒体和个人提供一种新的信息传播方式，构建与读者之间更好的沟通与管理模式”。他们认为，“再小的个体，也有自己的品牌”，因此信息传播和品牌塑造是公众号的主要功能。

使用公众号策略，在申请了公众账号之后，首先，应在设置页面对公众号的头像进行更换，这是顾客认知商家的重要途径，因此建议更换为店铺的招牌或者LOGO。其次，要用心填写公众号用户信息，包括公众号功能介绍以及回复设置信息等，这些内容虽不多，但却是展现企业第一印象的重要窗口。微信公众平台有三种公众号可供选择，包括订阅号、服务号和企业号。其中订阅号每天可以群发1条消息，服务号每月可以群发4条消息，他们都适合对外推广；而企业号的成员关注需要验证，适合于公司或组织内部使用，不适合对外推广。企业可以根据自己营销需要选择不同的公众号。从商家市场营销角度，一般选择订阅号进行运营，但对于每天群发的信息，商家应该有个计划表，有计划、有步骤地准备信息素材与推送信息。同时，对于粉丝也可以实行分类管理，针对新老顾客推送不同的信息，同时也方便回复新老顾客的提问。总之，公众号的贴心服务越人性化，越容易受到顾客的欢迎，提高顾客的黏性，并触发顾客使用微信分享自己的就餐体验进而形成口碑效应，对提升商家品牌的知名度和美誉度效果极佳。

但随着越来越多的商家使用公众号进行微信营销，特别是随着内容创业浪潮兴起，公众号营销竞争也越来越激烈。据有关报道，2016年微信新兴的公众号平台拥有1000万个，其中大于76%的活跃微信公众号粉丝数量达不到1万；75.5%的公众号运营者认为获取新粉丝的成本和难度日趋提升，阅读量的增长缓慢，粉丝的黏性较低。激烈竞争下，面临高度同质化的内容和信息过载的用户，企业自媒体公众号营销运营的难度进一步加大。但同时，有10.4%的公众号运营方，通过微信公众号，产生了10%以上的销售量；另外，有1.3%的商家通过微信公众号产生的销售量达到了80% 以上。总之、公众号策略已成为微信营销中不可忽视的营销渠道，特别是那些善于结合软文营销的公众号。其营销效果更是令人刮目相看。

小案例

公众号“有书”里的软文营销

“有书”是专为读书人设计的公众号，它每天分栏目推送八篇左右的有声阅读材料给听众，目的是让更多人重新找到读书的乐趣。“有书”的软文营销设计非常经典，效果也很不错，它并不是每天都有，也不是每篇材料都有。它在相关的阅读材料中融入自己的产品信息，而且这些产品都与听众的个人成长有关，似乎让人很难拒绝。比如其中有一篇文章关于“女人读书与不读书，过得是不一样的人生”的阅读材料，在强调读书对女人成长的重要性之后，文末巧妙地推送出自己公司的“女性阅读季之女神心衣”阅读产品，很多女性会就此接受他们的“建议”，从而订阅购买他们的产品。

请思考：

“有书”的公众号营销策略对其他商家的微信公众号设计与开发有哪些启示？

（4）小程序策略。

2017 年 1 月，微信上线小程序（Mini Program）新功能，是一种不需要下载安装即可使用的应用，它实现了应用“触手可及”的梦想，用户扫一扫或搜一下即可打开应用。对于顾客用户来说，小程序最大的优点是无须安装却随时可用，解决了手机内存有限的问题而对于商家用户来说，小程序开发门槛相对较低，难度不及 APP，能够满足简单的基础应用，同时商家可以通过公众号关联，实现公众号与小程序之间相互跳转。小程序在微信公众平台里与订阅号、服务号、企业号等是并行的体系。虽然这个微信功能还处在不断更新与升级阶段，且实际用户和消费者的感知并不那么强烈，与消费者的使用习惯也仍然有一段距离，但它作为微信线下商业场景的重要工具，为一些优质服务提供一个开放集成的平台，相信是未来微信营销的重要渠道。

根据2017年第一季度的调研数据，在用户层面，有20.4%的受访者使用过小程序，但以低频使用者为主，另有46.7%的用户表示听说过但目前还没有使用。过半数用户使用小程序是基于功能需求，在微信内搜索或通过朋友分享接触到小程序，而听说过但未使用的用户中，57.73%的用户没有开始使用是因为不了解小程序的功能及应用范围。因此，要采用小程序进行营销应用推广，商户和开发者需要为用户展现清晰、直观的应用场景。另外，小程序的定位应以服务为主体，用户基于刚需搜索的内容，将有更多的市场机会。

微信正在基于点对点通信、群通信、朋友圈社交场、公众号或小程序等内容服务平台，构建了一个无处不在的工作、经营场景集合体。因此，基于服务平台的商业和经营体系构建，辅以微信社交链的高场景渗透，相信小程序将成为更多明捷型商家微信营销的标配。

第二节　数据库营销

随着经济的日益发展和信息技术对传统产业的改造，一方面，中国的经济形态正逐渐由稀缺经济向过剩经济过度；另一方面，消费者需求逐渐呈现个性化、小众化。再加上全球经济合作趋势加剧，电子商务大大提高了全球市场开放度，这些都使得中国企业将面临更加严峻的形势，如何在这场角力中胜出，需要全方位提升企业的竞争力——特别是企业客户信息处理能力。数据库营销（Database Marketing）是先进的营销理念和现代信息技术的结晶，它顺应了企业提高客户信息处理能力方面的需求。

数据库营销也是基于互联网的，但与其他的网络营销相比，数据库营销不是一种营销渠道，而是一种营销方法与手段。

（一）数据库营销概述

进入 21 世纪，随着 IT、Internet 与 Database 等技术的逐渐成熟，企业之间的竞争愈发激烈。传统的线下营销已经远远不够，线上选下合作是当今企业营销工作的趋势。同时，“千人千面”的用户群对网络服务的需求愈加精细。在这个大背景下，如何有效利用顾客信息数据、提高营销数据效率，如何将数据作为纽带，将服务与客户之间的距离联系更加紧密，这些都已成为所有企业营销工作关注的内容。掌握网络信息技术、获取数据流量、实现客户精准化，数据库营销不仅是一种营销方法、工具、技术和平台，更是一种企业经营理念，它不仅改变了企业的市场营销模式与服务模式，更改变了企业营销的基本价值观。

1. 数据库营销的内涵

数据库营销最重要的是营销数据库的建立。营销数据库建立之初是为实施直复营销（Direct Marketing）而收集的现有顾客和潜在顾客的姓名、联系方式、地址等信息。后来发展成为市场研究的工具，如收集市场资料、人口统计资料、销售趋势资料以及竞争资料等，配合适当的数据分析软件，对数据进行处理分析。基于顾客信息数据库的数据库营销能够帮助企业更好地实现顾客精准化，以有效维护顾客，提高营销效率。

2. 数据库营销的特点

（1）针对性。

数据库营销的基础是大量的顾客信息。企业通过对顾客信息的收集、积累、筛选与挖掘，能够利用有效的顾客信息进行有针对性的营销服务，如通过短信、微信、邮件、电话等方式进行企业营销活动信息的传递，在进行品牌推广时可以做到定位精准营销或深度营销等。

（2）互动性。

传统的营销策略只是单向被动地适应消费者，而数据库营销可以和顾客建立互相信任的、稳定的双向沟通互动关系。利用有效的顾客信息数据库，可以实现与顾客之间的一对一互动活动，如顾客生日时的祝福问候、某些活动的温馨提醒、顾客消费行为的统计信息传递等。这样的互动过程，使得顾客有被特别关注的温暖感，从而有效维护顾客与企业的关系，提高顾客对本企业的信任度与忠诚度。

（3）长期性。

企业进行数据库营销，最主要的目的是实现顾客与企业之间的长期关系维护。曾提出直复营销的概念、国际直销公司 WCJ 的创始人莱斯·伟门曾说过："生产商 90% 的利润来自回头客，只有 10% 来自零星散客。少损失 5% 的老顾客便可增加 25% 的利润。"另据营销专家分析，面临激烈的市场竞争，维持一个老顾客所需的成本是寻求一个新顾客成本的 0.5 倍，而要使一个失去的老顾客重新成为新顾客所花费的成本则是寻求一个新顾客成本的 10 倍。由此可见，维护老顾客并使之成为忠实顾客是所有企业营销工作的重点。而数据库营销的目的就是通过有效顾客关系维护来保持老顾客队伍的稳定性，从而稳定甚至是降低企业营销成本，提高企业的营销效率。

（4）科学性。

数据库营销与其他传统的营销方式相比，还有一个明显的优势就是其科学性。随着科技的发展，一方面，人们收集信息的手段与途径越来越丰富；另一方面，人们处理信息的技术与工具也越来越先进。前者，除了传统的顾客消费时个人信息留存手段外，利用智能化设备实时收集顾客信息的方式在当今也是随处可见，如共享单车骑行时顾客路线信息等的实时收集。后者，计算机技术发展使得各种先进算法层出不穷，各种数据统计分析软件也不断推出，能够对顾客信息数据进行多维度、分层次、有价值的处理分析，从而实现目标顾客的精准营销。例如，亚马逊的预期递送专利，用大数据预测用户需求，就是非常典型的一个例子。这些都是数据库营销科学性的具体表现。

3. 数据库营销的作用

（1）帮助企业进一步梳理营销工作思路。

在设计营销数据库之前，首先让营销人员根据公司营销业务需要，明确所设计的数据库要包含哪些功能，然后让管理信息系统的专业人员去实现相应的技术运作条件。在具体的开发实施中，营销人员和管理信息系统人员之间充分沟通、共同协作，明确营销数据库能够实现哪些营销功能。一般地说，数据库应能够回答有关现有顾客或准顾客的特征和行为的特定问题，便于查询；能够在特定营销事件或姓名评分模型的基础上挑选可以进行促销的顾客姓名；能够跟踪促销结果并对反馈者和非反馈者进行顾客轮廓分析（Profiling）。这些营销教据库的基础功能，可以进一步帮助企业梳理营销工作思路，厘清企业管销目标，增强企业营销竞争力。

（2）帮助企业更好地实现精准化营销。

信息网络时代，消费者需求变化的一个重要趋势就是越来越个性化、越来越小众化。2016 年，工业化、规模化生产时代的代表宝洁公司承认自己在中国已经遇到了经营困难，这个实例充分说明了信息网络时代消费者需求个性化已是当今市场的重要特征。

传统的营销策略产生背景是工业化大生产时代，它已难以满足当今社会顾客个性化需要的变化。数据库营销，是企业通过收集和积累消费者大量的信息，经过处理后预测消费者有多大可能去购买某种产品，以及利用这些信息给产品以精确定位，有针对性地制作营销信息，以便说服消费者去购买企业产品。通过营销数据库的建立和分析，企业各个部门都对顾客信息有详细、全面的了解，可以给予顾客更加个性化的服务支持和营销设计，使“一对一的顾客关系管理”成为可能，从而帮助企业实现真正的精准化营销。

（3）帮助企业进一步提高客户满意度。

当今的中国经济已由稀缺经济向过剩经济过渡，但这种过剩是产品高度同质化的结果，是低层次的过剩。现实中，这种的过剩经济使得企业习惯性地以产品推销为主，频繁地打起价格战。结果是一方面消费者在对这些营销策略逐渐麻木的同时也开始怀疑产品的品质，另一方面又严重削弱了企业的资本积累、科研开发及后续发展的能力。21世纪对于任何企业而言，在还无法完全跟上消费者个性化需求变化趋势的时候，有两个因素最为重要，一是企业品牌，二是顾客的满意度，特别是顾客满意度。忠诚、持久而稳定的顾客成为企业最宝贵的资源，而利用营销数据库，在与顾客充分交流互动中更好地了解顾客需求，从而能够更好地实现精准营销，以提高顾客的满意度，增强企业营销竞争力。

（二）数据库营销步骤

一般地说，进行数据库营销主要有6个步骤，即数据采集、数据储存、数据处理、数据挖掘、数据使用和数据完善等。

1. 数据采集

实施数据库营销，第一步也是最重要的一步就是采集数据，因为如果没有数据，数据库营销也就无从谈起。

企业要采集数据，首先必须明确自己需要什么样的顾客信息数据。这项任务应该在企业营销主管的领导下，具体由企业营销人员来负责完成。营销人员应该在明确公司营销业务工作需要的基础上，提出营销数据库应该包含哪些顾客信息数据、体现哪些营销功能，即借助数据库能够帮助营销部门实现哪些营销目标。

企业要采集数据，还需要知道获取顾客信息的途径有哪些。一般地说，获取顾客信息的主要渠道有专业的数据公司、专业的营销公司、专业的信用调查公司、相关政府机构，以及零售终端、物流终端等。另外，随着科技的发展，智能化远程采集用户行为数据的途径也在增加，不同终端（Web、APP、桌面软件）用户行为、后端系统日志（Web ServerLog）、业务数据（DB）等，多种数据源企业都应全面兼顾，才能获得完整的顾客信息。每个渠道的数据量大小及获取数据的成本都不尽相同，企业应根据自己的实力与需要加以选择。

2. 数据存储

数据存储之前，需要搭建数据库结构，就如盖房子之前需要打地基一样。企业营销需求不同，数据库结构就不一样。采集到的顾客信息数据，一般是以顾客为单位进行逐一录入存储到顾客数据库里。如果是通过智能化设备获取的信息，则可通过数据接口自动对接与存储。在存储数据时，首先，要注意分层次、分维度地科学存储。一般情况下，收集的顾客数据比较凌乱，没有条理，所以在存储时要尽可能先大致分类。例如，可以将顾客信息分为一般个人信息、消费行为信息等。其次，存储空间的选择。随着企业做大，顾客信息也将增加，特别是一些大企业，可能有海量的顾客数据，因此如何存储这些信息是急需考虑的问题。目前，常见可以选择的存储方式主要有或者是租服务器存储，或者直接存储在腾讯云或百度云等，企业可以根据自己的实际情况与需要加以选择。

3. 数据处理

根据企业营销需求，对数据进行处理的方法有很多，常见的有顾客分群分析、留存分析、回访分析等。顾客分群分析可以让你根据顾客的属性和行为来对顾客进行分类，这将有助于你更深入地了解顾客消费行为，做好精准化营销。留存分析是一种用来分析顾客参与情况或活跃程度的分析，它主要分析顾客在进行初始行为后，还有多少人会进行后续行为，这是衡量产品对顾客价值高低的重要指标。回访分析主要测量顾客有多依赖企业的产品，主要是通过观察顾客的某一个行为，然后测量在一段时间里顾客进行该行为的频率。

4. 数据挖掘

数据挖掘（Data Mining）是指从大量的数据中通过算法搜索隐藏于其中信息的过程。近年来，数据挖掘引起了信息产业界的极大关注，其主要原因是存在大量数据可以被广泛使用，并且迫切需要将这些数据转换成有用的信息和知识。在企业的市场营销工作中，同样存在大量的市场与顾客数据，这些数据，除了需要对显性内容进行数据处理外，更需要对一些隐性内容进行挖掘分析。常见的数据挖掘分析方法有分类、估计、预测、相关分析、聚类分析以及复杂数据类型挖掘（如 Text、Web、图形图像、视频、音频等）。以相关分析为例，企业可以借以判断哪些事情将有可能一起发生。例如，超市中客户在购买 A 的同时，经常会购买 B，即由 A 可以推到 B，这就是运用关联规则进行的分析，而分析的结果运用于营销实践中，就是把 A 和 B 两种商品放在靠近的货架上。

5. 数据使用

有了数据处理和数据挖掘的结果，企业就可以充分利用这些数据分析结果为营销服务了。例如，根据消费者已有购买习惯，知道企业的购物券应该发放给谁。根据消费者关注的信息内容，知道消费者的兴趣点，从而知道企业的广告应该投放到哪些途径，企业的产品开发可以重点突出哪些品质等。而前面提到的把尿布与啤酒摆放在一起营销做法，也是充分使用数据库的结果。

6. 数据完善

任何事物都是动态变化的，企业顾客信息同样也是处在动态变化中，因此需要对顾客信息进行及时的调整与完善，才能使营销数据库的真实性更高、内容更丰富。数据的完善，除了需要对过时滞后的信息数据进行更新外，也需要根据企业营销工作内容的拓展，补充增加一些顾客信息内容。例如，对于阿里巴巴来说，支付宝最早只是作为淘宝网的第三方支付，因此，淘宝网的顾客信息也只是被支付宝用来收付账款，此时关注的只是顾客的姓名、电话、地址、邮箱、银行卡信息等。但随着支付宝功能的不断增加，它还需要顾客的职业、信用、投资风险意识等信息。因此，不断补充、完善数据是非常重要的，它不只是满足信息完整需要，而且还能够促进企业相关项目的开发。

本章小结

在网络信息时代的今天，人们越来越离不开网络，以满足顾客需求为工作重点的传统市场营销遇到了许多新契机，同时也面临很多新挑战，因此营销创新也在所难免。

网络营销是指企业以现代营销理论为基础，利用数字化的信息和网络媒体的交互性来辅助企业开展营销活动，以便更精准地满足顾客的需求和愿望。网络营销与传统营销既有相似点也有区别，它具有品牌推广、维系顾客和促进销售等职能。

搜索引擎营销、微博营销和微信营销是三种常见而又重要的网络营销实战方法。其中，搜索引擎营销主要利用人们对搜索引擎的依赖和使用习惯，尽可能将企业营销信息传递给目标顾客，从而促进销售；它的营销策略主要包括搜索引擎优化、竞价排名、精准广告以及付费收录等。微博营销是指以微博作为营销平台，企业利用不断更新的微博内容向粉丝传递企业信息、产品信息，树立良好的企业形象和产品形象，从而促进企业销售。其营销重点主要包括明确营销定位、关注有效流量、形成稳定引流和协同多维营销等。微信营销是指企业或个人通过微信公众平台，与其他微信好友形成一种联系，通过提供用户好友需要的商品或服务信息，推广自己的产品或服务，从而实现点对点、线上线下互动的一种网络营销方式。其营销策略主要包括二维码策略、“查看附近的人”策略、公众号策略和小程序策略等。

作为网络时代的一种新营销方法与手段，数据库营销是以建立与顾客之间一对一互动沟通关系为目标，通过收集、积累、筛选顾客信息，然后有针对性地使用邮件、短信、微信、电话等信息沟通方式，进行客户需求深度挖掘与客户关系维护的营销方式。一般地说，进行数据库营销主要有六个步骤，即数据采集、数据存储、数据处理、数据挖掘、数据使用和数据完善等。

小案例

共享单车的车源调度

每个共享单车用户可能都有过遍寻街道但一车难求的经历。提高用户体验的背后有一座移动共享行业躲不开的大山——资源调度；改变困境不能依靠“人工扫街”，有一个说起来容易做起来难的方法——精细化运营。那么，如何找到车辆缺失区域，通过数据驱动实现车源调度呢？

车辆缺失可能有两个方面的原因：一是车少；二是车坏了。其影响的指标千变万化，这里简单罗列几种情况。

（1）对比车辆投放量与活跃量，判断车辆投放数。

活跃量是反映车辆使用率的最直接方式，根据监测的所属片区的车辆投放量与开始用车行为的车辆数进行对比，如果活跃量接近投放量，则该地区有车辆缺失风险，需要结合其他指标进一步观察。

（2）根据某区域车辆平均使用次数，判断车辆投放数。

精确追踪每辆车的用户行为数据，由于共享单车通常用于解决短距离交通问题，所以可以大体定位到区域内车辆。如果A区域内，车辆的平均使用次数是10次，8区域内平均使用次数为20，那么数据就会传达给城市经理一个信息，该区域缺车，导致同一辆车被频繁使用。城市经理通过历史投放车辆数据的对比和实际考察，可以追踪缺车情况，把控投放策略，提高用户体验。

（3）根据10天内车辆不活跃数及假报修率综合解决坏车问题。

密切关注活跃车辆数据，通过属性分析可以观察到，该区域有哪些车辆连续数天不活跃，说明该车有可能损坏了，再根据该车辆的地理位置属性，可以定位到车辆停放位置，及时维修和补分配车辆。同时需要警惕用户的虚假报修行为。现实中会发现报修后发生继续被骑行的车辆，毫无疑问，这些车辆被假报修了。企业要注意收集这些车辆的具体信息，方便人工搬车。

关注最后一单时间距离本次开始用车时间长达八小时以上的车辆，这些车辆没有损坏，但是可能被停在了难以寻找到的偏远地区，所以活跃率偏低，浪费了资源。公司需要对这些车辆进行人工调配，这也是一种解决其他区域缺车问题的方法。

请思考

1. 共享经济与互联网、大数据之间是怎样的关系了如何处理好这些关系?

2. 数据库营销的主要目标是什么?

3. 请归纳共享单车车源调度数据库营销的主要做法，同时思考它对其他企业的营销工作有怎样的启示?